本书是玉溪市林业和草原局与西南林业大学经济管

玉溪市自然保护区与周边社区协同发展新路径

麦强盛　王俊超　吕正来　王　文　施懿珊——著

A New Path for the Coordinated Development of Yuxi Nature Reserves and Surrounding Communities

经济管理出版社
ECONOMY & MANAGEMENT PUBLISHING HOUSE

图书在版编目（CIP）数据

玉溪市自然保护区与周边社区协同发展新路径 / 麦强盛等著. -- 北京 ：经济管理出版社，2025. 6.

ISBN 978-7-5243-0360-2

Ⅰ. F127.743

中国国家版本馆 CIP 数据核字第 20255PF618 号

组稿编辑：郭　飞
责任编辑：郭　飞
责任印制：许　艳
责任校对：蔡晓臻

出版发行：经济管理出版社
（北京市海淀区北蜂窝 8 号中雅大厦 A 座 11 层　100038）
网　　址：www. E-mp. com. cn
电　　话：(010) 51915602
印　　刷：北京飞帆印刷有限公司
经　　销：新华书店
开　　本：787mm×1092mm/16
印　　张：14. 25
字　　数：288 千字
版　　次：2025 年 6 月第 1 版　　2025 年 6 月第 1 次印刷
书　　号：ISBN 978-7-5243-0360-2
定　　价：88. 00 元

玉溪市林业和草原局与西南林业大学经济管理学院战略合作系列专著指导委员会

前　言

习近平总书记指出，要加快建设以国家公园为主体、以自然保护区为基础、以各类自然公园为补充的自然保护地体系，把有代表性的自然生态系统和珍稀物种栖息地保护起来。党的二十届三中全会提出，全面推进以国家公园为主体的自然保护地体系建设。玉溪市积极推动自然保护地建设，以高品质生态环境支撑高质量发展，促进人与自然和谐共生。玉溪市牢固树立“绿水青山就是金山银山”理念，紧紧围绕职责定位，聚焦推动林草事业高质量发展目标，抓实做好森林草原灾害防控，积极推进森林草原生态修复，大力发展林草产业。

玉溪市林业和草原局坚决扛牢保护发展森林草原资源主体责任，聚焦“林”这个重点，突出“长”这个核心，夯实“制”这个根本，强化统筹协调，整合资源力量，保护与发展齐头并进，推动绿色生态综合效应持续拓展，切实筑牢绿色生态安全屏障。2024 年 12 月，玉溪市林业和草原局与西南林业大学经济管理学院签署战略合作框架协议，全面深化林草市校合作，共同推进林草科技创新，持续做好林草资源经济“大文章”，绿色资源优势加快向经济优势转变，助推玉溪市林草事业高质量发展。为了推动市校合作见真章、出实效，双方成立了战略合作系列专著指导委员会，立足玉溪林草工作实际，深入开展调查研究。

生态环境保护是自然保护区周边社区发展的一个公共议题，营造良好的保护与发展关系，需要政策法规的护航，需要各级政府和有关部门的支持，更需要获得全社会共同的广泛关注。在处理保护与发展关系时，我们不能将自然保护简单地视为“封禁限制”，也不能将社区发展片面地理解为“增加收入”。发展是要讲全面、协调和可持续的，发展中产生的问题还要在发展中解决，要认真贯彻习近平总书记提出的“坚持生态优先、绿色发展”的战略定位。文化更是一种软实力，重视文化宣教等手段，在识别具体问题的基础上，实事求是，因地制宜地解决当地保护和发展的矛盾。

本书聚焦于玉溪市自然保护区与周边社区协同发展新路径，共分为四篇。第一篇现状篇，介绍了玉溪市元江、哀牢山国家级自然保护区，以及玉白顶、红塔山省级自然保护区等的发展历史，剖析了自然保护区发展现状以及周边社区状况，梳理了各自然保护区推进与周边社区共建共管的工作经验和现存难点，使读者深刻认识玉溪市自然保护区。第二篇分析篇，通过评估玉溪市自然保护区周边居民违规放牧和“飞地”农业生产对生态系统服务价值的破坏程度，以及财政资金运用效率分析，引导读者全面理解玉溪市自然保护区问题，借此掌握经济管理专业知识与理解关联社会现象，并以理性和客观的态度分析问题。第三篇路径篇，分析了玉溪市自然保护区与周边社区协调发展的整体思路，以及培育发展工业企业、新型农业经营主体和发展林下经济、自然教育经济的益处，帮助自然保护区周边社区发展经济，提升农户生计水平。第四篇政策篇，梳理了国家及省级层面关于自然保护区管理政策的发展历程及现存问题，利于提高自然保护区的透明度和公信力，增强读者对生态文明建设的认识和支持。

本书的撰写获得了玉溪市林业和草原局领导和同事，以及西南林业大学经济管理学院领导和老师的关心支持和强有力帮助，增强了本人利用科研成果反哺社会的信心和勇气。在资料收集、数据整理和书稿完成过程中，本人心存感激，也甚感欣慰，因为我的博士生和硕士生具有良好的科研协作精神，作为导师为他们的辛勤付出、成功与进步感到由衷高兴，他们是博士生李乐、张欣、徐冉，硕士生王晓艳、陈亦璠、力佳琪、曾丹、何柏苇、何逸馨、叶跃辉、李燕玲、莫志萱、周利勤。本书是集体智慧的结晶，具体研究任务安排如下：1、2、3 相关内容由王俊超负责，4 相关内容由王文负责，5 相关内容由周利勤、施懿珊负责，6 相关内容由力佳琪、麦强盛负责，7 相关内容由李乐、王文负责，8 相关内容由陈亦璠、麦强盛负责，9 相关内容由曾丹、吕正来负责，10、11 相关内容由李乐、麦强盛负责，12 相关内容由何柏苇、王俊超负责，13 相关内容由何逸馨、王俊超负责，14 相关内容由王晓艳、吕正来负责，15 相关内容由李燕玲、王文负责，16 相关内容由叶跃辉、施懿珊负责，17、18、19 相关内容及附录由徐冉、麦强盛负责。全书由博士生李乐、徐冉整理校对。

在本书写作过程中，得到各方力量支持，重点感谢玉溪市大营街社区党委书记、居委会主任颜伟，云南猫哆哩集团食品有限责任公司董事长宋子波，云南褚氏农业有限公司总经理褚一斌，云南溪望农业发展有限公司总经理王丽琼。同时为了更好、更全面地阐明自然保护区理论与实践，本书参考了大量前人的文献和成果，在此向相关作者表示深深的谢意。

鉴于笔者的知识储备和实践经验的局限，书中难免有疏漏与不足之处，恳请广大读者不吝赐教，提出宝贵意见，我们将虚心接受并持续改进与优化，以期达到更高的学术水平和运用价值。发展中产生的问题还要在发展中解决，愿本书成为理论与实践连接的“桥梁”，助力读者探讨化解自然保护区生态环境保护和社区居民生存的利益冲突，寻求保护与发展的协调模式，将可持续发展和生态文明建设从理论推向实践。

麦强盛　于昆明

2025 年 4 月 10 日

目　录

第一篇　现状篇

第二篇 分析篇

第三篇 路径篇

第四篇 政策篇

第一篇 现状篇

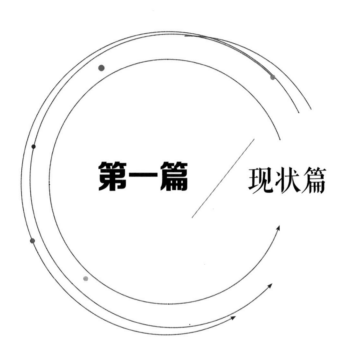

1　玉溪市自然保护区发展历史

1.1　玉溪市自然保护地概况

自然保护地是由政府依法划定或确认，对重要的自然生态系统、自然遗迹、自然景观及其所承载的自然资源、生态功能和文化价值实施长期保护的陆域或海域。自然保护地是生态建设的核心载体、中华民族的宝贵财富、美丽中国的重要象征，在维护国家生态安全中居于首要地位，一般包括国家公园、自然保护区及自然公园等类型。

截至2023年，玉溪市有各类自然保护地27个，其中：国家级自然保护区2个、省级自然保护区1个、市级自然保护区3个、县级自然保护区9个；国家级自然公园7个、省级自然公园5个；全市自然保护地批复面积（含交叉重叠）226460.97公顷，占国土面积的15.13%。具体情况如表1-1所示。

表1-1　玉溪市现有保护地汇总情况　　单位：公顷

序号	自然保护地名称	类型	级别	批复面积	矢量面积
1	云南元江国家级自然保护区	自然保护区	国家级	22378.90	22328.54
2	云南哀牢山国家级自然保护区	自然保护区	国家级	14275.00	14294.42
3	澄江动物化石群省级自然保护区	自然保护区	省级	1800.00	1851.16
4	玉溪玉白顶市级自然保护区	自然保护区	市级	4865.30	4865.43
5	玉溪红塔山市级自然保护区	自然保护区	市级	5575.55	5578.57
6	江川大龙潭县级自然保护区	自然保护区	县级	6662.00	6649.73
7	澄江梁王山县级自然保护区	自然保护区	县级	2285.40	2282.85

续表

序号	自然保护地名称	类型	级别	批复面积	矢量面积
8	华宁登楼山县级自然保护区	自然保护区	县级	6144.00	6140.19
9	通海县秀山县级自然保护区	自然保护区	县级	9319.80	9305.3
10	易门龙泉市级自然保护区	自然保护区	市级	5773.05	5761.23
11	易门翠柏县级自然保护区	自然保护区	县级	3168.30	3152.56
12	易门脚家店山恐龙化石县级自然保护区	自然保护区	县级	1000.00	94.94
13	峨山高鲁山县级自然保护区	自然保护区	县级	10314.00	10293.34
14	新平哀牢山县级自然保护区	自然保护区	县级	10236.00	10200.13
15	新平磨盘山县级自然保护区	自然保护区	县级	5836.73	5836.84
16	云南龙泉国家森林公园	森林公园	国家级	1000.00	997.62
17	云南磨盘山国家森林公园	森林公园	国家级	24200.00	24224.24
18	象鼻温泉省级森林公园	森林公园	省级	820.47	823.03
19	云南江川星云湖国家湿地公园	湿地公园	国家级	3752.60	3795.07
20	云南玉溪抚仙湖国家湿地公园	湿地公园	国家级	22971.65	22961.05
21	云南通海杞麓湖国家湿地公园	湿地公园	国家级	3881.22	3746.11
22	云南澄江动物群古生物国家地质公园	地质公园	国家级	1800.00	1799.08
23	玉溪九龙池风景名胜区	风景名胜区	省级	500.00	503.84
24	抚仙—星云湖泊风景名胜区	风景名胜区	省级	28581.00	28577.88
25	秀山风景名胜区	风景名胜区	省级	6740.00	6748.8
26	峨山锦屏山风景名胜区	风景名胜区	省级	12000.00	12002.79
27	抚仙湖特有鱼类国家级水产种质资源保护区	水产种质资源保护区	国家级	10580.00	8016.69
	合计			226460.97	222831.43

资料来源：玉溪市人民政府《关于公开征求〈玉溪市自然保护地整合优化方案〉社会稳定风险评估的公告》。

1.2 玉溪市自然保护区整合优化

根据《中华人民共和国地方各级人民代表大会和地方各级人民政府组织法》、《重大行政决策程序暂行条例》（国务院令第713号）和《云南省重大行政决策程序规定》等法律法规，玉溪市人民政府于 2023 年 3 月 14 日公示了《玉溪市自然保护地整合优化方案》。

自然保护地整合优化前，玉溪市共有自然保护区 15 个，总面积 108587. 25 公顷，占自然保护地总面积的 50. 57%。其中：国家级自然保护区 2 个（云南元江国家级自然保护区、云南哀牢山国家级自然保护区新平片区），总面积 36573. 46 公顷，占自然保护区总面积的 33. 68%；省级自然保护区 1 个（澄江动物化石群省级自然保护区），总面积 1851. 52 公顷，占自然保护区总面积的 1. 71%；市县级自然保护区 12 个（玉溪红塔山市级自然保护区、澄江梁王山县级自然保护区、江川大龙潭县级自然保护区、通海县秀山县级自然保护区、华宁登楼山县级自然保护区、易门翠柏县级自然保护区、易门脚家店山恐龙化石县级自然保护区、易门龙泉市级自然保护区、峨山高鲁山县级自然保护区、玉溪玉白顶市级自然保护区、新平哀牢山县级自然保护区、新平磨盘山县级自然保护区），总面积 70162. 27 公顷，占自然保护区总面积的 64. 61%。

自然保护地整合优化后，全市共有自然保护区 3 个，总面积 58772. 51 公顷，占自然保护地总面积的 32. 35%。其中：国家级自然保护区 2 个（云南元江国家级自然保护区、云南哀牢山国家级自然保护区新平片区），总面积 53916. 12 公顷，占自然保护区总面积的 91. 74%；市级自然保护区 1 个（云南玉溪玉白顶自然保护区），总面积 4856. 39 公顷，占自然保护区总面积的 8. 26%。

1.3 玉溪市元江国家级自然保护区

元江自然保护区位于云南省中南部玉溪市的元江县境内，是全国唯一的干热河谷自然条件下的森林生态系统类型的自然保护区。其由两个片区组成，即元江东岸片区和章巴—望乡台片区，保护区总面积 22378. 9 公顷，保护区内海拔从 350 米到 2580 米不等，相对高差达 2230 米。最高海拔为 2580 米，位于章巴—望乡台片区的阿波例大山；最低海拔 350 米，位于元江东岸片区小河底处。

元江自然保护区始建于 1989 年 8 月，2002 年 5 月晋升为省级自然保护区，2012 年 1 月经国务院批准晋升为国家级自然保护区。由于元江地处南北与东西自然区域特色迥然不同的结合过渡地带，东南亚热带与喜马拉雅横断山系的过渡区域，并处于华南区与西南区的分界地带。因此，元江自然保护区及其临近地区在中国生物地理区域上是一个十分独特的地区。

“萨王纳”是对非洲热带稀树草原的称呼，元江国家级自然保护区有着国内唯一与非洲萨王纳热带稀树草原十分相似的生态景观，同时，又具有自身特有的群落特征和植物区系，被称为“中国的萨王纳”。绵延的草被层之上，稀疏散生的旱生矮乔木在阳光下肆意生长。这便是元江干热河谷地带特有的生态奇观，越是干热土薄多石的地方，植物越是长得妖艳多姿，大自然在这片土地上培育出了许多世界少有、中国唯一的奇妙植物。

元江保护区维管束植物相当丰富，区内记录有维管束植物 2379 种，隶属于 931 属、206 科（含种下等级，但不包括保护区内栽培的物种，下同）；野生种子植物 166 科、835 属、2080 种；蕨类植物区系共有 40 科、96 属、223 种。此外，保护区植物区系还有地理成分复杂、联系广泛、特有现象显著等特点。

元江自然保护区是云南动物较丰富的保护区之一，已记录到哺乳动物 92 种，鸟类 356 种，两栖动物 39 种，爬行动物 54 种，鱼类 47 种，脊椎动物总数达 589 种，昆虫种类也十分丰富，共记载了 423 种。

元江自然保护区内地势复杂多样，小生境众多，使各种类型的野生动植物都能找到适于生存的环境，并在长期的适应性演化过程中，形成了特殊复杂多样的动植物区系。行走在保护区内，如果没有专业人士的提示，很可能会与许多珍稀动植物擦肩而过。

1.4 玉溪市哀牢山国家级自然保护区新平片区

哀牢山（Ailao Mountains）属云岭向南分支的余脉，分布于云南省大理白族自治州、楚雄彝族自治州、玉溪市、普洱市、红河哈尼族彝族自治州 5 州市 16 个县市区。山体初始段呈南北方向，中下段渐转为西北往东南方向。哀牢山是元江与阿墨江的分水岭，滇东高原和横断山地两大地貌区的分界线。全长约 450 千米，宽 15~30 千米，总面积近 1 万平方千米。主峰为大磨岩峰，海拔 3166 米。

哀牢山自燕山运动后长期隆起，并经剥蚀、夷平和多次陆海变更及岩浆活动，至上新世末更新世初形成山脉，且仍在上升。哀牢山山体高大磅礴，海拔一般在 2000 米以上，超过 3000 米以上山峰有 20 余座。哀牢山是云南东西两大类的地貌分界线，气候垂直分布明显，从山麓至山顶依次为南亚热带、中亚热带、北亚热带、暖温带、温带气候特征，植被也具有明显的垂直分布特征，年平均温度为 11.3℃，其植被分布明显呈现云南特色，兼有垂直与水平分布规律的植被分布带。

哀牢山走向与地质构造线一致，且处于滇中地台与滇西地槽的分界线附近，有多种地貌形态，是地理学、地质学研究的理想场所，同时自然资源丰富，动植物资源复杂多样，保存了不少珍贵稀有植被类型、植物和动物。作为山脉的哀牢山，西北接云岭、在大理市紧挨着苍山，东南连绿春黄连山；山腰以上人迹罕至。1981 年，云南省人民政府确定，其规划保护面积为 436494 亩。1986 年 3 月，正式建立省级自然保护区。云南省人民政府明文划定保护区面积是 21.99 万亩。1988 年 5 月 21 日，国务院将其划定为国家级自然保护区。2023 年 11 月 30 日，国家林业和草原局公布《陆生野生动物重要栖息地名录（第一批）》，云南哀牢山国家级自然保护区入选。

哀牢山国家级自然保护区位于云南省中部，涉及普洱市、玉溪市和楚雄彝族自治州三州（市）六县（市）的 16 个乡（镇）96 个村委会。保护区面积为 67700 公顷，其中，镇沅占地 9676 公顷。有高等植物 1813 种，野生动物 474 种，其中，国家一级保护植物红豆杉、长蕊木兰等 4 种，国家二级保护植物水青树、云南七叶树等 9 种，云南省重点保护植物 21 种。有国家一级保护野生动物西黑长臂猿、灰叶猴等 6 种，国家二级保护动物猕猴、穿山甲等 14 种。鸟类 33 种，国家一级保护动物绿孔雀、黑颈长尾雉 2 种，国家二级保护动物凤头蜂鹰、白鹇等 31 种，其中，画眉鸟 55 种，占全国画眉鸟种类的 42%，是画眉鸟之乡。两栖爬行类动物有国家一级保护蟒蛇、国家二级保护动物红瘰疣螈、云南省级保护动物眼镜蛇及眼镜王蛇 4 种。保护区的主要任务是保护，保护区核心区及缓冲区内禁止旅游，实验区开展旅游业要受到诸多限制，但在哀牢山非保护区和哀牢山保护区实验区范围内，从嘎洒小镇到茶马古道，旅游资源丰富，有序利用显得尤为重要。

在新平县内，哀牢山分为两段，一段是哀牢山国家级自然保护区新平段，另一段是新平哀牢山县级自然保护区。国家级保护区在新平县境内的面积是 21.41 万亩、县级保护区是 15.35 万亩，两个保护区相连，县级自然保护区位于国家级保护区的东南方向。保护区作为哀牢山脉的重要组成部分，生物多样性极为丰富，是诸多珍稀濒危物种重要的栖息地，也是中国西南野生生物物种资源库。

新平县两级保护区均划分为三个功能区——核心区、缓冲区和实验区。核心区是保护区保存最完整的、原始的中山湿性常绿阔叶林的生态系统，该区域几乎不受人为干扰。除了保护管理部门依法进行巡护，或者是进行一些定位观测研究、生物多样性监测外，是不得设置和从事任何影响或干扰生态环境的设施和活动的。缓冲区是核心区与实验区，或者说核心区与保护区外界的过渡地带，它对核心区起到保护和缓冲外界压力的作用，能减少外界对核心区的干扰。实验区位于缓冲区的外围。在国家法律法规允许的范围内，向相关管理部门报批之后，可以在实验区开展一些相关的活动。2008 年，新平县委、县政府加大第三产业发展，加大旅游基础设施建设，开发哀牢山旅游风景区，建成南恩瀑布等景点，后持续完善石门峡、茶马古道、金山原始森林等现有景区景点的基础设施配套。

1.5 澄江动物化石群省级自然保护区

澄江动物化石群距今5.3亿年，被列为“地球早期生物演化实例的三大奇迹”之一，被科学界誉为“古生物圣地”，在国际地学界及早期生命演化研究领域具有非常重要的地位。澄江动物化石群省级自然保护区（以下简称保护区）位于玉溪澄江市境内，总面积1800公顷，于1997年经省人民政府批准建立。

整个化石群埋藏带呈蛇状蜿蜒达20千米，宽4.5千米，埋藏深度达50米以上。现圈定的保护面积为18平方千米，其中核心区保护面积1.2平方千米。截至目前，共发现化石点30余处，采集化石3万余块，科学鉴定认为有40个门类，100多种古生物化石，涵盖了现代生物的各个门类，还发现多种过去曾大量存在现已灭绝的动物新种，已超出现有动物分类体系，只能冠之以发掘地名来命名，如抚仙湖虫、帽天山虫、云南虫、昆明虫和跨马虫等，尤以可喜的是最近在玉溪与昆明交界的滇池海口又出现了地球上最古老的脊柱动物——海口鱼，其结构和功能较云南虫还复杂，是世界上发现的化石动物中特异门类最多、埋藏保存最佳、外形最精美、品质最优良，属稀世珍宝级的动物化石。科学研究认为它是“鱼类—两栖类—爬行类—哺乳类—人类”这一重要生命进化树和生物演化链上的鼻祖。

为保护好澄江境内的这一世界奇观、难得的文化地质遗址、世界古生物圣地，并为研究地球生命的起源、演化等科研难题提供有力的依据，中央、省、市、县的领导及有关部门非常重视澄江动物化石群的保护和研究工作。自1987年6月以来，云南省人民政府办公厅根据澄江县的报告，发文《关于澄江无脊椎动物化石群保护问题复函》，责成澄江县做好动物化石群的初级保护管理工作后，澄江一直坚持不懈地做好初级保护与管理，接待国内外参观者、考察者和研究人员。县级管理委员会和办公室的工作持续到1997年5月云南省人民政府和中科院在澄江召开现场工作会。根据省现场会议精神，在澄江建立了澄江动物化石群省级自然保护区管理委员会办公室和管理所。省级管理委员会办公室和管理所的建立，使澄江动物化石群的保护管理工作走上了规范化、正规化道路。

为了有效地保护具有重大科学研究价值的澄江动物化石群，云南省人民政府根据《中华人民共和国自然保护区条例规定》等有关法律法规的规定，于1997年12月发布《云南省澄江动物化石群保护规定》，明确规定澄江动物化石群属国家所有，任何单位和个人不得破坏或者非法转让，并建立澄江动物化石群省级自然保护区，实行特殊保护和管理。保护区的范围及其核心区、缓冲区、实验区的界线，由云南省人民政府批准规定。还明确规定禁止在保护区内进行砍伐、开垦、采石、取土、开矿以及其他对保护对象有损害的活动。禁止在保护区的核心区和缓冲区内建设任何生产设施。在保护区的实验区内，不得建设污染环境、破坏地质遗址的生产设施，建设其他项目，其污染排放不得超过国家和省规定的污染排放标准。同时，还规定未经省地质矿产行政主管部门或者保护区管理机构批准，任何单位和个人不得在保护区采集化石标本，不得收购、买卖化石标本。

按照云南省人民政府关于建立澄江动物化石群省级自然保护区的批复，保护区以澄江帽天山为中心，向南北各延伸 4 千米，面积约 18 平方千米，并依据国际惯例向地下延伸 50 米。管理委员会办公室和管理所根据已发现动物化石的情况、地层分布状况以及研究程度，结合云南省制定的《云南省澄江动物化石群保护规定》，又对保护区的三个功能区，详细地做出了不同级别的保护。

1.6 玉溪市玉白顶市级自然保护区

玉溪市玉白顶自然保护区（玉白顶国有林场）成立于 1962 年 2 月，前称是玉溪市国营玉白顶林场，是在新平、峨山伐木场的基础上成立的，林场初建大多是采伐迹地及疏林地，森林覆盖率仅为 42%，以伐木、家具打造经营为主，为改变“重造轻管”“年年造林不见林”的窘况，林场认识到保护生态环境的重要性，认识到环境就是民生，青山就是美丽，蓝天也是幸福，努力做到要像保护眼睛一样保护生态环境。老一辈林场人几经艰难挫折，坚持砥砺前行，同时把护林的任务传递给新一代林场人，经过 30 多年的努力，取得了满满硕果，尤其是近二十年的发展进程可谓是有目共睹，1997~2017 年，森林覆盖率从 93.63%增加到 96.19%，活立木蓄积量由 30.319 万立方米增加到 54.242 立方米，争取项目建设资金 4094.08 万元，地方投资 4024.2 万元，全部投入林场建设。悠悠六十余载，漫漫奋斗路，在栉风沐雨中林场几代人不畏劳苦，用汗水和智慧铸就了“艰苦奋斗、爱岗敬业、朴实诚信、开拓创新”的林场精神。

2024 年，玉白顶自然保护区全面完成森林草原防灭火、森林资源管护等各项工作任务，通过对林草有害生物监测防治、公益林与天然林管护、野生动物监测保护以及林草产业探索等，进一步提升了林草生态系统质量。

在森林草原防灭火和防汛方面，玉白顶自然保护区提前谋划，落实防火责任，签订责任状和联防联治协议达 105 份。深入 17 个村社开展防火宣传，发放

8911 份宣传物资。实行 24 小时火情监测预警，干部职工深入一线，班子成员驻守林区带班。强化火源管控，设置 8 个防火检查站，扫码量达 8208 次，劝返车辆 198 辆、人员 652 人次。排查安全隐患，在国有林场范围实施计划烧除，出动 180 人次，完成防火隔离带人工清理 10 千米、道路沿线可燃物烧除 21.5 千米，累计烧除面积 107.17 公顷。此外，还开展了汛期安全隐患排查整改，有效降低了汛期洪涝灾害风险。

在林草有害生物监测防治方面，玉白顶自然保护区基于空地人一体化监测，采用“地面巡护+低空无人机常态化巡航+防火视频监控”的方式，监测林业有害生物危害面积 6816 亩，并采取有效措施进行了防治。同时，持续推进林业有害生物防治项目，有效保障了森林生态的健康发展。

在公益林与天然林管护方面，玉白顶自然保护区将 42980 亩公益林和 58389 亩天然林保护工程区划为 22 个责任区，与管护人员签订 19 份管护合同，加强了对管护人员的监督和管理，并进行常态化监督，确保管护人员到位率 100%，确保了管护工作的有效开展。

在野生动物监测保护方面，玉白顶自然保护区通过人工开挖野生动物旱季补水塘 9 个，安排人员在旱季定期对补水塘进行补水，增设红外相机和视频监控监测点等方式，监测和记录到了不少珍稀动物饮水、戏水的珍贵图片和影像资料，这对厘清保护区野生动物底数，增加保护区生物多样性具有重要的现实意义。

在林草产业探索方面，玉白顶自然保护区通过推进林下中药材示范种植项目、大径级珍贵树种培育项目以及甜菜种植等举措，在富良棚管护站种植天门冬、滇黄精等中药材 12 亩，栽植特色经济林木巴拉那松，在 4 个管护站种植甜菜 1250 棵，进一步促进农户增收，助力乡村振兴。

1.7 玉溪市红塔山市级自然保护区

玉溪市北山国有林场成立于 1959 年 12 月，隶属于玉溪市林业和草原局，为正科级公益一类事业单位。与玉溪市红塔山自然保护区管护局属同一机构，两块牌子。所辖地分布于玉溪市红塔区小石桥乡、北城街道办事处、李棋街道办事处、凤凰街道办事处境内。林场总面积 5693.3 公顷，其中：林地面积 5253.3 公顷，森林面积 4593.3 公顷，蓄积 275020 立方米，森林覆盖率为 80.59%，林木绿化率为 90.46%。

建场 60 多年来，北山国有林场经营方针、管理职责随着时代的进程而改变，从以提供木材支持国民经济建设为主，转变为保护培育森林资源、维护国家生态安全。60多年的培育管护，成就了玉溪中心城区东部面山的青山绿水，对维护和改善城市面山生态环境，保护东风水库、红旗水库等重要饮用水水源地，保持区域生态平衡发挥了重要作用。

一是持续加强思想阵地建设。继续深入贯彻学习党的二十大精神，全面贯彻落实习近平生态文明思想和习近平总书记考察云南重要讲话精神，践行“绿水青山就是金山银山”理念，继续以森林草原防灭火和林业有害生物防治工作为重心，加强生物多样性保护，不断提升保护区林草生态系统质量。

二是切实抓好冬春森林草原防火工作，提前谋划高火险期防火工作落实。克服侥幸心理，牢固树立“常年抓防火”思想，针对龙马山、小龙潭、白龙潭等景区，重点在人流量较大的东风、灵秀林区开展森林防火工作，对于森林资源较为密集的北山林区，进入防火期就采取封山管控，减少人为因素影响。

三是适时做好区内各类突发和常发性林业和草原有害生物的监测和防治工作。将松材线虫病等国家检疫性和省级补充检疫性林业有害生物监测预防工作常态化并长期化，适时加强松墨天牛、红火蚁、萧氏松茎象等防治工作。重点实施松小蠹虫、桤木叶甲、黄脊竹蝗等防治，防止突发重特大林业和草原有害生物危害，完成防治目标任务。积极争取上级对滇油杉矮槲寄生病害危害的防治支持，争取项目资金实施治理；加强与科研院所和专家教授合作，探索滇油杉矮槲寄生病害的有效治理措施和方法。

四是积极争取项目，稳步推进保护区基础设施建设和防火能力提升。对基础设施薄弱的林区站点，增强森林火灾防控能力以及应急处置能力。组织开展森林资源保护督察，开展森林资源监测、核查、执法全覆盖行动，保持打击破坏森林资源行为高压态势，切实维护生态安全，全面加强生物多样性保护。

1.8 易门龙泉市级自然保护区

龙泉自然保护区属市级自然保护区，是社会公益性质的森林生态系统类型自然保护区。通过建设和保护，逐步达到改善易门县城区的生态环境和空气质量，确保城区生产生活用水的产量和质量，提高城区环境质量的目的。龙泉自然保护区以现代林业思想为指导，坚持“全面规划，积极保护，科学管理，永续利用”的方针，妥善处理好自然保护区建设与社区经济发展和居民生产、生活的关系。龙泉自然保护区管理机构或者其行政主管部门可以接受国内外组织和个人的捐赠，捐赠全部用于自然保护区的建设和管理。

自然保护区地处滇中高原西部，北纬 24°34′45″~24°44′39″，东经 101°00′37″~102°07′45″。保护区范围涉及大龙泉、小龙泉、石莲寺补给、径流、排泄区；涉及龙泉、浦贝、铜厂、六街 4 个乡（镇）的 11 个村（居）委会，四至界限如下：东：红通箐、大凹、上北屯、林士桥、六拉母马丑山。南：六拉母马丑山、三棵树、丰收坝、金山。西：普子哨、莫各顶、底尼、西山箐东山分水岭。北：小百坡、猫猫洼、草顶山、红通菁。主要保护对象是大龙口、小龙口、石莲寺水源径流区水源涵养林、水土保持林、风景林、野生动植物资源及其自然环境。

龙泉自然保护区总面积 11367 公顷，其中核心区 5428. 8 公顷，缓冲区 2550. 4 公顷，实验区 3387. 8 公顷。龙泉自然保护区范围内的林地、森林等一切资源按现有山林权属归国家和集体所有。龙泉市级自然保护区的范围、面积、界限不得随意更改，确需变更，须经市人民政府批准。龙泉自然保护区以保护、改善生态环境和自然环境为主，积极开展科学研究，合理利用，发挥整体效益。

龙泉自然保护区管护局认真贯彻落实《云南省推进作风革命加强机关效能建设的若干规定（试行）》各项要求，管护局领导班子以身作则，率先垂范，团结带领干部职工牢固树立“今天再晚也是早、明天再早也是晚”的效率意识，全力推动作风革命，加强效能建设，认真落实各项工作任务。

一是及时召开会议传达学习相关文件精神，充分认识推进作风革命加强效能建设的重要性，明确工作任务、细化工作措施、强化督促指导、抓好工作落实；在党支部和局务会上反复强调全体党员干部要牢固树立“今天再晚也是早、明天再早也是晚”的效率意识，锤炼自身本领，为保护区发展作出贡献。

二是加强自然保护区管理工作。做好日常监督管理，加强自然保护区法律法规的宣传，向辖区农户发放保护区知识宣传单 5000 余份。加强责任的落实，与六街街道和铜厂乡林业站签订辖区自然保护区责任书 2 份，与辖区村（社区）签订保护区责任书 5 份，实现辖区乡镇、社区共建共管。开展保护区巡护 20 余次，加大宣传和巡护力度，保护区未发现新的案件。

三是做好森林公园防火工作。进入森林防火期以来，扎实促进各项防火工作措施的落实。主要采取的措施包括：①成立管理所森林防火工作领导小组，修订完善《森林防火工作方案》《森林防火预案》《巡山护林员、临时性火源检查卡点人员》等相关制度。②及时召开森林防火工作启动会，共召开森林防火工作推进会议 10 次，专题研究森林防火工作，狠抓“春节、二月、清明、五·一”等重点节日的防火工作。③落实责任，局长与全体干部职工签订《森林防火包保责任书》13 份，与林区施工（居住）人员签订森林防火责任书 45 份。④加强队伍建设，成立一支 15 人的专业扑火队伍，聘用长期护林员 4 名和 26 名临时性巡山护林员，强化队伍的培训和演练，组织开展林下可燃物清除16千米，充分发挥防火队伍作用。⑤加强宣传，开展森林防火宣传200余次，流动车辆宣传300余次，悬挂宣传牌（布标）200余块。⑥放弃周末和节假日休息，狠抓督促检查，严格执行值班制度，防火期选派工作丰富经验的2名职工开展防火专项督查，严管进山人员，强化野外火源管理，坚决管住火源，确保人员到位、措施到位。

四是做好龙泉国家森林公园爱国卫生“7个专项行动”。坚决贯彻落实习近平总书记关于新时代爱国卫生运动的重要指示批示精神和省市县关于爱国卫生“7个专项行动”的安排部署，严格落实“龙泉国家森林公园”责任区管理，打造干净、整洁的卫生环境，切实增强群众获得感、幸福感。

2 玉溪市自然保护区发展现状

玉溪市不断创新，推动自然保护区全面发展。在生态文明建设中，林业居于基础地位，处于前沿阵地，扮演关键角色，肩负着别的任何行业都不可替代的使命。在推动自然保护区现代化建设方面，玉溪市自然保护区始终树立和践行“绿水青山就是金山银山”理念，坚持围绕“抓党建、促经济、转作风、提质量”的工作思路，以党建带工建激发自然保护区活力，打造人文内涵丰富的森林生态文化体系，建设中国最大的云南松种质资源基因保存库，同时通过发展林下种植生产业、苗木经营，探索一条带动周边村社致富的道路，将自然保护区打造成森林生态文化建设的示范区。同时，创新是推动生态文明建设的不竭动力，自然保护区创新发展模式，推进与大专院校的合作，利用现有自然资源为大专院校提供实习场所，将院校新技术、新成果引入自然保护区，实现自然保护区和院校之间的双赢共促。

雄关漫道真如铁，而今迈步从头越。自然保护区就像一部写了六十余载的书，一字一词一句，都浸透了艰辛和汗水。展望未来，玉溪市将继续以建设“森林优质高效，资源持续利用，基础设施完善，社会保障有力，职工生活富裕，周边社会和谐”的自然保护区为初心，举生态旗，走生态路，用奋斗的姿态更好地筑起生态屏障，努力创造属于时代的灿烂与辉煌，为实现中华民族伟大复兴的中国梦而不懈努力。

2.1 贯彻落实新发展观

云南省玉溪市生态条件优越，珠江、红河两大水系蜿蜒而过，抚仙湖、星云湖、杞麓湖三湖毗连成群，山地、河谷、高原、平坝交错分布，气候立体多样，为各种生物的起源、演化、繁衍生息提供了良好条件。玉溪境内的陆生脊椎动物资源占云南的49.53%，各类珍稀濒危及重点保护野生动物234种，占国家重点野生保护动物名录的23.88%。

玉溪深入贯彻落实新发展观，坚持生态立市战略，持续推进生态文明建设，努力为玉溪建设“滇中崛起增长极、乡村振兴示范区、共同富裕示范区”夯实生态绿色基底。玉溪市森林面积达958798.3公顷、湿地面积达44388.3公顷，森林、水体与湿地生态系统面积占玉溪市国土面积的65.6%，森林覆盖率为64.1%，被评为国家卫生城市、国家园林城市、中国十佳休闲生态宜居城市。

2.2 加强自然保护地监管

玉溪将典型的森林、水体与湿地生态系统纳入保护范围，建立各级自然保护地27个，保护地面积227487.97公顷，占玉溪市国土面积的15.20%。为加大对自然保护地的监督，玉溪出台了抚仙湖、星云湖、杞麓湖保护条例，《玉溪市新平哀牢山县级自然保护区条例》《玉溪市重点保护陆生野生动物造成人身财产伤害补偿办法》《玉溪市抚仙湖、星云湖、杞麓湖水生生物放生管理规定》等地方性法规，为依法保护提供政策法规依据。

实施自然保护地整合优化和生态保护修复，加强对野生动植物重点栖息地及分布区的重点保护，持续开展“绿盾”自然保护地强化监督专项行动，全面核查各级各类保护地内的人类活动点位情况，对问题实行“拉条挂账、整改销号”。强化执法监管，全市共查处各类森林和野生动物案件4981起，抓获犯罪嫌疑人789人，处理违法人员4144人（次），有力震慑了各类野生动植物违法违规行为的发生。

坚守底线，时刻维护生态环境安全。防火工作一直是林场工作的重中之重，得到玉溪市政府、市林业和草原局的高度重视，各级领导也多次到现场指导，林场党员领导班子带领全场职工采取场群共建、联防联治制度，每年防火期认真部署、扎实行动，做到“山山有领导、段段有人管、重点有人盯、责任全覆盖”，玉白顶自然保护区连续21年没有发生森林火灾，谱写了坚守安全的赞歌。

2.3 开展极小种群物种保护

经过60多年森林生态系统的建设和保护，各自然保护区沟谷中的常绿阔叶林和云南松林、灌丛野草为生物物种提供了良好的栖息地，自然保护区生物多样性得到极大丰富。玉白顶自然保护区先后开展三次动物科考活动，发现野生维管束植物 744 种，隶属于 139 科 479 属。其中包括华西蝴蝶兰等 8 种国家一级保护植物，花榈木等 86 种国家二级保护植物，大型真菌 146 种。有 150~200 种鸟类与中大型哺乳类动物，其中极为珍贵的有“土生土长中国原生物种”之称的绿孔雀等国家一级重点保护动物 3 种，红隼等国家二级重点保护动物 11 种，蓝翡翠等国家三级重点保护动物 86 种。

玉溪持续开展了陈氏苏铁、喜树、旱地油杉、蓑衣油杉、文山兜兰、丁茜、澄广花等珍稀濒危和极小种群物种保护与监测项目。在新平哀牢山实施西黑冠长臂猿保护监测，近 10 年内，共调查发现西黑冠长臂猿 124 群 500 余只。

通过加强巡护、实施社区共管，有效保护西黑冠长臂猿及其栖息地。积极探索栖息于非自然保护地区域重点物种的保护途径，在绿孔雀种群分布区域共建立保护小区 4 个，面积 32815 亩，设立管护站点 7 个，安装红外线自拍相机 118 部，持续加强保护及监测力度，境内绿孔雀种群数量明显增加。

2.4 加强种质资源保护

建设旱地油杉、伯乐树和篦子三尖杉育苗基地，开展易门翠柏原地保护和迁地繁育保护，在玉白顶国有林场建立了全国最大的云南松良种种质资源库。

开展增殖放流活动，20 年间共向抚仙湖放流鱼康鱼良白鱼、抚仙四须鲃等土著鱼鱼苗 1284.1 万尾；建立大头鲤、星云白鱼保护基地，放流星云白鱼 5.6 万尾；实施元江鲤水产种质资源场建设，向元江流域放流元江鲤 450 万尾，土著鱼种群得到初步恢复。

2.5 持续抓好防控体系建设

率先推行山林长制，强化“预防、扑救、保障”三大体系建设，严格管控火源，“十四五”期间，森林火灾发生次数同比下降 84%，受灾面积同比下降 92.6%。

设置林业有害生物踏查线路 1130 条，标准地 3915 个，踏查面积 1125 万亩，累计完成有害生物防治面积 281.92 万亩。在全省率先开展红娘胡蜂引导退出工作，共退出红娘胡蜂养殖户 94 户，退出红娘胡蜂 9252 窝，有效控制外来生物入侵。

2.6 加大水体和湿地保护力度

玉溪严守“湖泊是用来保护的，不是用来开发的”底线，按照“退、减、调、治、管”五字方略，以最严格的标准划定抚仙湖、星云湖、杞麓湖保护界线，最大限度留出生态空间，着力实施源头治污，最大限度降低污染负荷的产生和排放。

此外，积极探索绿色转型之路，大力推进“三湖”流域生产生活方式转变；统筹一次性补齐城乡“一水两污”基础设施短板，着力治理好已经排放到环境中的污染负荷；推进依法治湖、精准治湖、科学治湖、全民治湖，着力提升管湖治湖能力和水平。玉溪正在采取一切必要举措，最大限度留给湖泊休养生息的空间。

通过系列措施，全市湿地保护率达 76. 76%，自然湿地保护率达 82. 14%，均位列全省第一。先后在通海杞麓湖发现“世界最美水鸟”——紫水鸡，在江川星云湖发现彩鹮；在“三湖”监测到常见水鸟 17 种，比过去增长 8 种，数量由 1416 只增加到 5501 只。

3 玉溪市自然保护区周边社区协同发展状况

3.1 哀牢山自然保护区周边社区

哀牢山新平管护局多次荣获新平县委、县政府颁发的“先进单位”“文明单位”荣誉称号。同时，哀牢山新平管护局还是全国候鸟监测网络地点、全国陆生野生动物疫源疫病监测站、云南省环境教育基地、玉溪师范学院科研教学实习基地。这些荣誉都是对管护局过去工作的肯定，也激励着管护局各级工作人员不断砥砺前行，在工作中持续创新，奋力谱写好新时代绿美云南建设新篇章。哀牢山新平管护局加强科普宣教，提高民众保护意识。

3.1.1 加强科普教育工作，提高保护责任与意识

积极开展有关保护区工作的科普宣教、专家讲座、媒体宣传、实地观摩等活动，2010 年争创成为云南省首批命名的“省级环境教育基地”，2015 年 11 月成功挂牌哀牢山自然保护区 · 玉溪师院“科研教学基地”并开展相关工作。一是 2018 年以保护区基本情况、历史变革及探索社区发展为主题的《云南哀牢山自然保护区纪录片》被各大媒体争相报道，制作《聚焦飞羽》《关注哀牢山，保护中国猿》《山之灵》等宣传图册，发放到自然保护区周边乡（镇）、村（社区）及中小学校。二是与玉溪电视台合作，拍摄西黑冠长臂猿保护专题纪录片《哀牢山之灵》在玉溪电视台黄金时段播出。三是接受央视网、人民日报、新华社、云南日报、春城晚报、玉溪日报等多家主流媒体的采访，发布《追梦 70 年 · 跨越：“追猿人”的九年守候》《探访云南无量山深处的“树冠精灵”：西黑冠长臂猿》《探寻植物界“大熊猫”红豆杉坐标：哀牢山》《哀牢山的“追猿人”——李林国》《新平哀

牢山西黑冠长臂猿调查监测工作启动》《探寻，在高山密林深处（美丽中国）》等共计 30 余篇对外宣传报道，提高了哀牢山的知名度和社会影响力，也提高了全社会对哀牢山的关注度、认识度、知名度和社会影响力，对加强哀牢山生态保护建设产生深远的影响。四是开展保护区环境教育活动，与北京“自然之友”、云南大学、玉溪师范学院等机构和高等院校合作，每年组织哀牢山自然环境教育活动，充分发挥云南哀牢山国家级自然保护区的自然资源优势和科研的人才优势，成为传播和弘扬生态文明建设的载体。五是每年通过设立宣传标牌、粘贴宣传标语、发放宣传资料等方式开展森林防火、环境教育、法律法规、野生动植物保护宣传教育活动，提高全民保护生物多样性的意识和责任。

3.1.2　因地制宜，积极发展乡村旅游产业

在自然保护区建设和管理中，深入践行“绿水青山就是金山银山”的理念，将自然保护区建设和管理工作有效融入新平彝族傣族自治县委、县政府的社会经济发展战略中。依托哀牢山独特优美的自然环境和区位优势，按照县委、县政府做大做强生态旅游产业的发展战略，努力探索保护与发展协调并进之路，创建了“金山丫口原始森林生态示范园区”，具有悠久历史文化的南方“丝绸之路——茶马古道”，具有雄、险、奇、秀特点的“石门峡”探险旅游景点等，带动地方社会经济的发展，进一步提高周边社区群众保护自然、崇尚自然的意识，有效缓解周边对保护区生物多样性的保护压力。

3.1.3　拓展思路，积极开展保护区周边社区低碳示范项目

云南哀牢山国家级自然保护区新平管护局通过与云南省绿色环境发展基金会合作，在香港恒生银行、长春社资助和支持下，共同开展了保护区周边社区低碳示范项目——玉溪市新平县耀南示范村。项目实施内容为林下经济发展、节能减排和基础设施建设，项目总计投资 388.63 万元。通过项目实施，改善了保护区周边社区生产生活条件和居住环境条件，持续发展生态产业，增加收入，降低人为活动对保护区的干扰程度，减轻周边社区对保护区自然资源和自然环境保护的压力与威胁，促进保护区与周边社区和谐发展。

3.1.4　签订共管共建协议，提高公众参与度

根据协议，自然保护区与地方政府将重点围绕“自然资源保护与利用、生态修复、资源信息共享”三方面内容开展合作，推进建立“会商协作机制、联防联控及重大灾害处置机制、联合执法机制”三项合作机制，进一步细化明确各方的责任与义务，不断深化区地合作关系，持续推动保护区生态、经济、社会健康全

面发展，同时在生态建设、社会民生、地区经济等方面，力争创造条件开展更多更深层次的合作。协议的签订对推动哀牢山国家级自然保护区新平区段的建设发展具有极其重要的意义。

此外，自然保护区管护局与自然保护区周边的者竜、水塘、戛洒社区、村委会和中小学开展共建活动，签订共管共建协议 10 份，并成立社区共管小组，开展共管活动，引导村民保护野生动植物。

3.2 玉白顶自然保护区周边社区

良好的生态环境是最普惠的民生福祉，玉白顶自然保护区坚持以习近平生态文明思想为指导，牢固树立“绿水青山就是金山银山”理念，持续深化生态文明体制改革，让玉溪的天更蓝、水更清、地更绿。

3.2.1 区社共建良好生态

玉溪市玉白顶自然保护区管护局联合峨山县塔甸镇党委，深入林区迭嘎村小组共同开展“党建引领生态绿民族团结聚合力”活动，增强区社共建良好生态环境成效。

活动中，自然保护区管护局党员与少数民族群众促膝而坐，党支部书记用通俗易懂的乡音话，深入浅出地将习近平总书记关于加强和改进民族工作的重要思想及习近平总书记考察云南重要讲话精神、《云南省民族团结进步示范区建设条例》和省、市民族工作会议精神，以及民族政策等相关知识进行了传达。同时，针对当前保护区森林防火工作存在的问题及困难进行深入交流。现场发放野生动植物保护宣传资料 35 份，赠予塔甸镇党委及迭嘎村小组《玉白顶自然保护区植物及大型真菌实用图鉴》书籍 6 本。

通过活动使党员群众进一步提升对民族团结进步示范区创建工作的认识，树牢“三个离不开”的思想，增强“五个认同”“五个维护”的自觉性。要求全体党员紧扣“铸牢中华民族共同体意识”主线，将民族团结进步示范区创建工作与党史学习教育、“三会一课”、主题党日等活动有机融合，聚焦林场森林防火、生物多样性保护、林下经济产业发展等主责主业，用实际行动守护好绿水青山，共同打造民族地区人与自然和谐发展新格局。

3.2.2 生态保护宣传多措并举

玉溪市玉白顶自然保护区强化“施工队长”思想引领，以上率下提升周边社区群众生态文明理念。在生态保护宣传方面用情用力，充分运用抖音、公众号平台以及新闻平台积极宣传生态和生物多样性保护工作，“出圈”名片可圈可点，其中《走进云南玉白顶，带你探访珍稀濒危物种绿孔雀栖息地丨第一时间》被中央、省台平台采用，关于绿孔雀、文山兜兰等专题宣传视频20余条，受到本地、外地群众广泛点赞转发，吸引更多游客来访玉白顶“一探究竟”。结合“3·3世界野生动植物日”“5·22国际生物多样性日”等时间节点，通过发放宣传资料、环保袋，悬挂宣传标语、粘贴宣传报、网络普法等方式，将野生动植物保护的法律法规、相关知识融入广大群众日常生产生活及学习中。开展野生动植物保护普法宣传进社区、进农村、进学校、进家庭，不断增强群众保护野生动植物的法治观念。鼓励群众发现违法经营或非法狩猎野生动物行为，主动监督举报，营造全社会共同参与野生动植物保护的浓厚氛围，实现人人认同、人人参与、人人共治。

3.2.3 生态保护见实效

云南松是中国西南地区的特有树种，在筑牢西南生态安全屏障、国家储备林建设中发挥着重要作用，然而长期以来的人为干预，使得云南松优良基因流失、生长量低、抗病虫害能力弱。2014年，中国规模最大的云南松种质资源库在玉溪市玉白顶自然保护区启动建设，总面积1203亩，这里收录了云南、四川、贵州、广西、西藏等省份的134个种源554个单株。

十年树木，换来青山常在。通过与高校、科研机构广泛开展合作，玉白顶自然保护区顺利完成云南松选育工作，攻克了良种创制技术难题，让云南松的重要基因资源得到有效保存。把优良的种质资源收集到玉白顶，开展良种选育、创制，为后期产业发展做一些科技支撑。

不仅是云南松，也不只在玉白顶，经过多年的生态治理修复和生物多样性保护，玉溪已成为绿孔雀、西黑冠长臂猿、文山兜兰等珍稀濒危物种的共同家园。目前，玉溪市境内有陆生野生动物资源735种，其中国家一级保护野生动物14种、国家二级保护动物73种；有野生植物资源2396种，其中国家一级保护野生植物5种、国家二级保护野生植物25种、极小种群物种4种。

4　玉溪市自然保护区推动周边社区协同发展的项目

4.1　积极实施保护区周边社区低碳示范项目

作为玉溪市唯一正在申报“两山”实践创新基地的县区，新平县把生态文明建设融入经济、社会、政治、文化建设各个方面和全过程，构建绿色产业体系，打造特色生态品牌，引领全民绿色行动，致力打通“两山”转化通道。

保护生物多样性，“护绿”筑牢“哀牢山”生态根基。创新生态空间保护模式，先后建立哀牢山国家级自然保护区、磨盘山国家森林公园等5个自然保护地。建立绿孔雀保护小区4个，格力兜兰、云南火焰兰保护小区2个，陈氏苏铁保护小区4个，建成旱地油杉、伯乐树和篦子三尖杉育苗基地。颁布《玉溪市新平哀牢山县级自然保护区条例》，成立西黑冠长臂猿生态行为研究站，建立西黑冠长臂猿监测站、野生动物救护站、鸟类环志监测站，建立社区共管保护机制。哀牢山新平段已成为国际西黑冠长臂猿分布中心及其栖息地、国际重要候鸟迁徙通道、云南省生物多样性基因库、滇中生态安全屏障和滇中地区重要水塔。

保护和修复并举，“扩绿”发展“新平橙”柑橘产业。新平县充分利用“两山一谷”独特立体资源，根据海拔、气候、植被、种植结构，明确开发利用边界，因地制宜发展产业。用“生态修复产业化、生产过程标准化、种植养殖循环化、科技创新数字化、市场营销品牌化、利益联结一体化、价值实现多样化”的“七化”模式，发展高原特色现代农业“新平橙”。2023年，全县柑橘种植面积17.77万亩，实现产量34.66万吨、产值15.6亿元。实施云南首例“5G+农业场景”应用，实施“生猪养殖—有机肥还田—柑橘种植”种养循环模式，全县有机、绿色及地理标志产品中水果认证面积达4.2万亩，涌现出了褚橙庄园、鼎成农业种养循环典型案例。引进新技术，打造“新平橙”区域公共品牌，培育“褚橙”“高原王子”“南恩金果”等一批国内外知名品牌，发展柑橘新型经营主体316家，种植基地带动农业产业工人4600余人。

生态和文化融合，“兴绿”打造“花腰傣”文化品牌。依托哀牢山优良生态资源开发景区，以开发景区衍生产品为主线，推进旅游致富与周边景区协同发展，农家小院、星级农家乐、民宿、露营基地、半山酒店等乡村旅游项目逐步开发，乡村摄影、康体养生、观云海日出等观赏或体验的新业态产品吸引了游客慕名而来。充分挖掘花腰傣历史、民俗、非遗等原生态民俗文化，提升游客文化体验度，实现民族文化保护传承与开发利用有效融合。戛洒“火红凤凰花·风情花腰傣”赏花民俗之旅入选全国乡村旅游精品线路。2023年，全县共接待游客569.4万人次，实现旅游收入63.97亿元，完成地区生产总值279.6亿元，居全省27个少数民族自治县首位。

4.2　大力促进林下经济种植项目

玉溪市充分认识发展林下经济的重要性，巩固良好发展势头，走好“生态优先、绿色发展”路径。立足地方资源优势和生态环境容量，科学规划、合理布局发展林下经济目标、方式、规模，大力发展各具特色的林下经济。加强林下新品种种植养殖研发和使用技术指导，提高林下经济生产率，积极引进食品、中医药等生产加工企业，拓展精深加工。要强化政策扶持，盘活现有森林资源，夯实产业发展基础，把林下经济培育成为带动地方经济发展和拓宽农民增收的富民产业，助推玉溪市林业产业高质量发展。

新平县深挖“菌”产业，放大“菌”优势，立足资源禀赋优势，深入探索村企合作模式，做大做强食用菌产业，进一步带动农业增效、农民增收，拓宽了群众家门口的致富路。

以“规模化”思路培育食用菌产业。大力发展以羊肚菌、平菇、林下野生菌为主的食用菌产业，培育引进领航农业、盛康生物等一批龙头企业，与合作社、村办企业合作联合，形成“公司+基地+合作社+农户”经营模式，实现产前、产中、产后贯通衔接，既解决了种植端保供保收销售难题，又延长了食用菌产业链。平甸乡桃孔村以“党组织+村办企业+基地+农户”模式发展食用菌产业，推广种植羊肚菌、平菇等30亩，年产值达200万元以上，带动乡村周边就业岗位30余个。2024年，全县保稳食用菌种植基地22个，申报省级现代农业示范基地1个、市级 2 个，新入库食用菌农业固定资产投资项目 1 个、总投资 586 万元。

以“立体化”思路发展林下食用菌。充分发挥县域林地面积大、气候适宜的资源优势，依托盛康生物科技、康之康菌业专业合作社，探索林下经济“林+菌+游”模式，打造立体农业，将生态优势转化为经济优势，打造森林旅游与林下经济“混搭”新亮点。近年来，推动合作社以一二三产业融合发展思路谋划食用菌示范基地 2 个，种植大球盖菇、平菇、香菇等 312 亩；在桃孔村成功举办新平首届菌子文化节，累计接待游客 1000 余人次，实现旅游收入 3.5 万余元，通过农旅融合不断拓宽了林下食用菌发展路径，实现村集体经济与群众收入双增收。

以“互促化”思路探索烟后食用菌。探索烟、粮、药、菌循环互促发展模式，推动“以烟稳粮药菌、以粮药菌促粮、烟粮药菌轮作、一体发展”农业产业模式，借助烟后产业经济效益稳住烟叶产业“基本盘”，同时整合资源，综合利用，深挖价值，助农增收，积极构建“烟粮药菌结合、产业复合互促、绿色生态高效”的食用菌产业体系。平甸宁河、桃孔村抢抓烟后农闲时节，以“1+N”大户引领、多数参与的模式，发挥村级致富带头人作用，拓宽返贫监测群众致富道路，年内 6 个羊肚菌栽培基地种植面积 91.23 亩，亩产达 9 万元，产值 800 余万元。

4.3 积极推进碳汇造林，做好森林增汇文章

森林是陆地生态系统最重要的“碳库”，是目前最为经济、安全、有效的固碳方式之一。自入选云南省林业碳汇试点县以来，玉溪市积极推进林业碳汇试点建设工作，着力开发林草碳汇项目，为实现生态增优、碳汇增量、林农增收筑牢绿色发展根基。2024 年在北城、李棋、大营街、高仓、研和 5 个街道实施林业碳汇试点异地植被恢复造林示范项目。在造林项目内设置固定样地 11 块，组织专业技术人员对项目范围内的林木、灌木、草本、枯落物、腐殖质及土壤有机质碳库进行调查，计算基线碳汇量，摸清碳资源情况。

此次增汇造林项目造林树种主要为云南松、桤木、麻栎、藏柏等，项目设 9 种造林模式，针对不同的试验地块采取不同的造林模式，不同的技术措施，布设对照组和试验组。探索开展森林增汇经营模式和关键技术研究。2024 年投资 180.99 万元，完成增汇造林面积 1571 亩。完成森林抚育 3000 亩，义务植树 72.8 万株。森林覆盖率达 60.06%。

充分利用植树节、世界湿地日、世界野生动植物保护日和国际生物多样性日开展碳汇相关知识宣传，利用红塔融媒、红塔林草等新媒体加大碳汇工作宣传力

度，提高公众造林固碳意识，在玉溪市上下营造良好的林业碳汇发展氛围。成立市级林草碳汇领导小组，编制实施方案，深入探索适合玉溪市碳汇发展的新路径和新方向，为推深做实全市林长制工作打开新局面，为深入践行“双碳”战略贡献玉溪力量。

4.4 构建从有形向无形的互嵌，让各族群众深度互融共居

习近平总书记在中共中央政治局集体学习时强调，推进边疆治理体系和治理能力现代化，是中国式现代化的应有之义，要落实党中央关于边疆治理各项决策部署，深入做好边疆治理各项工作，推动边疆地区高质量发展。云南是边疆治理实践探索的第一线，多民族交往交流交融的互嵌式社区成为了“像石榴籽一样紧紧抱在一起”的最真实写照。玉溪市多维路径谋划推动各族群众全方位嵌入，以老旧小区改造为切入点，加快构建互嵌式社区环境，从生活空间、情感交流、治理机制促进各族人民交往交流交融，逐步走出一条“共建、共治、共享、共美”的新路子。

（1）着力构建空间上互嵌的社区生活环境。一是连片更新改造，打破空间上的“隔心墙”。玉溪市抢抓老旧小区改造政策，提升规划设计水平，突出片区联动改造和存量资源整合利用，按照改造要求，全面拆除影响群众交流交往的“隔心墙”，拉近各民族之间的生活距离与心理距离。目前，玉溪市已有 53 个片区、656 个小区实现连片改造，拆除临、围建筑 7.8 万平方米，受益群众达 15 万余人。互嵌典范新平县戛洒镇曼哈社区，由来自 5 个村 49 个村民小组 586 户 2196 人，14 个少数民族组成的大家庭，各族群众随机入住，打破原有村寨住房格局，构建互嵌生活格局。推进各族学生合校、混班混宿，支持各族群众联合创业，促进各民族在空间、文化、经济、社会、心理等方面的全方位互嵌，为各族群众交往交流交融打下坚实基础。二是完善社区服务设施，提升生产生活相互依存度。打造社会共同体，加强社区“医养托吃健文教娱”等综合服务功能建设，峨山县双江街道练江社区规划布局老年人幸福食堂、社区托幼机构、“峨山菜园”绿色农产品生态超市等服务设施，打造“5 分钟便民生活服务圈”，配齐建好党群服务中心、老年人活动室、彝绣室、妇女之家等 34 项党群服务活动阵地群，满足居民多元化活动需求。

（2）着力构建情感上互嵌的社区活动平台。一是彰显文化特色，凝聚归属感。

注重历史传承与文化延续，有机融入玉溪“一地四乡”文化元素，结合民族团结进步示范市创建、文明城市创建、新时代文明实践中心建设等工作，量身打造“民族团结、城市基层党建、生态文明、法治教育”等一批主题示范小区，凝聚群众对城市社区的归属感。二是聚焦文化需求，搭建活动平台。推进多民族社区“嵌入式”融合发展，强化精神力量，形成情感认同。探索“社区吹哨，单位报道”共建机制，整合属地单位人财物资源，实现法治课堂、文明讲堂进社区，定期组织“我们的节日系列活动”，形成相互尊重、和睦共处、守望相助、携手并肩的民族团结好风尚；依托社区活动阵地，创新形式举办“粽叶飘香迎端午，民族团结一家亲”“台侨心向党，民族一家亲”“民族团结一家亲，‘童’心共筑中国梦”“书韵飘香诵经典，民族团结心连心”“民族团结一家亲，巾帼心向党”等群众喜闻乐见的民俗活动、节庆活动，邀请各族群众一起话家常、庆节日，共享发展成果，增进邻里感情。

（3）着力构建治理上互嵌的社区运行机制。一是构建多元参与治理机制。不断完善居民会议和代表会议等民主自治制度，建立多元主体平等参与机制和协商机制，化解各族群众生活生产中的矛盾，创造平等、和谐、宽松的社区共建共治环境。红塔区玉兴街道北苑社区以居民小区为单位，设12个小区党支部，划定了7个网格11个责任片区，设置7名民族信息网格长，发展13个小区民族信息网格员，71名民族楼栋信息员，形成“党组织+网格长+网格员+信息员”的民族网格化管理模式。二是培养社区主人翁意识。积极推进社区事务公开，拓宽各族群众参与社区建设的深度和广度。通过“院坝议事会”“业主议事会”等方式，增进了解，打破心理防备，树立人人都是“主人翁”意识。江川区宁海街道通过“院坝议事会”的形式，选出楼栋长和网格员47名。负责各个单元、各个楼栋的矛盾纠纷、安全隐患的排查化解调处工作，全面提升社区治理水平。三是完善社区服务管理队伍建设。持续打造基层治理党建同盟，组建社区志愿服务队伍，开展民族团结进步创建、关爱空巢老人、陪伴留守儿童等基层自治实践活动。易门县兴文街社区是一个多民族嵌入式融居的城市社区。社区立足辖区实际，成立了由社区“两委”、居民党员代表、致富能手、退役军人组成的“石榴红”先锋队，在职党员、共青团员、在读大学生组成的“石榴红”志愿服务队，社区居民、文艺爱好者组成的“石榴红”文艺队，社区民警、治保调解主任、司法所工作人员、村组干部组成的“石榴红”矛盾纠纷调解队，四支队伍同发力全方位提升社区服务功能，构建“和合而居、共绘和谐”新路子。

5 玉溪市自然保护区与周边社区协同发展的难点

5.1 自然资源保护与社区发展的主要矛盾

5.1.1 自然资源保护与资源利用的矛盾

自然资源不仅是当地生物多样性保护的重要组成部分，也是自然保护区的保护对象，而且是当地居民祖祖辈辈赖以生存和发展的基础，更是当地社会经济发展最基本的物质源泉，这种状况不可避免地使自然资源的保护与资源利用产生了一定的冲突。一方面，由于自然保护区大多位于偏远地区，落后的文化、经济、习俗和生产生活条件等原因，使当地居民多以传统农业、种植业、养殖业甚至采伐林木、挖掘药材和猎捕野生动物为生，对自然资源的依赖性很大。如此强烈的依赖性给保护区的保护形成了巨大的压力。另一方面，随着社会经济的发展和居民生活水平的提高，保护区及其周边人口的压力越来越大，对自然资源的需求也越来越多，加剧了保护区保护的难度。所以，当自然保护区成立以后，加强自然资源的保护就与当地居民对于资源的利用产生了严重的矛盾。

5.1.2 自然资源保护与社区经济发展之间的矛盾

由于自然保护区内蕴含丰富的矿物资源、水资源、旅游资源等，合理的开发利用这些资源，不但可以解决当地居民的生活生产困难，而且还可以为当地居民带来一定的经济收入，促进当地的经济社会发展。但是《自然保护区条例》中规定：严格禁止在自然保护区内进行砍伐、放牧、狩猎、捕捞、采药、开垦、烧荒、开矿、采石、挖沙等活动。这些规定意味着保护区的建立切断了当地居民的经济来源，同时又没有替代性措施，对当地经济发展构成了严重制约。因此，传统的自然保护模式严格限制了对矿物资源、水资源、旅游资源的开发，从而导致了资源保护与社区经济发展的矛盾。

5.1.3 社区居民与自然保护区野生动物的矛盾与冲突

从自然保护区建立后，自上而下的管理限制了当地居民的生产生活，但是为了生存农民只有向自然保护区索取，因而砍伐、狩猎等行为经常发生，反过来社区的这种不得已的非理性的行为又进一步加大了对生物多样性的破坏。同时，随着自然保护区成立，大大改善了野生动物的生存环境，某些野生动物种群繁殖恢复了其演替常态，在保护区内频频发生野生动物损害庄稼及伤人事件。野生动物对居民庄稼的损害进一步加剧了社区居民的生活困难，而且由于地方政府财力有限，农民的这部分损失没有得到应有的补偿，这就进一步加剧了自然保护区与社区的矛盾与冲突。

5.2 自然资源保护与社区发展的主要问题

5.2.1 外部环境影响实施自然资源保护

自然资源保护的开展是一项复杂的系统工程，在组织过程中也受到了外部环境的影响。国家制定政策方针要求以人为本，切实关注民生问题，自然保护区的建立，触及了当地村民的利益，动物保护和民生发展之间的矛盾很真实地体现出来。加上各级政府在制定地方法规和政策时，对综合保护行为的认同度不确定，认识深浅不一，很多相关的问题偏向性很明显，也清晰地反映了人为本，经济为重，动物为辅的理念，直接把保护行为和综合保护的开展逼上了尴尬的境地。很多保护区在建立之初，主要是依靠地方政府和国家法律强制性推进的，许多隐患就扎根在保护区的深层面，周边社区和利益相关群体的矛盾积淀下来，一旦遇到特殊情况，矛盾爆发的可能性就会增加。

5.2.2 经济利益阻碍自然资源保护

自然资源保护行为的实施在于综合考量，综合评价和全面稳妥地实施保护措施；在于切实改善保护区和周边社区的关系，也在于确定经济利益的平衡关系。保护区的建立所带来的最大矛盾就是经济利益的平衡矛盾，绝大部分是由于剥夺了周边群众的经济利益而产生的。周边社区群众作为弱势群体，有体谅、包容、理解和责任感这些道德约束来暂时地维系，但在应对特殊情况时，利益总会忽略这些约束而变成矛盾，违反保护规定，甚至采取冒犯过激行为。地方经济的发展措施将保护区的资源利用推向了极其危险的边缘地带，加上观念的冒进和少数人的偏执，对矛盾恶化起到了推波助澜的作用。从保护的角度来讲，每一个保护区都有资源利用的经济行为，这个行为有法律和政策来支撑，但在面对各相关利益群体时，就连法律的注解都显得极为脆弱。

5.2.3 责任意识制约自然资源保护推进

保护区的生态保护责任是国家和社会赋予的，是为了人类社会和国家利益，为保护生物多样性和生态系统而设立的保留自然环境面貌的地区，其责任重大，影响深远。如果责任没有得到很好的重视和发展，保护行为的实施将会举步维艰。自然资源保护行为的推行和综合保护措施的实施，其中很重要的一项就是致力于提高责任。分析保护区和周边社区群众的矛盾和冲突，可以明显地看到社会大众的责任意识的缺乏，已经严重制约了保护工作的顺利推进。

5.2.4 资源管理导致保护行为混淆

保护区内所拥有的土地、山林、水体等资源的利用长期以来是一个敏感性问题。如果生活在保护区内和周边社区的人群，其基本社会经济要求未得到满足，其看待资源利用问题带有很多偏向性。要求保护区在合理利用资源的同时，要向利益相关群体提供替代资源，减少其对保护区自然资源的依赖程度，平衡其享有权。要向关心这些资源的群众做好解释和说明，需要走进社区宣传，以解决管理上的认识问题和意识上的混淆问题；反之，管理和利用就会混淆，矛盾就会激化。

5.2.5 机制薄弱约束自然资源保护

建立强大的实施保护行为的组织机构，强调多层面、多群体、多方式的介入保护的协调职能是综合保护行为推动的重要环节；机制的建立是要在复杂的环境里积累经验、寻求共识，并达到解决问题、化解矛盾、减少冲突的目的。一般而言，任何一个单一的个体都无法解决保护这个复杂的问题，如果制度健全，各方利益相关群体都来参加，其效果就会很明显；反之，机制薄弱，保护推行就会很艰难，由于这方面的问题带来或产生新问题的可能性就会增加。应该说，保护区在综合保护机制建设方面还是一片空白，导致出现了基本保护行为的推行都面临艰难的现状。

第二篇 分析篇

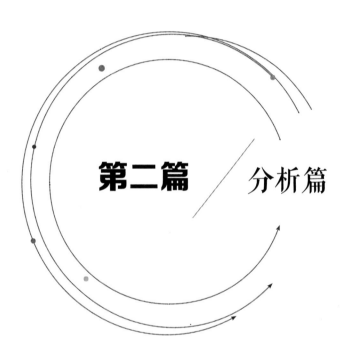

6　玉溪市自然保护区毗邻社区农户违规放牧的森林生态损失评估

6.1　引言

生态系统为人类提供自然产品、气候调节、休闲康养以及文化支持等服务，是人类赖以生存的重要环境。随着经济社会发展，人类生产活动范围不断扩大导致生态环境不断恶化，生态问题带来的一系列影响引起了更多关注，而生态系统自身的恢复能力也在持续下降，人类的生存环境越来越脆弱。党的二十大报告指出，中国式现代化是人与自然和谐共生的现代化，其中明确生态保护修复与生态文明建设的新方向，强调要以国家重点生态功能区、生态保护红线、自然保护地等为重点，持续开展重点区域自然生态保护与修复，健全自然生态系统保护的新体制、新机制、新模式。2023 年 7 月，全国生态环境保护大会指出应切实加强生态保护修复监管，加大生态系统保护力度，注重外部约束和内生动力的关系，即运用严格的制度与严密的法律对破坏生态的行为进行外部常态化施压，同时提高社会大众对生态环境的保护意识。党的二十届三中全会多处提到深化生态文明体制改革问题，重点部署未来五年的重大改革举措。

自 19 世纪 20 年代以来，生态系统服务功能开始成为一个科学术语和生态学与生态经济学研究的分支，在研究文献中首次使用生态系统服务的定义，并列出了自然生态系统对人类的环境服务功能包括害虫控制、昆虫传粉、渔业、水土保持、土壤形成、气候调节、洪水控制、物质循环与大气组成等方面。作为生态系统的重要构成部分，学术界对森林生态系统服务功能进行了深入探讨，将森林生态系统服务功能划分为四大类别，分别为提供产品、调节功能、文化功能和生命支持，对我国森林资源的保护具有重要的指导意义。2020 年国家市场监督管理总局和国家标准化管理委员会联合发布实施林业行业标准《森林生态系统服务功能评估规范》（GB/T 18982—2020），将森林生态系统服务功能分为支持服务、调节服务、供给服务与文化服务四大类服务类别，并进一步细化分为 9 个功能类别，含保育土壤、林分养分固持、涵养水源、固碳释氧、净化大气环境、森林防护、生育多样性、林产品供给与森林康养，并给出各类别物质量与价值量的评估公式与计算方法。此后，学术界持续探索评估森林生态服务功能的方法，设计出适用不同场景与条件的评估方法。学术界主流研究方向为，优化森林生态系统服务功能计算指标体系，基于我国森林资源发展与数据支持现状，完善以物质供给产品、调节服务产品及文化服务产品三大类核算体系，为我国森林资源生态产品价值的核算提供理论支持。

目前关于财产损害的价值评估研究，研究方法不够丰富停留在初级阶段，损害评估实践主要运用具有实体形态的物体损害评估，而将财产损害评估运用到森林生态服务系统中，研究顿显不足。鉴于生态系统的复杂性及来源多样性，整体上森林生态系统服务功能损害核算方法及指标选取差异较大，缺乏规范性。从现有研究文献发现，有学者对森林生态系统损害建立了评估体系，构建了 8 项一级指标、18 项二级指标与 22 项三级指标，并明确了各项指标的具体量化方法。部分学者对草原生态系统损害量化的评估与赔偿体系进行了研究，在赔偿体系中加入草原生态系统恢复工程和维护费用，完善了损害赔偿的计算方法。还有学者将生态系统破坏损失的评估运用到了市级地域，启用一种全新的评估方法，通过不同生态系统服务功能价值量与不同生态系统破坏率的乘积来进行生态系统破坏损失的核算。

但是，基于自然保护区视角的森林生态系统因人类不合理利用导致的生态破坏损失研究稀少，需要加强研究以期为林草局、管护局、地方政府生态环境保护实际操作提供理论指引。因此，本文在已有生态破坏损失研究梳理总结的基础上，根据自然保护区生态系统特点及毗邻社区农户违规放牧情况，构建生态系统破坏损失核算框架体系，对自然保护区所辖区域的生态破坏损失进行核算，刻画自然保护区生态破坏损失时空特征，以期为自然保护区生态环境管理和生态补偿的制定提供数据支撑。

6.2 研究区域与数据来源

6.2.1 研究区域

玉溪市玉白顶自然保护区位于云南省中南部，玉溪市行政区划范围，滇中高原的峨山县、新平县交界处（见图 6-1）。玉白顶自然保护区属中亚热带季风气候，太阳辐射强，日照充足，具有冬暖夏凉，冬无严寒、夏无酷暑、冬春干旱、夏秋多雨，气温日较差大，干湿季分明，四季冷暖不明显的特点。年均降水量为 958 毫米，降雨多集中在每年 6~10 月。年太阳总辐射 5300.0 兆焦/平方米左右，日照时数为 2500 小时左右，太阳辐射强，日照充足。年均蒸发量为 1682 毫米；超过降水量 724 毫米。

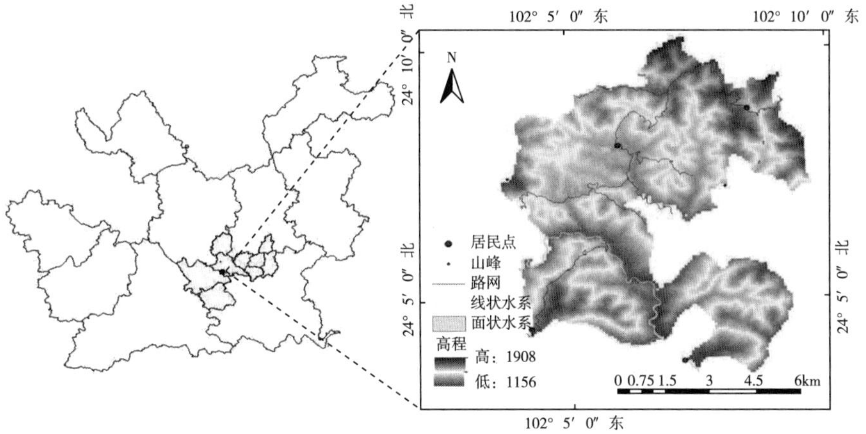

图 6-1　玉白顶自然保护区所处地域图

注：该图基于国家地理信息公共服务平台下载的标准地图（审图号：GS（2024）0650 号）绘制，底图边界无修改。

玉白顶自然保护区内野生动植物丰富，共有种子植物 122 科，其中（含）10 种以上的优势科有 20 个；现已发现和记录的大型真菌 140 余种；林场内分布有林麝、绿孔雀和黑颈长尾雉三种国家一级保护动物。玉白顶自然保护区属于玉溪市市级保护区，保护区类型为自然生态系统类和野生生物类，类型为森林生态系统类型、野生动物类型和野生植物类型，对科学研究、自然教育、生产等活动都有积极意义，是集生态、社会与经济效益于一体的保护区，具有重要的研究价值。

6.2.2 数据来源

6.2.2.1 损害森林面积调查方法

玉白顶自然保护区分为两部分，一部分为自然保护区所辖，另一部分以国有林场形式进行管理，与玉溪市玉白顶自然保护区管护局一套人马，两块牌子。主要承担依法保护辖内自然环境和自然资源、开展自然生态保护和生物多样性研究、组织生态环境监测、开展自然保护宣传教育等工作。本文将玉白顶自然保护区作为整体研究对象，其森林总面积定为6887公顷。

玉白顶自然保护区内（主要为边缘地带）出现大批散放牛羊，对植被造成一定程度的破坏，蚕食珍稀野生动植物生存环境。此举系因毗邻社区农户对法律法规和禁牧政策的漠视，存在侥幸心理，肆意驱赶牛羊进入自然保护区，啃食植被，严重破坏了保护区禁牧工作成果及森林资源，酿成典型"公地悲剧"现象。对因毗邻社区农户违规放牧导致被损害林地面积，本文通过两种方法进行综合确认。首先对森林二类调查数据中小班数据进行筛选，通过对森林小班距离林场道路的距离来进行确认，将与道路即可及与将可及两类小班纳入计算范围内。其次通过遥感影像进行进一步小班的判定。最后综合两种方法结果，确认被损害林地面积为771.7公顷。

6.2.2.2 研究所用数据说明

玉白顶自然保护区林业用地面积、森林蓄积量、土壤类型等的数据来自森林二类调查数据。鉴于玉白顶自然保护区被损害林分观测数据不够充分，而保护区内优势树种为云南松，树木类型有两大类，因此本次评估主要选取优势树种云南松的损害面积，其主要土壤为酸性紫色土，树木类型为暖温性针叶林与常绿阔叶林，以此来进行损害评估。对保护区植被覆盖度进行计算的遥感地图来自地理空间数据云，采用Landsat 8-9 OLI/TIRS C2 L2卫星遥感图。

6.3 损害量化指标与价值确认方法

6.3.1 构建评估指标体系

参照《森林生态系统服务功能评估规范》，结合玉白顶自然保护区的实际情况，本文构建了因违规放牧导致森林生态损失量化的指标体系，根据不同的评估指标选定适合的评估方法进行量化，以 2021 年为基准年进行各项指标的定量测算。本文将生态系统损失量化为经济损失、生态服务损失、恢复费用三项。具体量化指标设计如表 6-1 所示。

表 6-1 森林被损害生态服务价值量化指标体系

<table>
<tr><td rowspan="20">森林生态系统损害评估</td><td>一级分类</td><td>二级分类</td><td>三级分类</td><td>四级分类</td></tr>
<tr><td>经济损失</td><td colspan="3">林木价值</td></tr>
<tr><td rowspan="13">生态服务损失</td><td rowspan="8">调节服务</td><td rowspan="2">水源涵养</td><td>调节水量</td></tr>
<tr><td>净化水质</td></tr>
<tr><td rowspan="2">固碳释氧</td><td>固碳</td></tr>
<tr><td>释氧</td></tr>
<tr><td rowspan="4">大气净化</td><td>吸收二氧化硫</td></tr>
<tr><td>吸收氟化物</td></tr>
<tr><td>吸收氮氧化物</td></tr>
<tr><td>滞沉</td></tr>
<tr><td rowspan="3">支持服务</td><td rowspan="2">土壤保持损失</td><td>固土</td></tr>
<tr><td>保肥</td></tr>
<tr><td colspan="2">生物多样性损失</td></tr>
<tr><td rowspan="2">文化服务</td><td colspan="2">林区休憩损失</td></tr>
<tr><td colspan="2">经费投入损失</td></tr>
<tr><td rowspan="5">恢复费用</td><td rowspan="4">种植培育费用</td><td colspan="2">苗木费</td></tr>
<tr><td colspan="2">人工费</td></tr>
<tr><td colspan="2">化肥费</td></tr>
<tr><td colspan="2">防治病虫害费（机器+人工）</td></tr>
<tr><td>工程费用</td><td colspan="2">项目工程费</td></tr>
</table>

本文所量化的经济损失特指林木价值，因违规放牧导致森林生态系统损失量化价值的评估对象划分为调节服务、支持服务、文化服务三方面损失，再次细化分为水源涵养、固碳释氧、大气净化、土壤保持损失、生物多样性损失、林区休憩损失、经费投入损失这七类指标。恢复费用指种植培育费用与工程费用，其中种植培育费用包括苗木费、人工费、化肥费和防治病虫害费用。

6.3.2 经济和生态服务价值损失确认方法

参照相关学术研究，结合玉白顶自然保护区实际情况，对林分的经济、生态服务价值损失物质量、价值量的具体量化计算公式如表 6-2 所示。

表 6-2　被损害林分的经济、生态价值指标计算公式

指标	物质量计算公式	价值量计算公式	详情
林木价值	$V=\sum S_iG_iP_i$	—	S_i 表示森林年伐蓄积总量（立方米）；G_i 表示第 i 类被损害林分面积占林分总面积的比例；P_i 表示被损害第 i 类林分的木材市场价格（元/立方米）
调节水量	$Q_{调}=A\times J\times R$ $J=J_0\times K$ $R=R_0-R_g$	$U_{调}=Q_{调}\times C_{库}$	$Q_{调}$为与裸地相比森林生态系统涵养水分的增加量（毫升/年）；A 表示森林面积（公顷）；J 表示多年平均产流降雨量（毫升）；J_0 表示多年平均降雨总量（毫升）；K 表示产流降雨量占降雨总量比例；R 表示与裸地相比森林生态系统减少径流的效益系数；R_0 表示产流降雨条件下裸地降雨径流率；R_g 表示产流降雨条件下林地降雨径流率；$C_{库}$表示单位水库库容造价（元/吨）
净化水质	同上	$U_{净}=Q_{调}\times K_{净化}$	$Q_{调}$为与裸地相比森林生态系统净化水质的增加量（毫升/年），K 表示玉溪市当地净化水质的费用（元/立方米）
固土	$A_{固土}=R\times K\times LS\times C\times P$	$U_{固土}=A_{固土}\times K_{清淤}$	A 表示被损害林分土壤每年侵蚀量[吨·(公顷·年)]；R 表示降水侵蚀力因子[(兆焦耳·毫升)/公顷·小时·年)]；K 表示土壤侵蚀因子[吨·公顷·小时/公顷·兆焦耳·毫升]；LS 表示地形坡度因子；C 表示地表植被覆盖因子；P 表示水土保持措施因子
保肥	$G_{保肥}=A_{固土}\times N+A_{固土}\times P+A_{固土}\times K+A_{固土}\times O$	$U_{保肥}=A_{固土}\times N\times C_1/R_1+A_{固土}\times P\times C_1/R_2+A_{固土}\times K\times C_2/R_3+A_{固土}\times O\times C_3$	G 表示被损害林分每年固持土壤而减少的肥料损失（吨/年）A 表示被损害林分每年固土物质量（吨·公顷），N 表示林分中土壤含氮量（%），P 表示林分中土壤含磷量（%），K 表示林分中土壤含钾量（%），O 表示林分中土壤有机质含量（%） $U_{保肥}$表示被损害林分每年保肥价值量（元/年），C_1 表示磷酸二铵化肥的价格（元/吨），C_2 表示氯化钾化肥的价格（元/吨），C_3 表示有机质的价格（元/吨），R_1 表示磷酸二铵化肥含氮量（%），R_2 表示磷酸二铵化肥含磷量（%），R_3 表示氯化钾化肥含钾量（%）
大气净化	$G_{二氧化硫}=Q_{二氧化硫}\times A$	$U_{二氧化硫}=G_{二氧化硫}\times K_{二氧化硫}$	$G_{二氧化硫}$表示评估林分年吸收二氧化硫量（吨/年）；$Q_{二氧化硫}$表示单位面积实测林分吸收二氧化硫量（千克/公顷·年）；A 表示林分面积（公顷）。$U_{二氧化硫}$表示林分年吸收二氧化硫价值量（元/年），$K_{二氧化硫}$表示二氧化硫治理费用（元/年）。（吸收二氧化硫、氮氧化物、滞沉价值量计算公式与上式相同）

续表

指标	物质量计算公式	价值量计算公式	详情
固碳	$G_{碳}=G_{植被固碳}+G_{土壤固碳}$ $G_{植被固碳}=A\times S$ $G_{土壤固碳}=A\times W$	$U_{碳}=G_{碳}\times C_{碳}$	$G_{碳}$表示被评估林分生态系统年固碳量（吨/年），$G_{植被固碳}$表示被评估林分年固碳量（吨/年），$G_{土壤固碳}$表示被评估林分土壤年固碳量（吨/年），A 表示被评估林分面积（公顷），S 表示被评估林分单位植被固碳功能（吨/公顷·年），W 表示被评估林分单位土壤固碳量（吨/公顷·年） $U_{碳}$表示被评估林分年固碳价值（元/年），$C_{碳}$表示固碳价格（元/吨）
释氧	$G_{氧}=A\times Z$	$U_{氧}=G_{氧}\times C_{氧}$	$G_{氧}$表示林分年释氧数量（吨/年），A 表示被评估林分面积（公顷），Z 表示单位林分释放氧气物质量（吨/公顷·年）。$C_{氧}$表示氧气价值量（元/年）
生物多样性价值	—	$U_{生物多样性}=E_{指数}\times A$	E 表示生物多样性指数（元/公顷·年）；A 表示被损害林分面积（公顷）
林区休憩	—	—	利用林场转型升级总体规划中关于旅游收入的预算
经费投入			本文通过两种方法对经费投入损失进行计算，方法一运用已知的四年对于自然保护区的经费投入进行计算；方法二运用保护区经营经费投入预算进行计算。

6.3.3 生态系统恢复工程及维护费用确认方法

生态损害鉴定的科学研究根本目的是将受到损害的生态系统恢复到相对健康稳定的状态中，即进行生态损害的量化评估是将生态恢复有效实施的重要手段之一。结合玉白顶自然保护区的特性与前人研究成果，表 6-3 列出生态恢复与维护工程的价值计算公式。

表 6-3　森林生态系统恢复工程与维护费用价值计算公式

指标	公式	详情
苗木费	$U_{苗木}=A\times S\times P_{苗木}$	A 为被损坏林分面积（公顷）；S 为一单位面积林分可种植的苗木数量（棵）；$P_{苗木}$为一棵苗木所需费用（元/棵）
人工费	$U_{人工}=A\times S\times P_{人工}$	A 为被损害林分面积（公顷）；S 为一单位面积林分可种植的苗木数量（棵）；$P_{人工}$为种植一棵苗木所需人工费用（元/棵）

续表

指标	公式	详情
化肥费	$U_{化肥}=A\times S\times P_{化肥}$	A 为被损害林分面积（公顷）；S 为一单位面积林分可种植的苗木数量（棵）；$P_{化肥}$为种植一棵苗木所需人工费用，（元/棵）
防治病虫害（机器+人工）	$U_{病虫害}=A\times P_{病虫害}+P_{机器}$	A 为被损害林分面积（公顷）；$P_{病虫害}$为单位林分所花费防治病虫害费用（元/公顷）；$P_{机器}$为防治病虫害机器费用（万元）
工程费	—	此处工程费是指恢复被损害森林生态所需支出的项目勘察和施工费用，需根据实际情况确定

6.4 结果分析

6.4.1 自然保护区生态特征及违规放牧影响

经查阅相关资料，近三次森林二类调查中玉白顶自然保护区森林覆盖率分别为 87.89%、93.03%、87.09%，而毗邻社区农户违规放牧起始年份为 2008 年。如图 6-2 所示，可以看出经过自然界的自然恢复与人类的主动促进措施，1996~2007 年自然保护区的森林覆盖率有显著提升，但 2007~2017 年自然保护区的森林覆盖率有明显下降。除了自然灾害原因，违规放牧造成的“牛羊啃食”破坏是主要原因，需要社会各界广泛关注。

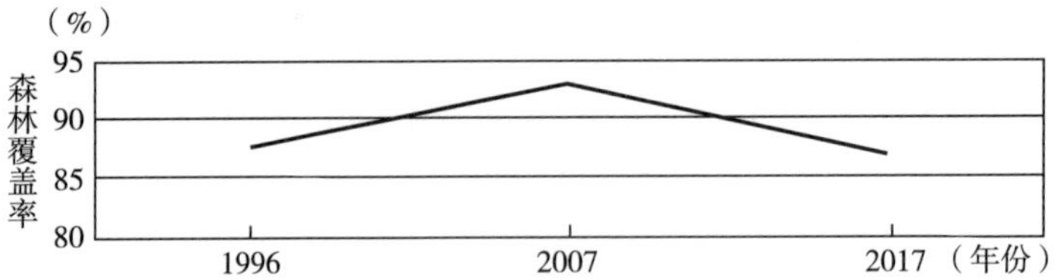

图 6-2　玉白顶自然保护区森林覆盖率变化

玉白顶自然保护区周边社区村民在保护区内放养牛羊，对保护区森林生态造成了较大的冲击，对生态保护造成相当管理压力。村民驱赶牛羊进入保护区，野生动物受到惊扰逃散，重则死亡。例如，国家一级保护动物“绿孔雀”，村民违规放牧导致孵化期的绿孔雀弃巢，繁殖率大大降低，数量增长缓慢。牛羊啃食导致大量树根被连根拔起，造成水土流失，破坏了森林土壤结构，致使地表植被生长环境变差，林地退化甚至变成荒山秃岭。玉白顶自然保护区管护局加大禁牧宣传与整治力度，农户养殖数量有所减少，违规放牧现象有所收敛，但是生态系统损害仍在持续。玉白顶自然保护区被损害林区面积与林场总面积的比例如图 6-3 所示，其中被损害林区面积占总面积的 10%。

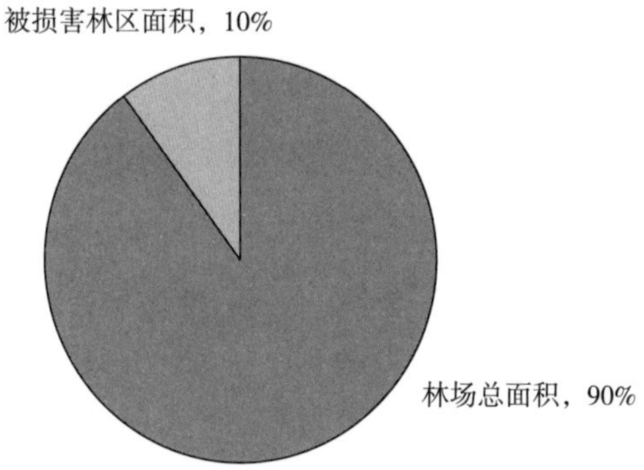

图 6-3　被损害林区面积占总面积的比例

本文还截取了 2008 年与 2017 年两个年度该林区数据中被啃食区域郁闭度进行分析，结果如图 6-4 所示。可以看出郁闭度变化特点，10 年间被啃食区域的郁闭度有较大幅度下降，甚至个别小班区域数值降至 0。进一步分析发现，2008 年被啃食区域的郁闭度在 60%~80%之间，但 2016 年的郁闭度回落到 30%~60%之间。

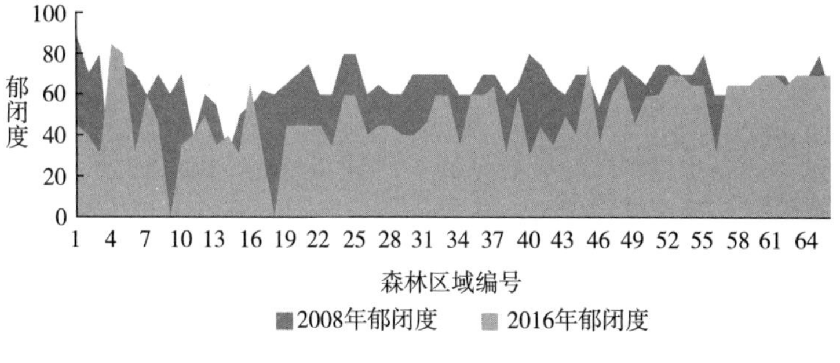

图 6-4　2008 年与 2017 年被损害林区郁闭度变化

6.4.2　损害价值分析

6.4.2.1　被损害森林价值恢复整体性评估结果

经测算，被损害林分林木价值损失为 100.57 万元，生态价值系统服务价值损失为 15767.23 万元，被损害林分进行恢复的费用为 1278.84 万元。即保护区因违规放牧而造成的森林生态破坏其损害赔偿总价值量应为林木价值损失、生态服务价值损失、恢复费用三者之和，共计 17146.64 万元，如表 6-4 所示。

表 6-4　被损害林分生态恢复整体性评估价值　　单位：万元

类型	价值量
林木价值损失	100.57
生态服务价值损失	15767.23
恢复费用	1278.84+工程费用
总计	17146.64+工程费用

6.4.2.2　森林生态系统服务损失价值

表 6-5 展示对 14 项生态系统服务损失价值量的评估排序：保肥>生物多样性>调节水量>林区休憩>释氧>固碳>滞沉>净化水质>林木价值>经费投入>固土>吸收二氧化硫>吸收氮氧化物>吸收氟化物。其中，保肥价值损失为 8802.92 万元，生物多样性损失为 1870.18 万元，调节水量损失为 1437.69 万元。

表 6-5　被损害林分经济价值与生态系统服务价值　　单位：万元

指标	物质量	价值量
林木价值	1183.15 立方米/年	100.57
调节水量	1663399.35 立方米/年	1437.69
净化水质	1663399.35 立方米/年	199.61
固碳	6312.58 吨/年	556.08
释氧	8939.84 吨/年	893.98
吸收二氧化硫	138.75 吨/年	16.65
吸收氟化物	0.39 吨/年	0.03
吸收氮氧化物	11.35 吨/年	0.72
滞沉	29402.94 吨/年	441.04
固土	473870.49 吨/年	100.91
保肥	14088.16 吨/年	8802.92

续表

指标	物质量	价值量
生物多样性	—	1870.18
林区休憩	—	1381.98
经费投入	—	65.44
总计		15867.8

如图 6-5 所示，14 项生态系统服务损失评估结果中，被损害林分的保肥功能占生态系统服务总价值的 55%，即在生态系统服务损失占比最大，说明违规放牧造成土壤环境损害影响显著。生物多样性损失和调节水量价值损失分别占总生态服务价值的 12%和 9%，说明被损害的林分生态系统服务价值损失主要体现于支持服务。

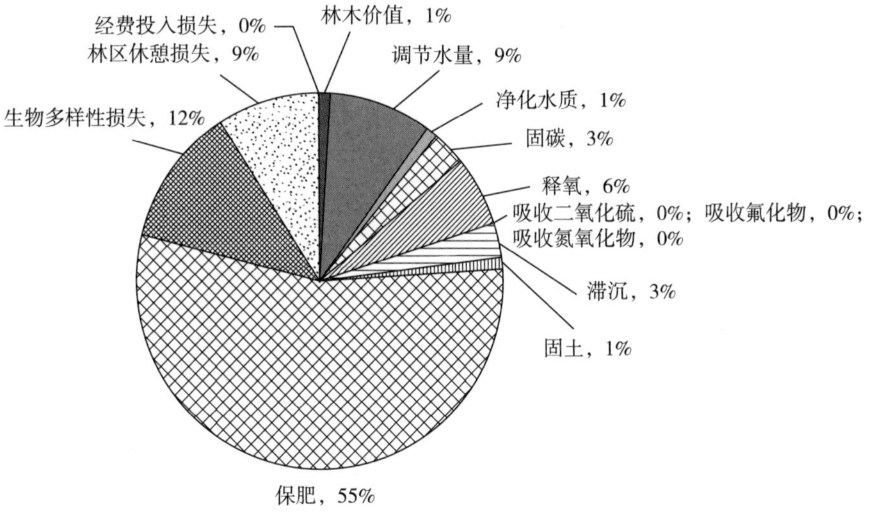

图 6-5　被损害林分生态服务价值损失

如表 6-6 所示，被损害森林恢复的评估费用依次排序为苗木>人工>化肥>防治病虫害（机器+人工），其中苗木费用投入为 824.75 万元，人工投入为 274.92 万元，化肥投入为 164.95 万元。说明农户违规放牧现象依然存在，以苗木损害为主，且人为破坏率略有上升，严重破坏森林生态服务现象，应加强对违规放牧的管治，避免因林地人为破坏率的提高而造成森林生态系统生态服务的损失。

表 6-6　被损害森林生态恢复费用　　单位：万元

指标	价值量
苗木	824.75
人工	274.92
化肥	164.95
防治病虫害（机器+人工）	14.22
工程费用	以实际情况为准

6.4.3　生态系统服务损害的空间异质性与影响因素

下面通过玉白顶自然保护区内植被覆盖度数据进行生态系统服务损害的空间异质性分析，研究使用的数据为地理空间数据云平台上 Landsat 8－9 OLI/TIRS C2 L2 卫星产品数据集，该数据集空间分辨率为 30 米，时间分辨率为 8 天，地图影像处理主要运用 Arcmap 与 ENVI 两款软件，选取了 2017 年与 2022 年的地理空间影像图对玉白顶自然保护区植被覆盖度进行计算。

由表 6-7 可知，相较 2017 年，2022 年玉白顶自然保护区整体范围植被覆盖度下降 2.97%，所辖峨山县域在 5 年间植被覆盖度下降 3.10%，新平县域植被覆盖度下降 2.88%，而峨山县域的植被覆盖度皆大于自然保护区整体范围与新平县域数值。

表 6-7　2017 年和 2022 年玉白顶自然保护区植被覆盖度数值

地域范围	2017 年植被覆盖度	2022 年植被覆盖度
玉白顶自然保护区整体范围	0.6926	0.6720
玉白顶自然保护区峨山县域	0.7139	0.6918
玉白顶自然保护区新平县域	0.6746	0.6552

根据图 6-6，植被覆盖度较低的林区所处的方位皆是靠近居民点、路网、水域的地方，人类活动对森林自然保护区生态健康的“冲击”程度较大。毗邻社区村民将牛羊置于保护区违规放牧，牛羊的活动轨迹会对保护区中的珍稀野生动植物的生存环境产生负面影响，通过“连锁反应”逐步蚕食保护区内的生态资源，进而造成森林生态系统损害的生态服务价值及恢复费用远远大于其养殖经济价值。

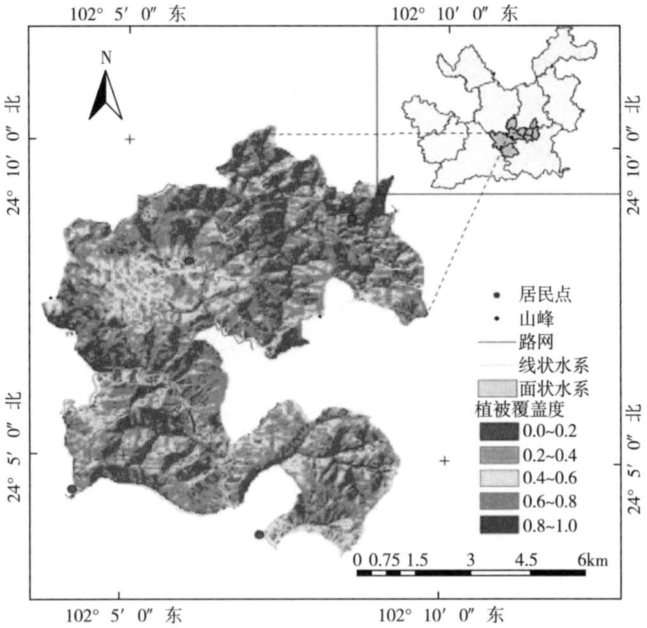

（a）2017年

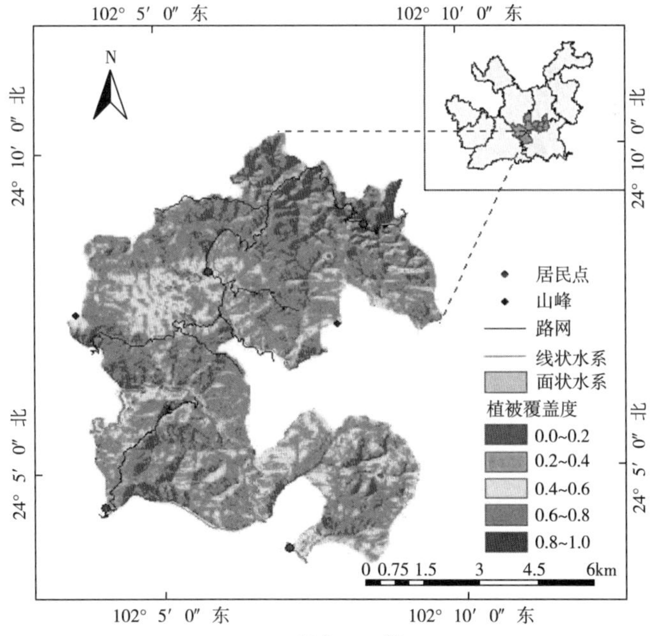

（b）2022年

图 6-6　2017 年和 2022 年玉白顶自然保护区植被覆盖度

注：该图基于国家地理信息公共服务平台下载的标准地图（审图号：GS（2024）0650 号）绘制，底图边界无修改。

根据图 6-7 和图 6-8，2017 年玉白顶自然保护区峨山县域与新平县域植被覆盖度分别为 0.7139、0.6746，2022 年植被覆盖度分别降为 0.6918、0.6552，由此

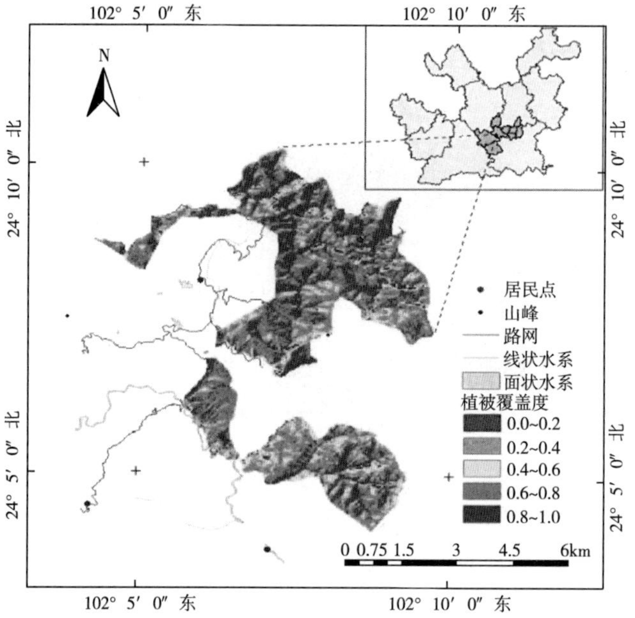

（a）峨山县域

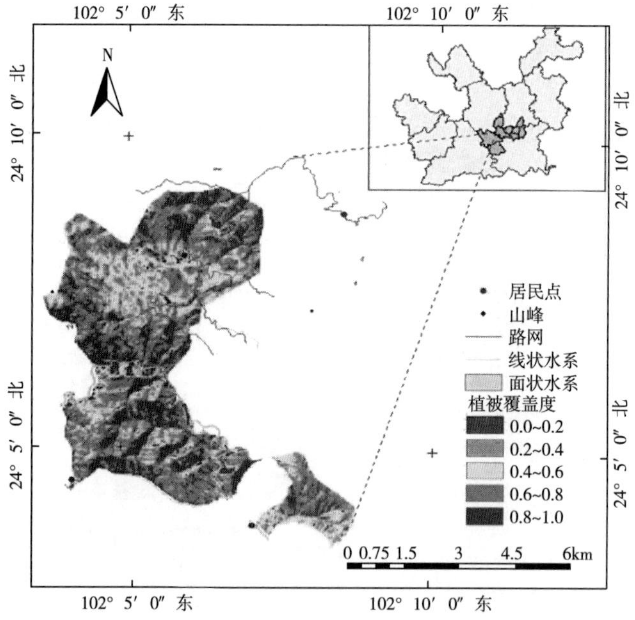

（b）新平县

图 6-7 2017 年玉白顶自然保护内植被覆盖度

注：该图基于国家地理信息公共服务平台下载的标准地图（审图号：GS（2024）0650 号）绘制，底图边界无修改。

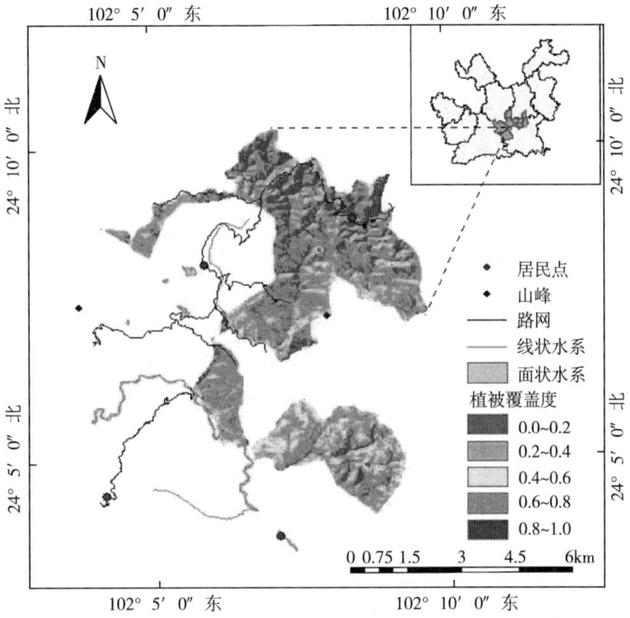

（a）峨山县域

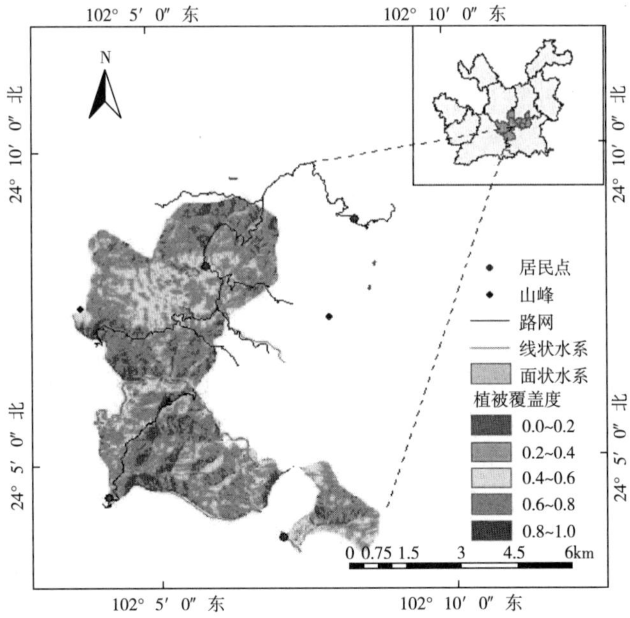

（b）新平县域

图 6-8 2022 年玉白顶自然保护内植被覆盖度

注：该图基于国家地理信息公共服务平台下载的标准地图（审图号：GS（2024）0650 号）绘制，底图边界无修改。

可以推断出峨山县域的森林生态系统平衡状态优于新平县域，且新平县域存在较多居民点、路网、水域与保护区交叉分布，对保护区生态系统影响非常大。笔者实地走访了保护区毗邻乡镇的经济社会发展情况，由于各类家畜在许多毗邻乡镇的经济中都扮演了举足轻重的角色，很多村民主要依靠饲养牛羊维持生计，所养殖牲畜为肥牛和山羊（每年出栏约 140 头牛，950 只羊），按肥牛 6400 元/头和山羊 2500 元/只计算，养殖牲畜产生价值约 109.82 万元。在经济利益的驱使下，农户在自然保护区违规放牧现象屡禁不止。

6.5 讨论

森林生态系统服务是人类社会与自然环境相联系的重要纽带，其中社会经济水平和林地林分分布是影响森林生态系统服务价值的重要因素。随着经济社会发展，人类活动频率加快，经济发展与环境保护的矛盾日渐突出，森林生态系统服务价值受到人类经济活动的损害影响加剧。玉白顶自然保护区周边涉及四个社区，其中三个社区在保护区边缘区域，一个社区在保护区内部区域。本书对玉白顶自然保护区植被覆盖度进行计算，并采用相关政府数据（林区基础地理信息数据库）对林区内居民点、道路进行了标识。结果显示，处于内部区域的社区与其相邻道路附近的林区植被覆盖度较低，再度佐证人类经济活动的巨大影响。

多项研究表明，生态用地占用由强生态用地转变为弱生态用地时，其生态系统服务价值会有所损失。人类社会为了维持生计，选择占用森林资源，为获取经济利益加剧对森林资源的掠夺，不合理甚至违法侵占随之扩大，森林资源被损害，导致生态系统服务价值损失。玉白顶自然保护区周边社区的生计模式主要有三种：第一种，以种植番茄、苞谷、辣椒等农作物维持生计；第二种，以种植玉米、牧草等作物专门饲养牲畜维持生计；第三种，以牛羊放牧为主要生计来源。在研究的四个社区中，以牛羊放牧为主要生计的社区附近道路旁林区的植被覆盖度低，可以推测该社区内村民违规放牧现象严重。

森林人为损害是自然生态系统中人为损害率最高的系统，因此评估人类经济活动所造成的森林生态系统破坏损失不可忽略，杜绝人类不合理的经济活动和违法对森林生态系统的破坏。图 6-9 展示了玉白顶自然保护区违规放牧引发的生态恶性循环。毗邻社区村民在自然保护区范围中进行放牧养殖，牛羊肆意啃食林地树木，树木被啃食后或者近地部分枝叶无存仅残留树冠，或者连根拔起导致整棵树枯死。随后地表植被破坏，土地裸露，土壤存水能力大为下降，严重情况可能引发山体滑坡及泥石流。被啃食树木尚未恢复，处于生长的“病弱”状态，无法有效抵御病虫害，导致树木腐烂坏死。若牛羊继续啃食健康林木，则进一步加剧“林木损害—植被破坏—病虫害侵蚀”的生态恶性循环。故村民在自然保护区的违规放牧行为可能产生生物链的“蝴蝶效应”，由牛羊啃食而植被破坏致使病虫害传播最终导致生态系统失衡，对生态环境造成严重破坏。

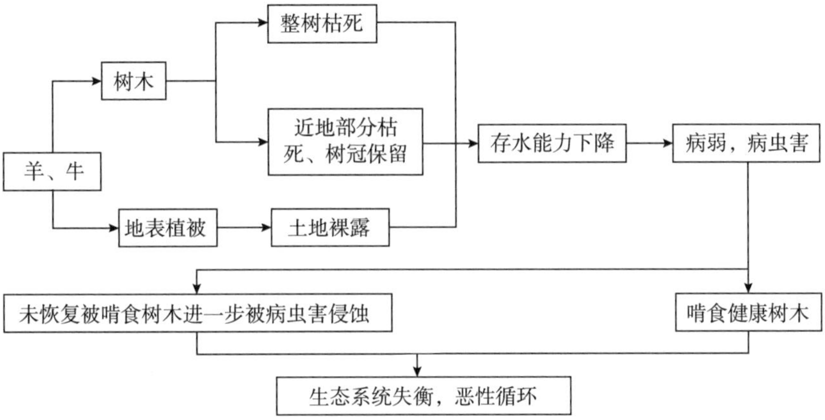

图 6-9　玉白顶自然保护区毗邻农户违规放牧引发的生态恶性循环

经过玉白顶自然保护区管护局长期的宣讲及当地政府的配合，进入自然保护区内违规放牧的现象有所收敛，大多数村民进行了生计转型，但对那些年老体弱、经济收入来源单一的村民进行转型较为困难。这部分人群为了降低自身成本扩大经济效益，坚持在自然保护区内违规放牧，根本原因是违法处罚成本低或没有有效的监管处罚手段。实际调研中随处可见被山羊啃食后连根拔起的破坏植被，造成林地不可逆转的损害，对土壤结构造成较大的损伤，进而引起水土流失。

玉白顶自然保护区毗邻农户违规放牧现象屡禁不止，折射出生态环境与经济发展的矛盾，受传统生计方式影响，及监管和执行力度不足。根据理性选择理论，人们行动本质上都是理性的，在行动前会考量利害得失来做出决定。人们能够分析、比较各种选择的利益与效用，对较高的效用与利益则显示出偏好，并作为行为的根据，这种“理性”属于一种工具理性。当保护区周边农户比较自身成本与收益，及监管处罚代价，认为监管处罚损失远远小于违规放牧收益，必然作出进入保护区免费饲养的“理性决策”，且该理性行为受到当地生计来源的重要影响。由图 6-10 可知，玉白顶自然保护区所涉四个毗邻社区，化念人均收入最低，为了维持生计农户饲养牛羊量也最多。

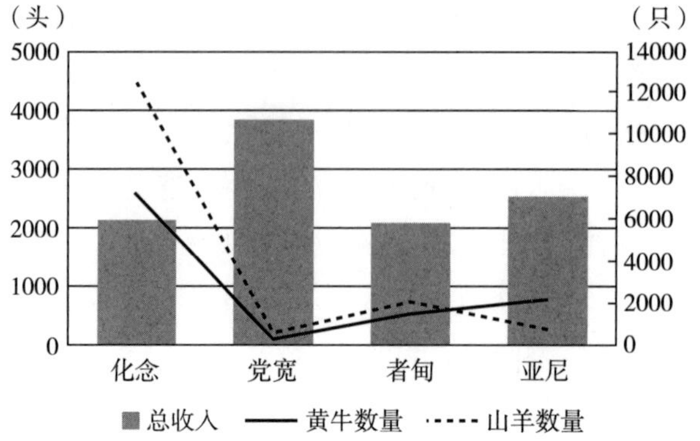

图 6-10　2023 年各社区总收入与放养黄牛、山羊数量

6.6　结论

基于玉白顶自然保护区生态系统破坏损失评估框架体系，评估结果表明，每年因毗邻社区农户违规放牧导致的森林林木价值损失为 100.57 万元，森林生态系统破坏损失成本为 15767.23 万元。生态服务价值损失依次为生物多样性>调节水量>林区休憩>释氧>固碳>保肥>滞沉>净化水质>林木价值>经费投入>固土>吸收二氧化硫>吸收氮氧化物>吸收氟化物。森林生态恢复费用为 1278.84 万元。最终因违规放牧导致的森林生态损失赔偿总价值为 17146.64 万元。森林生态环境遭到破坏而损失的直接经济效益和间接生态效益，让我们可以更加直观地了解因违规放牧而造成的对森林生态环境的巨大负面影响。通过计算，可知经济发展较落后时，农户倾向于低成本的生产生活模式，居民点、路网、水域的存在对森林生态平衡的冲击有较大的影响作用。对森林生态损害量化评估可以为相关管理层进行生态保护的实际执行中提供数据依据，同时有助于加强群众的生态保护意识，有效地促进森林生态系统的可持续发展与有效恢复。

7　玉溪市自然保护区“飞地”农业生产的影响及纾解路径

7.1　引言

土地具有生产、生活和生态功能。自20世纪80年代以来，现代农牧业、工业快速发展，伴随而来的生态环境问题越发明显，各国开始注重关注经济发展与生态环境协调发展，以建设自然保护区来保住土地的经济价值和生态价值，约束人类活动，保护生态。与其他国家相比，中国自然保护区占地面积占国土面积的比例已提前达到联合国《生物多样性公约》提出的2020年达到17%的目标。截至2022年，云南省自然保护区166处，面积达286.74万公顷，占全省面积的7.3%，但如何协调经济发展与生态保护的矛盾仍是自然保护区持续发展的关键问题。云南省自然保护区事业均取得长足进展，但土地利用冲突尖锐，表现有以下两方面：第一，保护区及周边人口经济发展较快，草地、耕地利用、城乡聚落扩展与生态保护的矛盾尖锐，人与野生动物争空间、家畜与野生动物争资源，对生物多样性保护及其他生态服务功能的影响很大。现行《中华人民共和国自然保护区条例》，禁止在自然保护区内进行砍伐、放牧、开垦等生产活动。但实际上，云南省有69个县城、约68.80万人位于自然保护区内，保护区内的生产生活活动规模较大。第二，在种群恢复性增长和栖息地受到挤压的情况下，野生动物频频到周边耕地采食，时有伤及人畜事件发生。云南作为重要生态安全屏障，保护地面积大、级别高，但保护地人地、草畜、畜兽关系紧张，土地利用的生产、生活与生态功能冲突严重，研究自然保护地的土地利用冲突、提出自然保护地多目标协调的方案对促进云南省自然保护区持续发展至关重要。

7.2 自然保护区“飞地”产生的主要原因

以玉白顶自然保护区“飞地”为例，指因土地权属划分不明确，自然保护区与农户之间权属重复的土地，对于农户而言是“飞来的土地”。玉白顶自然保护区（以下简称保护区）位于云南省玉溪市，地跨峨山、新平两县。共设路天沟管护站、老工棚管护站、顺英塘管护站、亚尼河管护站、富良棚管护站 5 个管护站。总面积 4865.3 公顷。2003 年被批准将玉白顶林场管辖的林区列为市级自然保护区。境内动植物种类繁多，植物包括华西蝴蝶兰、大根兰、花榈木、滇金石斛、文山兜兰等 800 种左右，动物包括绿孔雀、林麝、黑颈长尾雉，红隼和蛇雕等 200 种左右。玉白顶自然保护区存在“飞地”21 块，占地 1023.3 亩，造成农户养殖的牛羊管理困难，农户与玉白顶管护区工作人员冲突不断，野生动植物生存空间受限等重大问题。

7.2.1 国有林场演变为自然保护区前存在的确权土地

由于历史原因，国有林场将部分土地出租给农民或企业进行种植、养殖等活动，在此过程中个人或企业得到土地使用权。然而，随着国家对生态环境保护的日益重视，国有林场逐渐演变为自然保护区，这就意味着之前确权的土地可能会被收回。对这些确权土地的个人或企业来说，国有林场演变为自然保护区可能会造成较大的影响，他们可能面临失去生产经营基地、丧失收入来源等问题。目前相关政府部门已核发了保护区林权证，但由于缺乏专项资金解决林权土地问题导致“飞地”农户与保护区工作人员冲突不断，保护区土地仍与周围村组之间存在双证冲突问题（林场持有林权证，农户持有自留山使用证），林权纠纷问题严重。

7.2.2 国有林场演变为自然保护区前存在的租借土地

租借土地是提高农业生产率，带动农户增收致富的重要途径。玉白顶自然保护区管护局为带动保护区内部及周边农户增收致富，租借保护区部分耕地给周边社区农户种植经济作物和养殖牲畜，但近几年玉溪由于干旱少雨，难以种植农作物，多数地块上的农户进行大规模养殖，破坏了玉白顶的自然生态，影响了保护动物的繁衍生息。由于租借时间未到，玉白顶管护区欲提前收回租借土地，但部分农户不愿提前归还租借土地，导致问题冲突较大。

7.2.3 国有林场演变为自然保护区前存在的安置土地

玉白顶自然保护区由于丰富的生物多样性和环境敏感性，需要大面积的土地资源来维护生态平衡。然而，这些土地往往是农民进行农业生产、养殖和居住的重要场所。农户老龄化、土地升值、利益不均衡、土地质量难以匹配、搬迁后的土地及作物的变化的适应期、预期结果异化等问题均导致部分“飞地”农户不愿搬迁让出土地。一旦土地被征用，在没有适当的安置措施的情况下，农民可能无法继续从事农业活动，失去了经济来源。农民的土地被征用后，他们可能面临经济收入的减少和生计的困境。由此也导致保护区“飞地”内的部分农户不愿搬出，依旧在“飞地”内从事农业生产，给保护区生态保护带来巨大压力。

7.3 自然保护区“飞地”农业生产的影响

7.3.1 抢夺珍稀动植物生存空间

玉白顶自然保护区珍稀动植物较多，其中动物以绿孔雀最为稀有。我国现存绿孔雀 600 只左右，保护区内现存 30 只左右。由于其数量少以及踪迹难寻等问题，我国对绿孔雀的研究依旧处于最基础的层面，对绿孔雀的保护措施没有科学的理论指导。保护区内农户在“飞地”的种养殖活动，已经严重影响绿孔雀的生存空间，农业机器、使用农药、放牧等活动严重影响绿孔雀的生殖繁衍。散养牛羊啃食华西蝴蝶兰、文山兜兰等保护植物，导致数量减少、长势衰弱。保护区内现存的华西蝴蝶兰等附生兰，生存高度都在牛羊够不到的部位以上；文山兜兰等地生兰，都仅存于牛羊到不了的陡坡、悬崖处，不排除还有一些尚未记录的保护物种，由于牛羊反复啃食，致使人类难以发现或是尚未发现就已灭绝。玉白顶管护区已经在保护区周围设置部分简易围栏，减少了牛羊的活动空间，但由于保护区范围过大，牛羊的活动范围广，简易的措施不足以形成有效防护，像电围栏等高质量围栏可能会对保护区内的保护动物行动产生影响，成本对保护区来说也是一个沉重的负担。

7.3.2 产生严重的农药污染

农户作为农业生产的第一执行人，农药使用过量、随意配比农药等问题造成土地面源污染等问题非常常见。目前“飞地”主要种植经济作物有皇竹草、黑麦草、番茄、辣椒等，种植面积48.34公顷。在“飞地”上种植经济作物，农民经常大量使用农药，以防止病虫害的侵袭。农药易受气压、温度的变化易从土壤中解析挥发到空气中，会对保护区环境造成一定的影响，包括对人类和动物的健康造成危害，以及导致土壤、水源等环境受到污染。农户对废弃药物包装危害保护区环境的意识不够高，加之农药包装多以塑料瓶包装为主，药物残留、难以分解直接影响保护区的土壤环境，间接影响动植物的生存空间。长期存在农药污染，会严重影响保护区生态系统的平衡，威胁到野生动植物的生存。农民在农药环保意识底下，对农药使用标准和排放标准不明确，破坏了保护区生态平衡和生物多样性。

7.3.3 产生严重的噪声污染

农户在“飞地”喂养的牛羊有3600头（只）左右，牛羊数量过多而破坏保护区植被面积达53公顷，牛羊常常采用放养方式，造成保护区植被被重度啃食（水土流失、乔木死亡、植被退化）的土地5处，使得绿孔雀的栖息地以及食物锐减。羊棚牛棚完全不隔音，牛羊的叫声对周边环境和野生动物造成严重影响，尤其对绿孔雀的影响最大。“飞地”农户对牛羊采取放养方式，由于绿孔雀胆小怕人，远离人在百米之外，农户在放养期间对牛羊的吆喝声以及牛羊走失漫山遍野的寻找对绿孔雀生存造成了很大的困扰。保护区是为了保护当地的生态系统和野生动植物，保护生物多样性而设立的特殊区域，在保护区内，野生动物需要安静的环境进行栖息和繁殖，大量的噪声会直接影响到其正常的活动，甚至可能会使它们感到惊恐、逃离，影响整个生态系统的平衡。

7.4 自然保护区“飞地”农业生产影响的纾解路径

7.4.1 “飞地”向生态农业转型

玉白顶自然保护区内的“飞地”向生态农业转型是为了减轻对环境的负面影响，保护生物多样性并实现可持续发展。玉白顶管护局确定保护区内需要保护的生态系统、物种、土地资源、水资源，改善保护区生态系统和生态环境，为生态农业转型奠定基础条件，同时利用短视频等新兴媒体作为中介提高农户的生态环保意识。政府制定相关政策，扶持生态农业发展，提供资金支持和技术帮助，推广低投入、高产出的种植模式，如植物间套作、有机农业，推广节水灌溉、生物农药等节能减排的措施，积极发动农户参与到农业转型过程中，通过发展生态农业推动农业产业融合发展，进一步加强“飞地”农业基础设施建设，优化农业资源合理分配。推动绿色产品市场化，提高消费者对生态农产品的认可度，加强科技农业的投入，以科技作为生态农业转型的重要动力，提升农户农业经济效益。倡导农户间相互监督，在生态农业转型的过程中所产生的任何环保问题政府部门要积极落实处理，奠定良好的外部环境。

7.4.2 “飞地”向自然教育经济转型

保护区内的耕地向自然经济教育模式转型是通过将农业生产与生态保护、教育相结合，提高环保意识，培养可持续发展观念。玉白顶管护区根据各块“飞地”的地理位置、水资源情况明确自然经济教育模式的发展方向、重点领域和可持续目标。相关政府部门制定相关政策，支持自然教育经济转型。评估保护区内现有资源，包括可观赏的动植物资源、土地、设施等，进行合理分配。引入先进的生态农业技术，促进技术创新和应用。组织农民参加有关生态农业、自然保护和可持续发展的培训和学习。启动一系列实践项目，如生态农业示范区、体验式教育基地等。与其他自然保护区、研究机构以及国际组织开展合作和交流，共享经验和资源。通过各种渠道宣传自然经济教育模式的理念、成果和价值。确保整个过程符合环境保护要求，实现社会、经济、生态效益的平衡。这种转型有助于提高农民的生态环保意识，培养可持续发展观念，并为保护区创造更多经济收益。

7.4.3 征用“飞地”

征用“飞地”应慎重处理，这涉及生态保护与农民利益的平衡。确保征用行为符合国家法律法规，尊重土地所有权和农民利益。采用先规划在征用的模式，发挥政府的引导作用。首先向农户说明征用“飞地”的目的是生态保护、生物多样性恢复或公共设施建设，并将《农村土地承包法》等相关政策文件及时农户讲解清楚。其次玉白顶管护局需进行详细的生态环境影响评估，确保征用“飞地”对保护区内生态系统的影响最小化。同时与“飞地”上农户进行充分沟通，了解他们的需求和意愿，做好信息公开和反馈。制定公平、合理的补偿方案，包括土地补偿、生活安置等。为失地农户提供就业培训、解决子女受教育、社会保险等救助，确保其生活稳定。最后对被征用的“飞地”进行生态修复，加强保护区资源管理和利用。

8 玉溪市自然保护区“飞地”生态系统服务价值评估

8.1 引言

自然保护区是人类保护自然的重要形式之一，世界自然保护联盟（IUCN）将其界定为“为实现对自然的长期保护，专门管理的具有明确特定地理空间范围的区域，以通过法律或其他有效手段，提供相关的生态系统服务和文化价值”。关于自然保护区生态系统服务价值的研究，最早追溯到1970年联合国大会上发表的《人类对全球环境的影响》报告，之后有部分学者进行了粗略评估，但并未形成评估理论和方法体系。国内学者对不同类型、区域的生态系统服务价值进行了广泛评估，如赵同谦等（2004）。

“飞地”是一种比较特殊的人文地理现象，指隶属于某一行政区管辖但不与本区毗连的土地。由于历史发展的特殊性，自然保护区内至今仍然存在许多零星散落的毗邻乡镇农业用地，谓之自然保护区“飞地”现象。新中国成立初期为满足国民经济建设对木材等森林资源的需求，国家寻找生产条件好、集中连片的林地进行区域划界流转为国有林区，其中包含了农户祖祖辈辈传承耕种的土地。当时由于通过补偿调换土地不现实、难操作，农户也不愿意自己祖辈的土地被划定、流转，因此这些土地虽被划在国有林场范围，土地仍归属农户。长期以来，国有林场与毗邻社区农户和睦共处，农户可以自由进出国有林场的“飞地”进行农业生产。20世纪90年代后，在原有国有林场基础上划定或升格为自然保护区，然而农户在“飞地”进行的农业生产活动，对保护区内的珍稀濒危动植物的生存空间造成极大危险，生态保护和农业生产并存产生的人地矛盾日渐突出，严重威胁自然保护区的可持续发展。

以往关于“飞地”的研究趋之甚少，“飞地”是以自然保护区为核心的一个独特的人工、半人工的区域生态系统，为人类提供多种产品和服务，同时也深刻影响包容其间的生态环境。类比其他区域生态系统，“飞地”是被人类扰动较大的自然保护区，且分布于保护区腹地及周边，各区域生态受损程度不同，具有很强的空间异质性。那么，对人为扰动强烈的、空间异质性较强、生态受损程度较为严重的“飞地”，如何评估更符合“飞地”实际的生态系统服务价值？地势海拔、水源远近、村落距离等人类活动因素对“飞地”生态系统服务价值又有何影响？

综上所述，“飞地”是包容在自然保护区内的特殊区域，同时因人类农业活动对生态系统造成破坏影响的集中区域，有必要对单位面积价值当量因子进行修正，从生态系统服务的视角研究农业活动对自然保护区生态环境的影响，客观评价“飞地”受损生态系统的生态系统服务价值。我国国有林场、自然保护地历史悠久，各地都存在或大或小的“飞地”，严重制约保护区可持续发展。因而，本文以玉白顶自然保护区为例，对单位面积生态系统服务价值当量因子进行修正，对其生态系统服务价值进行估算，分析其生态系统服务价值的基本特征，以期为生态系统服务价值的计算和“飞地”生态系统服务的恢复提供参考。建立针对自然保护区的价值评估体系和方法，既要关注其生态系统服务核心价值，也要充分考量自然保护区的存在价值和社区发展价值

8.2 研究区概况

云南省玉溪市玉白顶市级自然保护区（原玉溪市国营玉白顶林场）位于滇中高原中部玉溪市境内，东西宽 12.6 千米，南北长 13.5 千米。该区域地理坐标介于东经 102°03′50″~102°09′41″，北纬 24°03′27″~24°10′10″，隶属玉溪市林业和草原局管辖，县级行政区域涉及峨山县、新平县，范围涉及峨山彝族自治县化念镇和富良棚乡、新平县的平甸乡和桂山街道办事处。保护区地处滇中高原南端哀牢山山脉支系发育区，由于断层陷落和亚尼河切割作用，主要地貌景观为中山和零星丘陵，最高海拔为 2050 米，最低海拔为 1200 米，相对高差 850 米，地势起伏较小，气候要素垂直差异不大，属中亚热带季风气候，从上到下依次出现北亚热带、中亚热带、南亚热带三种气候类型。雨季集中在 6~10 月，约占全年降水量的 82%。旱季为 11 月至次年 5 月，降水量约占年降水量的 18%。年均降水量为 958 毫米，区间为 518~1229 毫米，降水不均，干湿季分明。年均温度 15.9℃，年均温为 15.2℃~16.4℃，最高温 32.6℃，出现在每年的 5 月，最低温-5.0℃，出现

在每年的1月。年均蒸发量1682毫米，超过降水量724毫米，较为干燥。场内盛行西南风，风速平均为5米/秒，最大风速可达10米/秒。

保护区内存在“飞地”共21块，面积为68.22公顷（1023.3亩），分布于新平县平甸乡者甸村、新平县桂山街道办事处亚尼社区和峨山县化念镇化念村。保护区毗邻社区主要为新平县路天沟管护站紧邻他达莫、迭嘎、永箐哨、雨龙寨、蚂蚱斗、者甸、顺应塘紧邻瑞英塘村、双龙桥村、十八公里村；峨山县老工棚管护站紧邻磨石村、玉白顶村、行寨、土代莫、布者甸。

8.3 研究方法

本文研究关于生态系统服务价值所需数据综合分析比较国内外已有森林生态系统自然保护区服务功能的评估指标体系，参考国家林业和草原局制定的《森林生态系统服务功能评估规范》（LY/T1721—2008），结合保护区生态系统的特点，将其服务价值评估指标分为直接利用价值和间接利用价值，再细分为8种指示类别，最后确定15类评估指标，如表8-1所示。

表8-1　保护区生态系统服务价值指标框架

价值类型	指示类别	评估指标	功能价值评估方法
直接利用价值	有机物生产能值价值	枯落物资源	相应林型面积及枯落物能量折算比率
	休闲游憩能值价值	休闲游憩	游客流量
间接利用价值	涵养水源能值价值	调节水量、净化水质	基于比例系数的水量平衡法
	栖息地能值价值	生物多样性	Shannon-Winner指数法
	科研服务能值价值	关键词检索	生态系统文教科研服务能值计算方法
	固碳释氧能值价值	固定二氧化碳、释放氧气	光合作用化学平衡法
	营养物质积累能值价值	林木营养积累	林木生长—积累营养法
	净化空气能值价值	吸收污染物、滞尘	吸收能力法

能值转换率可反映单位能量（J）或物质（g）所蕴含的能量情况，是衡量能值准确度的中心环节，在进行区域价值核算时通常运用某太阳能焦耳的能值等价单位能量或物质的太阳能值转换率。Odum及各国研究人员在1996年经过大量研究实践，计算了自然界和人类社会主要能量类型的太阳能值转换率，实证发现可用于国家、地区等大尺度生态系统的能值分析，也可用于中小尺度的特定类型生态系统，如森林生态系统、湿地生态系统等（Odum，2000）。依据Odum提出的

生态—经济系统研究理论和方法，结合蓝盛芳等（2002）、陈花丹等（2014）对于生态系统能值分析的研究及前人大量研究成果，总结能值转换率计算公式为：A 太阳能值转换率 = $\frac{\text{形成 A 物质所需太阳能（sej）}}{A_{\text{物质(J或g)}}}$，整理出保护区森林生态系统服务功能能值价值分析所需要利用的太阳能值转换率，具体数值如表 8-2 所示。经济价值所要用到的数据包括：玉白顶保护区“飞地”人口、家庭情况、土地利用情况、种植作物产量及种植面积、养殖牛羊数量与年出栏量等社会经济数据。针对研究区“飞地”以及毗邻社区进行入户调查，并对各个社区村小组组长和护林员进行实地采访调查，以保证数据的准确性和可靠性。

表 8-2 保护区能值分析使用的能值转换率

项目	单位	能值转换率（sej/单位）
太阳辐射能	焦	1
枯落物生产	克	1.33E+04
森林游憩	美元	2.76E+12
地表水与地下水资源	立方米	4.00E+04
二氧化碳	克	3.78E+07
氧气	克	5.11E+07
氮肥	克	4.62E+09
磷肥	克	6.88E+09
钾肥	克	2.96E+09
生物种类	种	3.09E+17
科研服务	页	3.39E+17

资料来源：实地调研。

8.4 生态系统服务能值价值评估

8.4.1 直接利用价值

8.4.1.1 有机物生产能值价值

采用基于森林生态系统有机物的生产是森林生态系统最基本、最重要的作用，树木利用太阳能进行光合作用，将无机物（如水、二氧化碳等）合成为有机物，将太阳能转变为化学能后固定下来储存在有机体体内，为人类及其他生物提供了生命必需的有机物质及其产品。保护区森林管护得当，范围内严禁砍伐林木，因此保护区林木有机物质全部以活立木及枯落物的形式存在，其生产价值由活立木及有机枯落物的蓄积量体现。

$$G_{活立木} = \sum_{i=1}^{n} V_i N_i T \tag{8-1}$$

其中，$G_{活立木}$表示活立木年净生产功能价值量（立方米/年），V_i 表示活立木蓄积量（立方米），N_i 表示森林年净增长率，T 表示森林木材平均出材率。

8.4.1.2 休闲游憩能值价值

自然生态系统在提供休闲游憩服务功能方面具备景色秀丽、愉悦心情及有益身体健康等特点，是生态旅游发展的主体之一。保护区的游憩核心资源类型主要有：极具地域特色的中国和世界重要珍稀濒危动植物、以中山湿性常绿阔叶林为主的典型森林生态系统、中国西部地区重要的鸟类迁徙通道等生态旅游潜力巨大。通过年游客总人数评估游客旅游消费行为来对非市场产品服务进行计算保护区森林生态系统休闲游憩功能。

$$G_{休闲游憩价值} = M_{游} T_{游} N_{游} \tag{8-2}$$

其中，$G_{休闲游憩价值}$表示休闲游憩功能价值量（万元/年），$M_{游}$表示人均旅游花费（天），$T_{游}$表示人均停留时间（天/人），$N_{游}$表示年游客总人数（人次）。

8.4.2 间接利用价值

8.4.2.1 涵养水源能值价值

保护区森林内部主要通过地上林冠层（乔木）、地表层（枯落物）及土壤层的共同作用对降水进行暂时蓄积，在防止水土流失的同时将储存的部分水分以土层内径流或下渗补给给地下水和地上径流，进而减少地表径流，对于大气降水有良好的过滤及吸附作用，有效防止水资源污染，其水文调控功能显得尤为重要。故本文选取调节水量、净化水质的性能指标来评估森林生态系统水源涵养功能的价值。

$$G_{调} = \sum_{i=1}^{n} 10A_i(P_i - E_i - C_i) \tag{8-3}$$

$$G_{净} = \sum_{i=1}^{n} 10KA_i(P_i - E_i - C_i) \tag{8-4}$$

其中，$G_{调}$表示森林调节水量功能价值量（立方米/年），A_i 表示森林面积（公顷），P_i 表示森林年均降水量（毫米/年），E_i 表示森林年平均蒸散量（毫米/年），C_i 表示森林地表径流量（毫米/年），K 表示水质净化费用（元/吨）。

8.4.2.2 栖息地能值价值

生物多样性是人类生存和持续发展的物质基础，主要包含遗传（基因）多样性、物种多样性和生态系统多样性三层次，维护着自然界生态平衡。Shannon-Wiener 指数是反映森林中物种丰富度和分布均匀程度的经典指标。故用物种数量来评估保护区森林生态系统生物多样性功能的功能价量。Shannon-Wiener 指数计算公式如下：

$$G_{栖息地能值价值} = \sum_{i=1}^{s} \frac{n_i}{N} \ln \frac{n_i}{N} \tag{8-5}$$

其中，$G_{栖息地能值价值}$表示 Shannon-Wiener 指数，n_i 表示森林群落中 i 的个体株数，N 表示森林群落中所有个体总数量。

8.4.2.3 科研服务能值价值

参照 Meillaud 等（2005）对生态系统文教科研服务能值的计算方法，以关键词对 2016~2022 年已发表的学术成果进行检索统计，通过发文篇数、页数、平均每年论文页数结合学术成果能值货币价值可计算得知保护区森林生态系统的科研服务能值价值。

$$G_{科研服务能值价值} = 2016 \sim 2022\text{年论文页数} \tag{8-6}$$

其中，$G_{科研服务能值价值}$表示保护区科研服务年总生产量（页/年）。

8.4.2.4 固碳释氧能值价值

森林是陆地生态系统中最大的碳库，现有森林生态系统中总储碳量约占全球土壤和植被储碳的 45%，对减缓全球温室效应起着至关重要的作用。氧气作为生物生存的基础，在生物呼吸、细胞代谢及燃料燃烧等活动中具有不可替代的作用，森林生态系统作为氧气主要来源，可通过光合作用将空气中的二氧化碳吸收生成碳水化合物并释放氧气。

$$6CO_2(264g)+6H_2O(108g) \rightarrow C_6H_{12}O_6(108g)+6O_2(193g) \rightarrow \text{多糖}(162g)$$

通过以上光合作用方程得知，植被每生产 162 克干物质，可吸收 264 克的二氧化碳，释放 193 克的氧气，故在保护区森林生态系统中可以通过评估森林和土壤的固持二氧化碳以及植被释放氧气的价值这两项指标来评估森林固碳释氧功能。

$$G_{固碳} = \sum_{i=1}^{n} 1.63 A_i R_c B_{生} \tag{8-7}$$

$$G_{释氧} = \sum_{i=1}^{n} 1.19 A_i C_o B_{生} \tag{8-8}$$

其中，$G_{固碳}$表示森林植被年固碳功能价值量（吨/年），A_i 表示森林面积（公顷），Rc 表示二氧化碳中碳的含量（%），$B_{生}$表示森林年净生产力（吨/公顷/年），C_o 表示市场氧气价格（元/吨）。

8.4.2.5 营养物质积累能值价值

森林植被在长期生长过程中通过生化反应，不断从大气、土壤及降水中吸收和分散氮、磷、钾等营养物质并储存于体内，之后将一部分营养元素通过生物化学循环以枯枝落叶的形式返还土壤，以树干淋洗和地表径流的形式汇入江河湖泊，另一部分以林产品的形式输出到周围环境中，对降低保护区下游水系污染及缓解水体富营养化起到重要作用，是全球生物化学循环不可缺少的环节。

$$G_N = \sum_{i=1}^{n} A_i N_{营养} B_{生} \tag{8-9}$$

$$G_P = \sum_{i=1}^{n} A_i P_{营养} B_{生} \tag{8-10}$$

$$G_k = \sum_{i=1}^{n} A_i K_{营养} B_{生} \tag{8-11}$$

其中，G_N、G_p、G_k 分别表示林木总积累氮、磷、钾营养物质功能价值量（吨/年），A_i 表示森林面积（公顷），$N_{营养}$、$P_{营养}$、$K_{营养}$分别表示林木所含氮、磷、钾比率（%），$B_{生}$表示森林年净生产力（吨/公顷/年）。

8.4.2.6　净化空气能值价值

森林生态系统对大气污染物具有吸收、过滤、阻隔及降解的作用，可以有效吸收有害气体（二氧化硫、氟化物、氮氧化物、重金属等）和阻滞粉尘，而大气污染物种类繁多且危害性不尽相同，往往联系密切且相互作用，要精确计算森林生态系统对各污染物质的吸收价值难以完全实现，选用大气中占比较高且危害性较大的二氧化硫、氟化物、氮氧化物及粉尘作为评估对象。

$$G_{二氧化硫} = \sum_{i=1}^{n} Q_{二氧化硫} A_i \tag{8-12}$$

$$G_{氟化物} = \sum_{i=1}^{n} Q_{氟化物} A_i \tag{8-13}$$

$$G_{氮氧化物} = \sum_{i=1}^{n} Q_{氮氧化物} A_i \tag{8-14}$$

其中，$G_{二氧化硫}$、$G_{氟化物}$、$G_{氮氧化物}$分别表示森林吸收二氧化硫、氟化物、氮氧化物功能价值量（吨/年），A_i 表示森林面积（公顷），$Q_{二氧化硫}$、$Q_{氟化物}$、$Q_{氮氧化物}$分别为单位面积森林吸收二氧化硫、氟化物、氮氧化物量（千克/公顷/年）。

8.5　结果分析

8.5.1　“飞地”农业生产特征及对自然保护区的影响

保护区内由于历史发展原因形成“飞地”，有大量农户聚集于此及其周边毗邻地区，这些农户大部分处于保护区缓冲地带，农村居民的一系列农业生产、生活活动所需空间大，对保护区生态环境造成了巨大的威胁。具体表现为：保护区内农户粗放型放牧行为对保护区植被、土壤造成严重破坏，山体滑坡、水土流失现象严重；农户日常生产生活中的人为活动挤压国家级保护动物绿孔雀的生存空间；

由于保护区内的农户具有数量多、分布零散、历史留存时间久的特点，同时土地分布相互之间交错、错综复杂，因此面临一定的执法难题，对其中任何一个要素进行调控，必然牵涉到一系列相关要素，社会调控难度大。根据实地走访“飞地”以及毗邻社区农户发现，常住人口分布上，2023 年者甸村（社区）约有 280 户，亚尼社区有 200 户左右，化念村（社区）有约 350 户，这些常住家庭普遍为 5~6 人，务农主力为 40~50 岁的中年夫妇，其余待在家里的家庭成员通常为高龄老人与幼龄孩童，青年人大多外出打工或读书，留在农村的情况很少。经济状况上，这些社区均为以传统的农耕方式为基础的多民族聚集农业村，农作物种植主要有番茄、玉米、辣椒、黄瓜、茄子、苦瓜等，其中番茄和玉米的种植数量就总体而言更多，畜牧以牛、羊为主，一般家庭兼具种植和畜牧，两者占比受农地面积、土壤条件、地势海拔、水源情况等多种因素影响。由于羊市价稳定且成本低，牛市价波动大且成本高，因此养羊数量多的农户通常经济条件更好。有些村落位于山上水源条件差，因此多选择养牛、羊为生计，种植皇竹草、黑麦草为牛的饲料，羊则放养。山下的村落邻近水源，多种植番茄、玉米等产量高好销售的农作物。具体种养殖情况如表 8-3 所示。

表 8-3 “飞地”种养殖情况统计情况

序号	坐落				种植作物	种植面积（公顷）	单产（吨/公顷）	年均产值（万元/公顷）	养殖情况		
	县	乡	村	小地名					数量	牛（头）	羊（只）
1	峨山	化念镇	化念村	小团山	撂荒	0.00	0.0	0.0	0	0	0
2	新平	平甸乡	者甸村	林投苗圃	苗圃	6.38	—	—	2	0	2
3	新平	平甸乡	者甸村	新地	撂荒	0.00	—	—	0	0	0
4	新平	平甸乡	者甸村	新地	撂荒	0.00	—	—	0	0	0
5	新平	平甸乡	者甸村	新地	撂荒	0.00	—	—	0	0	0
6	新平	平甸乡	者甸村	高粱冲	苗圃	4.37	—	—	0	0	0
7	新平	平甸乡	者甸村	雨龙白山顶	皇竹草	2.75	7.5	1.2	153	—	153
8	新平	平甸乡	者甸村	杨华承包地	撂荒	—	—	—	—	—	—
9	新平	平甸乡	者甸村	防六六养殖场	黑麦草	0.40	24.0	43.2	186	—	186
10	新平	平甸乡	者甸村	麦子冲	番茄	3.20	52.5	157.5	167	—	167
11	峨山	化念镇	化念村	张平家养殖场	玉米	2.05	22.5	67.5	45	—	45

续表

序号	坐落				种植作物	种植面积（公顷）	单产（吨/公顷）	年均产值（万元/公顷）	养殖情况		
	县	乡	村	小地名					数量	牛（头）	羊（只）
12	峨山	化念镇	化念村	寻寨箐	撂荒	—	—	—			
13	峨山	化念镇	化念村	寻寨箐	撂荒	—	—	—	814	131	683
14	峨山	化念镇	化念村	寻寨箐	撂荒	—	—	—			
15	新平	平甸乡	亚尼社区	老夏基地	辣椒	1.99	9.0	63.0	212	—	212
16	新平	平甸乡	亚尼社区	亚尼河边	撂荒	—	—	—	0	0	0
17	新平	平甸乡	亚尼社区	双龙桥	皇竹草	2.36					
18	新平	平甸乡	亚尼社区	双龙桥	皇竹草	16.82	97.5	15.6	896	151	745
19	新平	平甸乡	亚尼社区	双龙桥	皇竹草	4.09					
20	新平	平甸乡	亚尼社区	顺英塘	撂荒	—	—	—	0	0	0
21	新平	平甸乡	亚尼社区	龙开友箐门口	皇竹草	4.43	105.0	16.8	1132	171	961

8.5.2 生态系统服务总价值

根据计算得出保护区“飞地”生态系统服务价值总计为13317.37万元，根据保护区划分方式，将“飞地”进行1~21编号，经过计算其生态价值具体情况如表8-4所示。其中，18号、10号、2号、8号地生态系统服务总价值较高，分别达到3562.26万元、1571.46万元、1351.20万元、1230.48万元，位于新平县平甸乡亚尼社区双龙桥、新平县平甸乡者甸村麦子冲、新平县平甸乡者甸村林投苗圃、新平县平甸乡杨华承包地。

表8-4 不同“飞地”生态系统服务总价值 单位：万元

编号	能值价值	编号	能值价值	编号	能值价值
1	199.08	8	1230.48	15	421.26
2	1351.20	9	355.80	16	137.66
3	46.59	10	1571.46	17	499.82
4	144.02	11	434.16	18	3562.26
5	144.02	12	150.37	19	866.21
6	925.51	13	249.91	20	360.04
7	582.41	14	279.36	21	938.22

8.5.3 生态系统服务类型

由于21块“飞地”所属县为峨山和新平，因此按照所属地区进行生态服务类型的价值比较来看，其中新平16块、峨山5块。“飞地”数量上新平约为峨山的3倍多。生态系统服务总价值量分别为12105.49万元和1211.88万元，新平约比为峨山多接近9倍。净化空气能值价值的平均总服务价值最大，占平均总价值的63.68%；其次是科研服务能值价值（16.32%）、栖息地能值价值（16.22%）；其余生态系统服务价值占比偏低，从高到低依次为固碳释氧能值价值（1.05%）、涵养水源能值价值（1.01%）、休闲游憩能值价值（0.76%）、有机物生产能值价值（0.52%）、营养物质积累能值价值（0.04%），具体数据如表8-5所示。

表8-5 新平与峨山不同能值价值的比较

地区价值	新平	峨山
有机物生产能值价值	62.40	6.25
休闲游憩能值价值	91.76	9.19
涵养水源能值价值	122.35	12.25
栖息地能值价值	1963.74	196.59
科研服务能值价值	1975.98	197.81
固碳释氧能值价值	126.58	12.67
营养物质积累能值价值	54.14	5.42
净化空气能值价值	7708.54	771.70
合计	12105.49	1211.88

8.5.4 农业生产经济价值分析

根据《玉溪市人民政府关于公布玉溪市地上附着物和青苗补偿标准的通知》（玉政通〔2022〕2号），峨山县约为3000元/亩，新平县约为3500元/亩，总价约为353.56万元。根据实地调查，“飞地”共21块，面积为68.22公顷，粮食产量为2861.6吨。其中种植皇竹草面积为30.45公顷，产量为2753.6吨，售价约为0.02万元/吨；黑麦草面积为0.4公顷，产量为24吨，售价约为120元/千克即12万元/吨；番茄面积为3.2公顷，产量为52.5吨，售价约为6元/千克即0.6万元/吨；玉米面积为2.05公顷，产量为22.5吨，售价约为4元/千克即0.4万元/吨；辣椒面积为1.99公顷，产量为9吨，售价约为18元/千克即1.8万元/吨。耕地的经济年纯收益可以通过计算耕地经营总收益与经营总成本的差值得出。经营总收益主要由耕地的年产值和国家种粮补贴两部分组成，而经营总成本则主要包括物质投入和人员工资费用。根据前人研究，一年期耕地的经济价值可以被定义为耕地年产值扣除各类经营成本后的结果。最终计算得出一年期耕地的经济价值为 362.63 万元。经对比，政府文件数据与实地调查数据相差较小，且两者均符合评估的科学性，因此按照两者一定比例计算得出最终评估值，取 7∶3，最终确定一年期耕地经济价值为 356.28 万元。

据统计，自然保护区“飞地”有牛 453 头、羊 3154 只。育肥牛出栏价格在 16 元/斤上下，一头 400 斤重的育肥牛可售 6400 元，因此记牛市场平均售价为 6400 元/头。育山羊出栏价格在 25 元/斤上下，一只 100 斤重的育山羊可售 2500 元，因此记山羊市场平均售价为 2500 元/头。根据实地调研，周边农户讲述每年出栏比例为 3/10，因此计算年售卖牛 136 头，羊 946 只。畜牧的经济年纯收益可由畜牧经营总收益与经营总成本的差值得出。畜牧总收益即畜牧售卖所得收入，而经营总成本主要包括物质投入与人员工资费用。根据已有研究，畜牧地的经济价值可以被定义为畜牧售卖收入扣除各类经营成本后的结果。最终计算得出一年期畜牧经济价值为 109.82 万元。

由于部分“飞地”撂荒，因此这些耕地的经济价值不予计算，将耕地作物和畜牧经济价值加总得出最终“飞地”经济价值，总计为 2827.48 万元。

从上述评估中可以明显看到，“飞地”的生态系统服务价值是经济价值的将近 5 倍，生态系统服务价值远高于经济价值，因为农业用地在保护土壤、调节大气、净化环境等方面具有重要意义。农用地的利益主体既包括集体和农民，又包括与农用地社会生态环境功能相联系的政府和公众等全部利益主体。生态价值包括对农民集体和农民的补偿，也包括国家、地方政府和社会大众的补偿。农地的经济价值能维护可持续的生态系统，人们既能享用农地经济的发展成果，又能无偿占有和分享农用地所带来的生态效益。但是在流转价值的确定中需要考虑土地流转后，如果农地用途没有变化，也就是依旧耕种的粮食，而不是种植其他的经济作物，那么土地的真实流转价值，就应该是目前的土地流转价值，而生态价值由于受益者众多、价格昂贵，如果让农地流入方来承担是不现实的。所以从生态永续发展和社会公正和谐的方面考虑，政府应从政策制度和金融财政等角度进行转移支付或者生态补助。因此，在农地流转环节综合考虑各种价值，才能更好地避免农用地在流转过程中出现资源配置不合理、缺乏效率的情况。

8.6 结论与讨论

生态系统服务与人类福祉关系极其密切。充分评估自然保护区内“飞地”的生态服务价值是生态系统服务恢复的科学依据。本文主要采用能值价值评估的方法，对“飞地”生态系统提供的八种生态系统服务类型进行评估，得出以下结论：

第一，“飞地”的生态系统服务价值为13317.37万元，经济价值为2827.48万元，生态系统服务价值远高于经济价值，前者为后者的4.71倍。

第二，根据能值价值评估划分的八部分生态价值计算，净化空气的生态价值最高，占总价值的63.68%；其次是科研服务能值价值占16.32%，栖息地能值价值占16.22%，固碳释氧能值价值占1.05%，涵养水源能值价值占1.01%，休闲游憩能值价值占0.76%，有机物生产能值价值占0.52%；营养物质积累能值价值占比最小，占0.45%。

第三，“飞地”的经济价值受地势海拔、水源远近、行政村落离“飞地”距离影响。海拔越高的村落往往更多选择养殖牛羊，种植数量不及海拔低的村落。村落离水源越近，更利于农作物的生长，因此水源条件好的村落种植产量更高，更为畅销。行政村与“飞地”间距离越近的农户更多选择以家庭为单位进行耕作，而与“飞地”距离较远的农户大多选择承包给他人，自己选择收取低价租金，而使用“飞地”的承包人往往将其进行大棚蔬菜养殖或大量放牧，经济收入十分可观。

与其他近似纬度的森林生态系统自然保护区进行能值货币化对比，保护区能值总价值量较为逊色，其中有机物生产、休闲游憩、积累营养物质、净化空气及保育土壤五项指标的服务价值较为落后，表明保护区森林生态系统水热条件欠佳，林木生长速度较慢，可能由于区内人地矛盾造成管护艰难使得森林林木缺少具有较高生产力的成熟林，但生态价值总量远大于农业生产经济价值。因此，积极进行土地流转，进行精细化管控十分必要。政府在购买服务活动中，需要承担的交易成本包括衡量搜寻合适的社会组织的成本，即符合保护区和农户双方要求的成本，由于“飞地”的存在便避免不了对野生动物的干扰、对野生植物的破坏，带来不可估量的影响。如栖息在“飞地”附近的绿孔雀，经常结群去耕地觅食，对农作物造成破坏，农户为保护自己的庄稼，播种前会用农药浸泡种子，此举可能使整群绿孔雀遭到“灭门之灾”。此外“飞地”中从事养殖的农户，经常将牛羊散放在田地或山林中，放牧期间大声吆喝牛羊，对绿孔雀造成了很大的惊扰。“飞地”农业生产对野生动植物的生存环境与食物都造成了强烈的影响及破坏。保护区要求恢复整体生态环境，使野生动物与植物可以最大限度不受人为因素的干扰，珍稀绿孔雀得到繁衍，生态系统循环健康。而农户则需要等于或高于这一行为发生前的收入水平维持生计；与社会组织（在本文中指承包者）进行谈判并缔结合约的成本、在契约执行过程中对社会组织进行监督和激励的成本、协调不同社会组织间行动的成本等。社会组织需要支付的成本包括进行推广和营销的成本、与政府谈判缔约的成本、执行合约并应对处理日常事务的成本、与不同社会组织开展协调合作的成本等。农户需要支付的成本则主要是反馈需求的成本。在“飞地”农户进行“散户式”购买下，即自己寻找承包商承包土地，农户可以直接向社会组织提出诉求，但能否得到回应，还有赖于社会组织在政府要求与农户需求间的权衡，农户也可以向政府反馈诉求，但其最终落实则有待于政府对社会组织的指示。在统一购买下，农户可以直接向统一组织进行反馈，既更加方便，也避免了直接向入驻机构提意见的“不好意思”。获得政府信任和授权的组织，可以更积极地行动，通过汇总居民所需，并与入驻机构进行及时、高效的沟通，从而便捷地完成服务的更新。同时，保护区还可以从整体考虑如何更好地吸引、动员农户。

9　玉溪市自然保护区财政资金运用效率分析

自然保护区是生态系统功能和生物多样性的重点区域。构建一国自然保护区体系是实现国家生态安全、践行环境责任、推动生态文明的重要手段和有效实践，国际上越来越将国家自然保护区范围和投入水平作为衡量一个国家绿色发展的重要指标。

我国已建立不同类型、不同级别的自然保护区 2750 个，总面积为 147 万平方千米，约占国土面积的 14.88%。将如此大面积的国土用于生态保护，完全禁止利用或严格限制生计利用方式，体现了中国政府对自然资源与环境保护的高度重视和长期战略。但是，也因此无法回避利用与保护间的冲突，面对保护资金的重大挑战。已有研究指出中国自然保护区保护资金的主要问题包括资金总量不足、支出结构不尽合理、资金状况不均衡、出资渠道单一等。

尽管自然保护资金可以来自各种渠道，但是由于社会投入意愿严重不足，我国自然保护区所需资金主要依靠政府财政投入。因此，自然保护区保护资金问题首先是一个财政问题，有必要从财政视角分析解读中国的自然保护区保护资金问题。

9.1　自然保护区保护资金的概念与范畴

自然保护区的定义分为广义和狭义两种。广义的自然保护区是指受国家法律特殊保护的各种自然区域的总称，不仅包括自然保护区本身，而且包括国家公园、风景名胜区、自然遗迹地等各种保护地区。狭义的自然保护区是指以保护特殊生态系统进行科学研究为主要目的而划定的自然保护区，即严格意义的自然保护区。《中华人民共和国自然保护区条例》（以下简称《条例》）第二条定义的“自然保护区”为“对有代表性的自然生态系统、珍稀濒危野生动植物物种的天然集中分布区、有特殊意义的自然遗迹等保护对象所在的陆地、陆地水体或者海域，依法划出一定面积予以特殊保护和管理的区域”。中华人民共和国的自然保护区分为国家级自然保护区和地方各级自然保护区。《条例》第十一条规定，“其中在国内外有典型意义、在科学上有重大国际影响或者有特殊科学研究价值的自然保护区，列为国家级自然保护区”。

自然保护区指对有代表性或有重要保护价值的自然生态系统、珍稀濒危野生动植物物种的天然集中分布区、有特殊意义的自然遗迹等保护对象所在的陆地、陆地水体或者海域，依法划出一定范围予以特殊保护和管理的区域。自然保护区的保护资金应以一国保护区系统为对象，涵盖保护区系统的建立、维护和基本运行，同时包含为实现保护目标开展的各项活动费用和各种补偿资金。因此，保护资金分为系统费用、管理性资金和补偿性资金三大类和六个子类。这一概念和分类方法充分考虑了资金的用途、主体，也兼顾了我国各级政府财政支出的口径，具体如表 9-1 所示。

表 9-1　自然保护资金分类及对应的政府资金来源

大类	子类及用途	资金来源说明
系统费用	（1）各级政府保护管理机构的行政支出含部门运行支出，规划、预算编制，选址、评估、监测活动支出等	（1）由各级政府分别负责本级支出
管理性资金	（2）人员工资	（2）和（3）由保护区管理局所隶属的本级政府支出；（4）和（5）可以来自上级政府，即中央政府和省级政府的具体部门主管的专项资金，也可以来自地方政府财政，或由非政府（如国际组织）资金提供
	（3）公务费 包括水电费、办公室耗材、汽车养护费、油费、通信费、培训和参加会议费用、野外耗材、取暖费等	
	（4）基本设施、设备费用 指管护活动所需的基础设施、设备，如管理局、管理站、森林防火设施、野生动植物保护设施、湿地保护设施等	
	（5）保护项目 以保护和发展项目为主，如宣教、监测、科研、生计替代、社区共管、生物多样性保护、濒危物种保护等	
补偿性资金	（6）生态效益补偿金 森林生态效益补偿、湿地生态效益补偿等	（6）主要来自上级政府，如中央政府和省级政府的专项补偿资金

在表 9-1 中，系统费用（System-wide Expenses）是一国建立保护区网络，维持网络系统运行所需的费用。由政府机构支出，表现为行政主管部门的费用，用于行政管理机构的运行支出及规划、预算、选址、评估、监测等活动支出。在我国财政支出决算口径中，相关支出科目资金中均包含系统费用，但不显示系统费

用在其中所占比例。管理性资金是为实现保护区管理目标、开展各项活动所需的基础设施投资、日常运行费用和各种保护项目费用的总和。这部分用于支付自然保护区的建设和管理经费。补偿性资金用于补偿因建立保护区而承担的机会成本，森林生态效益补偿、湿地保护补偿、退耕还湿补偿等都属于补偿性资金。因提供生态系统服务的主体不同，补偿性资金的支付对象也多样化。

9.2 保护区财政收入分析

9.2.1 收入构成情况

虽然非政府和私人的资助在保护区融资中的比重越来越大，但由于大多数国家的保护地主要由政府管理，所以政府财政预算资金仍然是保护区融资的主要来源。例如，加拿大国家公园预算的 83%来自政府拨款；美国国家公园的资金主要来自联邦财政，每年的联邦财政投入大概 24 亿美元，约 8%来自使用者收费，社会捐助占 1%，志愿者支持约占 3.3%。

2018~2022 年玉白顶自然保护区整体的收入构成情况如图 9-1 所示。保护区的收入主要来源于财政拨款，从 2018~2022 年的资金占比来看，财政拨款占据主要部分，约为 95%；其他收入在 2018~2020 年占据较少部分，为 1.5%~2.0%。收入在近五年中呈现先增加后减少的趋势，受到国家经济大环境的限制，在 2022 年财政拨款资金最少，为 985.69 万元，总体变化曲折。而其他收入呈现先增加后减少最后减至为 0，在 2020 年占整体收入比例最高，为 2.05%，但是在达到顶峰之后迅速下降，在 2021 年和 2022 年其他收入均为 0，对于保护区整体收入并无贡献。

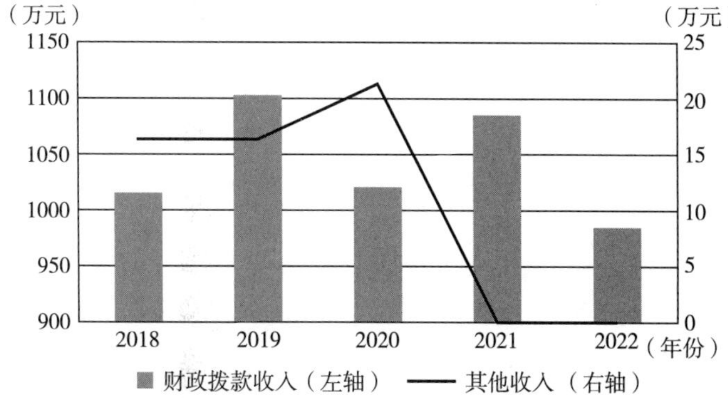

图 9-1 2018~2022 年玉白顶自然保护区整体的收入构成情况

9.2.2 补偿性资金

生态补偿的本义为“生物有机体、种群、群落或生态系统受到干扰时，所表现出来的缓和干扰、调节自身状态使生存得以维持的能力，或者可以看作生态负荷的还原能力”。自20世纪50年代以来，为解决经济社会发展中的资源耗竭和生态环境破坏问题，一些国家和地区尝试以“生态补偿”作为促进资源环境保护的经济手段。经过半个多世纪的发展，生态补偿已从单纯的生态学概念扩展为具有生态经济学、环境经济学和资源经济学内涵的概念，并从一种自然现象逐渐演变为一种社会经济发展机制。其基本内容概括为几个方面：一是恢复遭破坏的生态系统服务功能；二是对生态环境维护和建设的投入成本进行补偿；三是对相关区域或群体因生态保护而导致的直接利益损失或丧失的发展机会成本进行补偿。从补偿对象来看，则包括对自然的补偿和对人的补偿两大方面。

总体而言，生态补偿机制的建立是内化外部成本为原则，分别对生态破坏行为的外部不经济性和生态保护行为的外部经济性进行补偿：前者的补偿依据是恢复生态系统服务功能的成本投入和受偿者因生态破坏遭受的发展机会成本损失，后者依据保护者为维护和改善生态系统服务功能所付出的额外保护与建设成本，以及为此而牺牲的发展机会成本。玉白顶自然保护区2018~2022年补偿性资金的具体情况如图9-2所示。

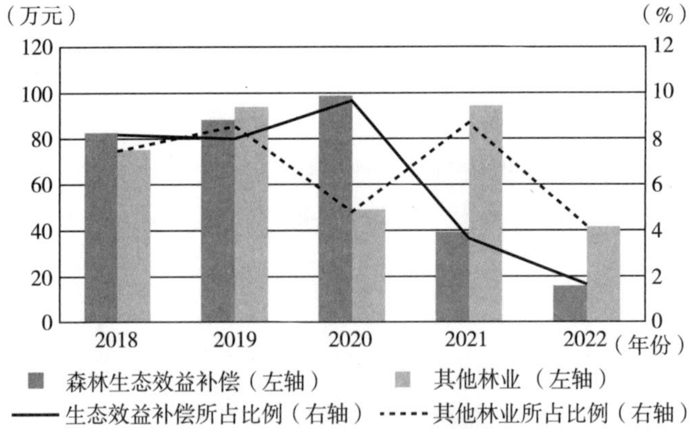

图9-2 补偿性资金

由图9-2可知，从绝对值而言，玉白顶自然保护区森林生态效益补偿资金收入2018~2020年逐年递增，从82.85万元增加到98.83万元，增加了20%；而2020~2022年出现急剧下降，在2022年森林生态效益补偿资金收入仅为16万元，为近五年的最低值。此外，玉白顶自然保护区其他林业资金收入2018~2019年逐年递增，在 2020 年出现减少的情况，但是在 2021 年该情况得到明显改善甚至超过 2018~2021 年的最大值，在 2022 年大幅度减少，仅为 41.59 万元。从相对值而言，2018~2019 年玉白顶自然保护区森林生态效益补偿资金收入占总体收入比例出现不明显递减，从 8.17%减少到 8.03%，减少了 0.14%；2019~2020 年出现明显递增，从 8.03%增加到 9.69%，增加了 1.66%；但是在 2020~2022 年森林生态效益补偿资金收入占总体收入比例骤减，仅为 1.62%，为近五年的最低值。此外，其他林业资金收入占总体收入比例的变化状况与森林生态效益补偿资金收入占总体收入比例的情况在 2018~2021 年的变动方向完全相反，在 2021~2022 年出现同方向变动，急剧减少。

9.3 保护区财政支出分析

党的二十大报告中指出，高质量发展是全面建设社会主义现代化国家的首要任务。发展是党执政兴国的第一要务。没有坚实的物质技术基础，就不可能全面建成社会主义现代化强国。在实现路径上，财政以支出形式为高质量发展提供外部支撑，主要表现为两个方面：一是财政支出分权，即国家将一定的财政支出责任和权力下放给地方政府的制度安排。二是表现为民生性财政支出方面，即财政支出中用于教育、医疗与社会保障等民生性领域的支出。玉白顶自然保护区支出主要包括基本支出和项目支出两个部分。基本支出包括社会保障和就业支出、医疗卫生与计划生育支出、农林水支出和住房保障支出等；项目支出包括节能环保支出、农林水支出等。具体情况如图 9-3 所示。

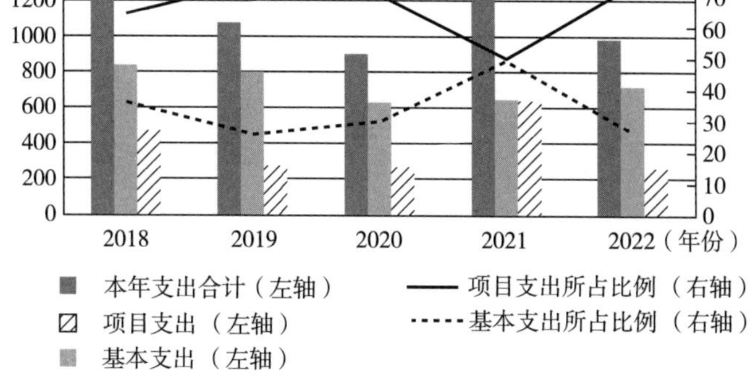

图 9-3 支出构成情况

由图 9-3 可知，2018～2020 年年度总体支出逐渐递减，从 1313.57 万元减少到 904.74，减少了 30.12%；在 2020～2021 年年度总支出增加到 1293.10 万元，较 2020 年增长 42.92%；在 2021～2022 年减少到 985.69 万元。从绝对值总体的趋势来看，年度总支出、基本支出和项目支出的变动趋势均一致，从 2018～2020 年和 2021～2022 年均是逐年减少，仅在 2020～2021 年为上升趋势。

此外，在 2018～2020 年基本支出部分均显著高于项目支出部分，但是在 2021 年两者达到了均衡状态，基本支出占比为 50.36%，项目支出占比为 49.64%，在 2022 年回归到常态。究其原因可知随着中国经济进入新常态，经济增长速度由高速转为中高速。相应地，我国财政收支特征发生了根本性变化，全国财政收入增速急剧下滑并进入个位数增长阶段。

9.4 保护区财政资金 DEA 效率分析

财政资金使用综合效率是对财政资金的使用效率以及资金配置能力等多方面的综合性的评价。在 DEA 模型中，综合效率=纯技术效率×规模效率。其中，纯技术效率体现的是结构效率。纯技术效率越接近 1，表示在一定的技术、经济条件水平下，资金使用结构越合理，投入的财政资金的使用越有效率。规模效率是指在考虑规模收益时产生的生产前沿面与规模报酬不变时的生产前沿面之间的距离，是衡量组织通过优化资源配置对决策单元改变程度的大小。其中，规模效率不变表示资金的投入规模达到最优状态；规模效率递增表示增加投入量可以引起效率的上升，即在现有的管理手段及发展阶段，增加资金的投入力度可以提升资金的使用效率；规模效率递减表示在现有的管理方式下，增加资金的投入量不能提升整体效率，而是要改进资金的管理方式，提升资金的管理水平，改善资金使用结构，从而提升整体效率。

9.4.1 2022 年自然保护区财政支出效率测算

由表 9-2 可以看出，2022 年项目总技术效率的均值为 0.463，在规模报酬不变的条件下，样本自然保护区财政资金使用效率较低。在 DEA 模型中，综合效率等于 1，表示 DEA 有效；综合效率小于 1，表示 DEA 无效。因而 10 个自然保护区项目中仅有 3 个自然保护区项目 DEA 有效，资金达到最优配置状态，纯技术效率和规模效率同时达到最优状态。

表 9-2 2022 年自然保护区财政支出效率测算值

项目	总技术效率 TE	纯技术效率 PTE	规模效率 SE	规模报酬
兰科植物繁育	1.000	1.000	1.000	不变
国家级、省级公益林管护	0.637	0.834	0.764	递减
中央财政林业有害生物防治	0.172	0.173	0.998	不变
省级第一批森林防火	0.003	0.020	0.125	递增
公益林管理	1.000	1.000	1.000	不变
中央财政草原生态修复治理	0.474	0.478	0.991	递增
国家级公益林管护补助项目	1.000	1.000	1.000	不变
文山兜兰极小种群野生植物拯救	0.035	0.036	0.964	递增
森林防火专业队能力建设	0.174	0.174	0.999	不变
天保工程管护	0.132	1.000	0.132	递减
均值	0.463	0.572	0.797	—

在 10 个自然保护区项目中有 4 个项目纯技术效率为 1，表明该 4 个自然保护区项目实现了资源最优配置。引起综合效率无效的原因是纯技术效率、规模效率至少一个未能达到最优状态。在 10 个自然保护区项目中有 1 个项目是由于规模效率无效导致 DEA 无效，有 3 个自然保护区项目规模效率递增，有 2 个自然保护区项目规模效率递减，有 5 个自然保护区项目规模效率不变。

9.4.2 2021 年自然保护区财政支出效率测算

由表 9-3 可以看出，2021 年项目总技术效率的均值为 0.322，在规模报酬不变的条件下，样本自然保护区财政资金使用效率较低。在 DEA 模型中，综合效率等于 1，表示 DEA 有效；综合效率小于 1，表示 DEA 无效。因而 14 个自然保护区项目中仅有 3 个自然保护区项目 DEA 有效，资金达到最优配置状态，纯技术效率和规模效率同时达到最优状态。

表 9-3 2021 年自然保护区财政支出效率测算值

项目	总技术效率 TE	纯技术效率 PTE	规模效率 SE	规模报酬
公益林管理	0.250	0.902	0.277	递增
森林防火	0.008	0.089	0.092	递增
林场文化建设	1.000	1.000	1.000	不变

续表

项目	总技术效率 TE	纯技术效率 PTE	规模效率 SE	规模报酬
林业有害生物防治	1.000	1.000	1.000	不变
三三制配套森林防火	0.190	0.848	0.225	递增
公益林态效益补偿	0.831	1.000	0.831	递减
草原退化生态修复治理	0.077	1.000	0.077	递减
云南松小蠹虫综合治理	0.093	0.105	0.883	递减
魔芋良种繁育示范基地	0.004	0.064	0.056	递增
乡土树种苗木培育补贴	1.000	1.000	1.000	不变
省级森林防火经费	0.002	0.105	0.016	递增
市级森林防火	0.013	0.593	0.021	递增
省级森林防火	0.025	0.198	0.127	递增
林下中药材种植	0.014	0.052	0.277	递增
均值	0.322	0.568	0.420	—

在 14 个自然保护区项目中有 3 个项目纯技术效率为 1，表明该 3 个自然保护区项目实现了资源最优配置。在 14 个自然保护区项目中有 8 个自然保护区项目规模效率递增，有 3 个自然保护区项目规模效率递减，有 3 个自然保护区项目规模效率不变。

9.4.3 结论

总体来说，玉白顶自然保护区项目的财政支出效率还不是很高，以后对规模报酬递增项目还是要加大财政支出规模，对技术效率不高的项目要完善财政资金的使用与监管，此外，还应该重视技术创新因素的影响，加大科技投入。

9.5 保护区财政资金运用存在的问题

9.5.1 融资渠道存在的问题

9.5.1.1 财政渠道

这是最主要的资金来源，具体包括本级财政经常性预算和上级财政一般性转移支付、中央财政专项资金、地方政府专项资金、专项基金（如森林生态效益补偿基金）等。虽然我国自然保护区采用分级管理，但从法律文件来看，目前无论是国家级还是地方级自然保护区的经费都主要由地方政府承担。如《中华人民共和国自然保护区条例》第二十三条“管理自然保护区所需经费，由自然保护区所在地的县级以上地方人民政府安排。国家对国家级自然保护区的管理，给予适当的资金补助”。可以看出这里中央政府对国家级自然保护区的资金责任描述得较为模糊。特别是国家“十五”计划以前，中国各级自然保护区管理机构（包括国家级）主要的资金来源是地方财政资金。由于中央拨款机制的缺失，一些经济相对落后地区的地方政府又无力投入，导致很多自然保护区都处于经费极度短缺的状态。进入“十五”计划以后，这种情况逐渐得到缓解，中央财政资金在自然保护区的资金来源结构中所占比例显著增大。

9.5.1.2 一些双边或多边的国际援助项目

全球环境基金（GEF）迄今已在中国近40个自然保护区开展了GEF援助社区共管共利机制的项目，此外还有来自国际组织、环保NGO、社团等各类社会团体的捐赠。当前我国的这种捐赠规模与发达国家相比较小而且主要来自境外资金，其中，第一，国内环保类NGO、公益基金会等团体发展还相对不成熟，经济实力也相对较弱；第二，因为自然保护区的管理者对保护区融资机制的探索创新还比较缺乏，过度依赖传统的财政渠道；第三，整个社会公众的生态保护意识还相对不足。WWF荷兰分会约70%的荷兰国民都是该基金会的会员，他们每年都会缴纳一定的会员费，除了用于支持荷兰本土的保护项目，还支持着像中国、印度等发展中国家的一些保护项目。

9.5.1.3 保护区经营性收入和服务型收费

存在经营收入的自然保护区，有的是保护区管理局下属的旅游公司或其他企业在经营，也有承包给社会上的私营企业团体来经营。而那些并没有开展资源利用和生态旅游活动的保护区没有这部分收入。

9.5.2 融资和资金使用中存在的问题

9.5.2.1 资金来源结构不合理

我国自然保护区的资金来源中财政渠道和社会渠道所占比例过小。在我国林业系统的保护区资金来源中，中央财政占9%，地方财政投资占35%，其余为林业系统投资（18%）、银行贷款（11%）及其他来源（主要是保护区开展经营活动的收入，占26%），公益捐赠仅占1%。我国各级自然保护区的人头费、事业费以及部分补偿费主要由同级别的地方政府提供，只有部分国家级自然保护区能申请到由国家主管部门提供的基础设施建设费用补助及专项经费。当然，中央财政拨款在个别国家级自然保护区已经成为最主要的资金来源，但笔者认为应该从法律上明确中央财政对国家级自然保护区的资金来源承担主要责任，这也符合经济学上“谁受益、谁付费”的原则。例如，东洞庭湖国家级自然保护区，该保护区目前没有固定的中央财政来源，主要依靠申请国家的项目资金，但这些项目并不是每次都能申请到，周期往往只有3~5年，其中唯一固定的资金来源就是每年来自岳阳市的财政拨款。

9.5.2.2　资金规模满足不了实际需求，支出结构不合理

自然保护区的资金支出可以划分为基本建设支出和事业费支出两大块。其中，基本建设支出包括保护工程、科研监测、宣教、基础设施、生态旅游、社区共管、多种经营和其他费用8项；事业费支出包括职工工资和福利、社会保障、季节性临时工和其他办公费用等，目前仍然存在较大缺口。例如，东洞庭湖国家级自然保护区可用资金不到实际需求的50%。目前我国自然保护区的资金使用中，因资金总量过少，虽然有很大比例用于人头费即人员工资和各种福利补贴，但很多保护区管理局以及基层管理站的员工的待遇和福利在当地仍处于较低的水平。由于经费短缺的压力，一方面，保护区过分重视自行创收活动，因而出现重经营轻管理的情形，必然影响到保护目标的实现。另一方面，在资金投入非常有限的背景下，也存在着资金支出结构不合理和使用效率不高的问题，很多保护区在资金安排上先保障员工工资，再安排基础设施建设，接着才考虑日常管理需要，最后再考虑补偿，即资金没有优先用到保护区的核心保护业务。例如，北京的松山国家级自然保护区，每年固定从国家财政部门获批100万元的能力建设经费，但这些投入在很大程度上是用来进行恢复性基础设施建设，保护区科研、监测、管护等保护区最基础的工作资金仍然存在很大缺口。

9.5.2.3　周边社区缺乏补偿和收益共享

国家为了保护生态环境，划分了一定的区域作为自然保护区，而这便导致了自然保护区与周边民众的重重矛盾。保护区周边社区与保护区的冲突根源就是成本效益的不对等，周边居民承担了失去土地、被迫放弃传统生计方式、发展方式受限等损失和机会成本，有的居民还要蒙受保护动物损害房屋、庄稼、牲畜等损失。然而，很多保护区在前期融资计划和后期资金的使用分配上都没有优先考虑周边居民的补偿问题，而且很多保护区的营利创收活动也并没有优先考虑将工作机会给当地居民，没有建立起保护区与周边社区之间的合作共赢机制，严重影响保护区的可持续发展。

9.6 保护区财政资金运用效率提升对策

9.6.1 融资渠道

9.6.1.1 加大中央和地方财政投入力度，明确中央财政在国家级自然保护区管理经费中的主导地位

笔者认为应该从法律上保障中央政府和地方政府将保护区纳入常规财政预算项目。应明确规定由中央政府负担国家级自然保护区的主要经费投入，尤其是对那些需要严格禁止资源开发利用的自然保护区，要加大财政资金投入的比重，并将自然保护区技术与管理人员纳入公务员系列，使国家级自然保护区的经费得到根本保障。对保护区设立和管理中那些承担了一定间接成本和机会成本的周边社区给予经济补偿。关于补偿资金的来源，笔者认为在当前市场环境尚不成熟以及民间组织力量相对薄弱的背景下，短期内还应该保证以政府财政支出为主。从补偿的形式来看，应努力创造“造血式”的发展援助型补偿，将补偿转化为地方生态保护或提升地方发展能力的项目，应该充分发挥社会公益组织和国际保护性NGO组织的技术力量，借鉴它们在社区发展项目中的经验。

9.6.1.2 尽快建立或完善基于保护地产品和服务的市场收费和交易制度

党的十八大已经特别提出要落实资源有偿使用制度。对自然保护区的产品（服务）应当遵循使用者付费的原则，一方面限制使用者的过度拥挤，另一方面也可以通过这一收费向承担间接保护成本和机会成本的群体进行补偿。生态旅游是很多国家保护地融资的一个重要手段，在保护区允许的范围内发展生态旅游，实现自然保护区的可持续发展，增强资源的保值和增值能力。开展生态旅游不仅可以为保护区的建设和管护工作的开展筹集资金，还可以带动周边社区的经济发展，促使环境教育深入人心，有利于自然保护区的发展与完善。生态旅游是促进自然保护区资源保护区与合理利用的最佳结合点，适度开展生态旅游既可以满足人类回归自然、享受自然的需求，也可以缓解自然保护区资金不足的矛盾。这里所说的生态旅游经营收入并不是指简单的门票费用，而且笔者也不建议门票定价过高，主要指的是生态旅游经营者所提供的餐饮、娱乐、交通等商业服务的收费。此外，针对保护区内的生态旅游服务的经营主体，笔者建议效仿美国国家公园的特许经营制度，保护区管理局对经营活动进行监管但不直接参与。生态系统服务付费在我国还处于初级阶段。基于国际上生态服务付费的经验，当资源权属相对明晰、

生态系统服务明确、服务的提供者和受益者相对明确且数量较少、交易成本相对较低时，可开展这方面的试点工作，促成双方签署生态服务买卖的协议。签署协议的双方可以是单个或多个社区团体、私人企业、社会团体，也可是地方政府。例如，WWF 在赤水河流域开展的流域生态系统服务付费的试点项目，由下游酒厂出资购买上游通过改变种植结构和产业模式等进行植被保护和维持良好水质的服务。同时，也应该积极争取国际上交易项目的资金援助，如减缓气候变化的森林碳汇交易项目。此外，对部分保护区内及周边的生态友好产品，可通过生态标签认证等渠道促进贸易，既可以为保护区创收，也可以带动周边社区的可持续发展。如西洞庭湖国家级自然保护区的青山垸已经通过申请有机渔业认证。保护区周围社区的补偿也应该纳入保护区管理总成本，如通过支持社区替代生计的发展来弥补其发展成本和机会成本。

9.6.1.3　充分开发和利用各种社会融资渠道

积极申请生物多样性领域的双边/多边援助项目及国际金融组织优惠贷款项目，积极争取 GEF 等国际保护型基金和国际环保 NGO 资助的保护项目，利用境外资金提升我国自然保护区的能力建设水平；同时积极争取国内具有较强社会责任感的企业、公益性的社团和基金会等团体的国内资金支持。

9.6.1.4　通过治理模式改革更好地利用外部资金，促进保护区成本分担和效益共享

治理模式对保护区保护目标的实现具有关键作用，决定了相关成本效益分担，是预防或解决社会冲突的关键，影响着来自社会、政治和财政上的支持。世界自然保护联盟、世界保护地委员会（WCPA）等国际组织将保护地的治理类型分为四大类：政府治理，联合治理或共同治理，私人治理，土著和当地社区自治。共同治理模式在很多发达国家已有成功实践，少数发展中国家也开始尝试采用。这种模式尽可能兼顾各方权益并充分考虑各方话语权，对我国自然保护区资金机制创新具有很大的借鉴意义。我国近期可以选择条件成熟的保护区进行“政府+社区”（还可能包括生态旅游企业、NGO、科研机构等）联合治理模式的试点，从而将企业资金、社会公益资金引入自然保护领域，形成一个多方治理的共赢模式，从而减轻政府财政负担。此外，政府治理模式中，政府委托第三方治理的模式对我国也有一定的借鉴意义，特别是当前政府从全能政府向服务型政府转变，应该充分调动社会各界人士参与自然保护区管理，去解决自然保护区的资金短缺问题和各利益方权责分配的公平问题。笔者认为在一些面积较小、级别较低的小型自然保护区。例如，县级自然保护区可以进行这一模式的试点。

9.6.2 资金使用和分配

9.6.2.1 健全保护区财务管理制度，合理使用和分配资金

要从立法上明确自然保护区的财务管理制度，每年的预算计划要报上级主管部门审批并严格执行，在保障保护区工作人员基本薪酬福利的前提下，要将剩余资金包括经营收入优先用于核心保护业务的投资和周边社区的生态补偿上，禁止将保护工作资金挪用到保护区内非保护需求的基础设施建设和其他非核心保护业务领域。

9.6.2.2 建立规范科学的单位内控体系

单位的内控体系建设和实施水平体现了本单位的综合管理能力和管理水平。按照国家相关制度的要求，结合自然保护区自身经营管理发展的需要，对现有的各项制度、规定、流程等进行梳理，认真做好对本单位各项制度的“废、改、立”工作。通过对各项资金管理、资产管理过程中可能存在的问题，梳理各类经济活动的业务办理流程；按照业务活动过程中的决策、执行程序，明确业务环节，以便对其合规性、效益性实施监督；系统分析经济活动的关键节点，找出并确定活动过程中的风险点；针对风险点选择适当的风险应对策略；对照国家法规、财政部相关内部控制评价指标体系、本单位内控指标的差异性，建立健全各项内部制度；在单位日常业务活动过程中，督促本单位全体工作人员认真执行各项内控制度；每年对内控体系及相关制度进行分析评价，进行不断的修改和完善。

9.6.2.3 加强保护区资金的监管和信息公开

要加强资金的监管包括上级主管部门的行政监管和社会的舆论监督，保护区每年的预算计划和年终财务报告都要向社会公开，针对社区的补偿性资金也要向居民公开补偿依据和标准。

9.6.2.4 建立保护区与周边社区收益共享机制

构建保护区与周边社区的共同治理模式，赋予当地居民优先的资源开采利用、生态旅游经营活动等权利或者使其享有一定的收益权，实现保护区与社区的合作共赢式发展。

第三篇　路径篇

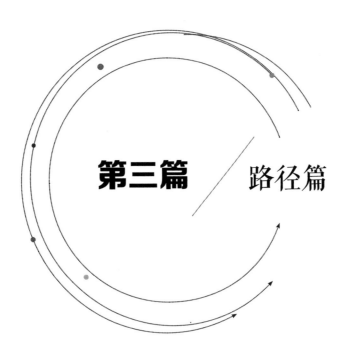

10 玉溪市自然保护区与周边社区协同发展的整体思路

10.1 探寻保护区毗邻社区农户生计转型之路

自然保护区是我国重要的生态安全屏障，生态系统既丰富又脆弱，发挥着不可替代的生态功能。因此千方百计推动毗邻社区农业增效益、农村增活力、农民增收入，培育新的经济增长点，生态、生产、生活“三生”融合发展、协调互促，对推动自然保护区高质量发展具有重要意义。

10.1.1 多措并举提升保护区生态系统健康

健康的保护区生态系统是维持保护区社会经济发展的基础。需积极推动现有林地植被修复与重建技术的推广应用，同时加强新技术研发，尤其侧重乡土草本植物新品种和人工林地新品种选育。创新林地生态修复技术可持续管理协同模式，如林光互补、放牧配额管理，集成多林种、多技术、多模式等形成“牲畜—植被—土壤”综合管理方案，推动林地生态系统健康发展。引导鼓励人工智能、大数据、物联网、地理信息系统等现代技术在林地生态系统修复和维护中的应用。支持周边社区农户建立一批智慧牧场，采用信息化、数字化、智能化手段实现更为精准的放牧管理，推动传统放牧管理转型升级，为林地生态保护与可持续利用探索开辟了新的路径。

10.1.2 因地制宜推动毗邻社区能源绿色低碳转型

推动传统能源向清洁能源转型是实现减污降碳协同增效的关键。牛羊粪便、薪柴、煤炭等是农户家庭常用的传统能源，其大量使用对林地生态、大气环境和农户健康都会产生负面影响。转变能源消费模式，加快推进社区能源转型。云贵高原地区清洁能源潜力丰富，据估算，云贵高原太阳能和风能发电潜力巨大，为社区能源低碳转型奠定了良好基础。云贵高原积极推动清洁能源的开发利用，实施“零碳”光伏供暖试点项目，通过“光伏+储能”的模式为当地社区解决了冬季供暖问题，极大改善了人居环境，有力增进居民生态福祉。未来，持续打造毗邻社区家庭能源发展新模式，实现清洁能源产业壮大、生态系统健康向好和生活改善的多赢局面，也可为其他地区推动农业农村绿色发展提供可借鉴的经验。

10.1.3 拓展思路塑造产业发展新动能

要推动乡村产业提质增效，做好“土特产”文章，培育新产业新业态，完善联农带农机制，促进农民增收。打造高原特色“土特产”，应加强农牧业遗传资源搜集，加快推进高原牛、黑山羊等特有品种的种业振兴行动，挖掘既能提高生产力又能提高品质的关键因素，积极培育适应消费需求的新品种，为“土特产”提质增效打好基础。同时，加快推动生态畜牧业高质量发展，结合大数据、人工智能等现代技术，建立生产、加工、运输、销售一体化全过程监管追溯系统，确保产品生产的绿色、安全、高质，提升高原畜产品附加值，擦亮有机绿色品牌。

10.2 增加财政资金投入，强化生态管护

林草兴则生态兴，生态兴则文明兴。党的二十大报告提出，提升生态系统多样性、稳定性、持续性，以国家重点生态功能区、生态保护红线、自然保护地为重点，加快实施重要生态系统保护和修复重要工程。财政需联合林草部门全力开展生态保护修复攻坚行动，下达中央林业草原专项转移支付资金，全面推进国土绿化，加大自然保护地投入，全面停止天然林商业性采伐，精准开展森林可持续性、科学化和精细化经营。

10.2.1 进一步规范中央财政专项资金管理

财政资金对巩固林业草原生态保护成果，进一步促进林业草原生态保护精细化、可持续化具有非常重要的影响。2024 年，财政部、国家林草局联合印发《林业草原改革发展资金管理办法》和《林业草原生态保护恢复资金管理办法》。两项资金管理办法的出台，旨在进一步规范中央财政林业草原改革发展资金和生态保护恢复资金管理。两项资金对当前林业草原生态保护中的关键问题、具体领域作

出了详细的说明，对资金的使用方向、用途以及实现的目标都有要求，有助于保障相关资金真正起到效果、落到实处。

《林业草原改革发展资金管理办法》明确，林业草原改革发展资金采取因素法和项目法相结合的方法分配。采取因素法分配的由国家林草局会同财政部根据实际需要适当调整。对相关改革或试点，以及计划单列市、新疆生产建设兵团、大兴安岭林业集团公司等可以定额补助。采取项目法分配的由财政部、国家林草局通过评审方式择优确定具体项目。《林业草原生态保护恢复资金管理办法》明确，林业草原生态保护恢复资金由财政部、国家林草局共同管理。地方财政部门负责本地区林业草原生态保护恢复资金的预算分解下达、组织预算执行、资金使用管理和监督以及预算绩效管理工作等。

10.2.2 进一步强化中央财政专项资金用途

第一，林业草原改革发展资金是指中央预算安排的用于国土绿化、林业草原支撑保障体系等方面的共同财政事权转移支付资金。林业草原改革发展资金主要用途包括：国土绿化支出用于退耕还林还草、油茶发展以及其他国土绿化等；林业草原支撑保障体系支出用于森林草原防火、有害生物防治、生产救灾等林业草原防灾减灾，全国性森林、草原、湿地、荒漠综合监测（普查），以及林木良种培育和草种繁育、林业草原科技推广等。

林业草原改革发展资金的主要用途为：国土绿化支出用于退耕还林还草、油茶发展以及其他国土绿化等。其中，退耕还林还草补助用于新一轮退耕还林还草、新一轮退耕还林还草延长期、上一轮政策到期退耕还生态林抚育；油茶发展补助用于油茶营造和油茶产业发展示范；其他国土绿化补助用于“三北”地区以外的森林质量提升、造林（含核桃、油橄榄、仁用杏、榛子、油用牡丹、文冠果等除油茶外的木本油料营造）、草原生态修复治理、防沙治沙等。林业草原支撑保障体系支出用于森林草原防火、有害生物防治、生产救灾等林业草原防灾减灾，全国性森林、草原、湿地、荒漠综合监测（普查），以及林木良种培育和草种繁育、林业草原科技推广等。

第二，林业草原生态保护恢复资金是指中央预算安排的用于国家公园、其他自然保护地和野生动植物保护、森林生态保护修复补偿、生态护林员等方面的共同财政事权转移支付资金。

林业草原生态保护恢复资金的主要用途为：国家公园支出用于国家公园生态系统保护恢复、创建和运行管理、协调发展、保护科研和科普宣教、国际合作和社会参与；其他自然保护地和野生动植物保护支出用于国家级自然保护区、国家重要湿地（含国际重要湿地）的生态保护补偿与修复等。

10.2.3 进一步提高中央财政专项资金使用效率

在林业草原生态保护恢复资金管理和林业草原改革发展资金管理上，两项资金管理办法均提到建立“预算编制有目标、预算执行有监控、预算完成有评价、评价结果有反馈、反馈结果有应用”的全过程预算绩效管理机制。

积极的财政政策要提质增效，提质增效就要把绩效管理落实到制度建设层面。全过程预算绩效管理是一个环环相扣的过程，从绩效目标设定到评价结果，确保资金依规有效使用。通过全过程预算绩效管理，可以让资金真正落到促进绿色发展上，确保绩效目标聚焦林业草原生态保护方面，避免资金浪费。同时，全过程绩效管理可以确保资金的使用效率。全过程绩效管理讲求绩效，讲求资金的投入产出比，可以起到激励和约束的作用，不仅能提升政府的公信力和执行力，还可以把以人民为中心的发展思想落到实处，让人民群众真正享受到发展的成果。

10.3 联合林草、公安、环保等部门，加强综合执法力度

自然保护地是生态文明建设的核心载体，是维护生态安全的重要组成部分。加强自然保护地的监督管理是深入贯彻落实习近平生态文明思想和各级关于生态文明建设决策部署的重点工作，要系统推进自然保护地开发利用、环境服务功能、污染治理、生态保护等工作，通过建立健全自然保护地生态环境保护综合执法工作机制，加强信息共享，强化部门协作，坚决制止和惩处破坏生态环境行为，确保生态安全。

10.3.1 建立健全联合执法长效治理机制

根据《中华人民共和国环境保护法》《中华人民共和国自然保护区条例》《自然保护地生态环境监管工作暂行办法》，及时制定印发《玉溪市自然保护地执法检查工作制度》《玉溪市自然保护地专项执法检查工作方案》，进一步明确执法检查工作目标任务，重点在自然保护地内非法开矿、修路、筑坝、建设等造成生态破坏和违法排放污染物的环境违法等领域开展专项执法整治行动，建立健全长效治理机制，玉溪市自然保护地执法检查专项整治工作取得显著成效。

持续加强自然保护地生态环保综合执法监管力度，完善自然保护地联合执法体系。由林草局牵头，联合公安、自然资源、环保、农牧、工信、能源、文化旅

游等单位深入自然保护地开展联合执法行动。

10.3.2 认真落实自然保护地生态环境保护综合执法职责

依法查处自然保护地内违法开矿、修路、筑坝、建设造成破坏生态环境的违法行为，充分利用卫星遥感监测、无人机等非现场执法手段提升发现问题的能力，推动自然保护地生态环境保护执法取得实效。联合自然资源、林业、公安等相关部门建立自然保护地生态环境保护综合执法联动工作机制，加强执法事项衔接，构建分工合作、科学高效、保障有力的自然保护地生态环境保护综合执法新格局。

10.3.3 做好自然保护地生态环境监管工作

联合执法组各成员单位结合部门职责，制定具体措施，深入开展各类生态环境问题排查整治工作。重点针对在自然保护地非法开垦、放牧、捕鱼、取水、开采、污染环境等违规违法活动进行全面细致排查，对发现存在和潜伏的生态风险隐患，各部门按照职责管辖及时记录并制定具体整改措施，逐一建立问题整改和销号台账，切实形成打防管控一体管理机制。

继续做好辖区内各级各类自然保护地生态环境监管工作，严格按照《自然保护地生态环境监管工作暂行办法》《中华人民共和国自然保护区条例》等相关法律法规规定，严肃查处自然保护地内非法开矿、修路、筑坝、建设等造成生态破坏和违法排放污染物的环境违法违规行为，确保生态环境安全。

11　玉溪市自然保护区周边社区发展绿色工业企业

绿色是高质量发展的底色。玉溪市认真贯彻落实党中央决策部署和省委、省政府工作要求，锚定“3815”战略发展目标，大抓绿色发展，推动经济向质量更高、效益更好、韧劲更足迈进，加快美丽玉溪建设。促进清洁生产，推进工业固废源头减量。通过引导和推进重点行业企业的余热余压及尾气综合利用，全市在产的钢铁和水泥企业均实施余热余压利用工程。玉溪高新区已入列国家级绿色园区、云南绿色低碳示范产业园区和省级绿美园区；累计9户企业入列国家级绿色工厂、8户企业入列省级绿色工厂；1户企业27个产品获绿色建材产品认证。

11.1　玉溪市大化产业园区玉昆钢铁项目

11.1.1　项目简介

打造云南绿色钢城，是贯彻落实省委、省政府决策部署的具体行动，是玉溪建成滇中崛起增长极的强有力支撑。坐落于峨山县化念片区的云南玉溪玉昆钢铁集团有限公司产能置换升级改造项目（以下简称玉昆项目）是“云南绿色钢城”的重要组成部分。

玉昆钢铁集团“云南绿色钢城”暨转型升级产能置换项目位于峨山县化念镇，是玉溪打造“绿色能源牌”的重点项目，也是玉溪钢铁产业整体转型升级的龙头项目。该项目被列为省级“四个一百”重点建设项目和玉溪市产业转型升级“一号工程”，规划投资212亿元，占地总面积为12000亩，将建设2座1200立方米高炉、2座1250立方米高炉、3座100吨转炉、1座120吨转炉。建成后将实现年产铁水456万吨、粗钢515万吨，年产钢材超500万吨，年产值360亿元、税收近

10 亿元，新增就业岗位约 3000 个，带动上下游产业 2 万余人就业。2023 年，该项目计划新增就业 1700 人，建成后将成为我国西南地区最大、行业技术水平国内领先的民营钢铁企业。

峨山县筹资支付 16.12 亿元，投入玉昆项目建设。新开工 7 个化念新区基础设施建设项目，投资概算 10.66 亿元，包括化念镇小兔山土地一级开发项目、玉磨铁路峨山站与化念站站前广场配套基础设施建设项目、化念火车站公路连接线工程、玉元高速化念收费站改造工程、玉溪市大化产业园区化念片区供水工程、玉溪大化产业园区化念片区集中式污水治理设施建设项目。

新开工 6 个化念新区产业发展项目，投资概算 7 亿元，分别为：化念镇凤凰谷商务中心建设项目、化念镇柚木小区建设项目、化念物流园一期（综合服务中心）建设项目、云南玉昆新型材料有限公司年产 95 万立方米商品混凝土建设项目、希柚酒店项目、云南绿色钢城能源供应项目。

11.1.2 吸纳就业情况

云南玉溪玉昆钢铁集团有限公司（以下简称玉昆钢铁集团）深入贯彻落实党中央、国务院关于稳就业工作的决策部署，积极践行民企责任担当，积极响应当地政府和人社部门号召，充分发挥民营企业吸纳就业的主渠道作用，尽最大努力就近就地招聘玉溪市内劳动者就业。目前，玉昆钢铁集团钢铁板块共吸纳 7700 名劳动者就业，玉溪市本地劳动力 6198 人，占比达 80.5%。近年来，玉昆钢铁集团共吸纳劳动力就业 286 人次，在帮助低收入人员脱贫致富，解决劳动力就业问题方面发挥了积极作用。

为进一步提升人才吸纳工作的精准性和实效性，玉昆钢铁集团在积极吸纳玉溪本地农村劳动力和城镇失业人员就近就地就业的同时，积极主动招聘高校毕业生和职业院校毕业生。先后到玉溪师范学院、玉溪技师学院、玉溪农业职业技术学院、江川职中、峨山职中、元江职中、云南机电职业技术学院、昆明工业职业技术学院、昆明冶金高等专科学校、楚雄技师学院、攀枝花学院等院校举办招聘活动。先后招聘 173 名冶金相关专业大学生组建“青干班”，送省内外培训；招聘 160 名机电专业大学生组建“精英班”，培训技术操作队伍。

在市、县人社部门的大力支持和政策扶持下，玉昆钢铁集团先后组织 3189 名在职员工参加了各类技能培训；加强校企合作，探索产教融合新路子，与云南省内 8 所院校签订校企合作协议，与峨山职中、昆明工业职业技术学院、玉溪技师学院共建“玉昆钢铁”定向班 300 人，与红河学院、玉溪师范学院、昆明理工大学等开展课题合作；与玉溪农业职业技术学院、峨山职中共同开展“现代学徒制”人才培养。

企业推行“一岗多能”，提升员工综合素质与技能；评选月度、季度、年度“岗位标杆员工”，实行岗位行为标杆导向的荣誉和奖金激励；以技能等级鉴定为标准，对技工技能等级晋升实行工资标准调整激励；强化基层班组建设，抓实岗位“三规两制”，改变岗位操作习惯、优化操作习惯、规范操作行为。通过创造各种条件激励与凝聚员工，促使优秀人才发挥更大价值。

11.1.3 促进毗邻社区农户生计转型的可能性

第一，峨山县抓住玉昆钢铁产能置换升级改造项目建设的机遇，大抓项目、抓大项目，着力推进钢铁产业转型升级、基础配套和化念新区规划建设等项目建设，以项目建设夯实产业基础，做强民营经济，推动第二产业与第一产业、第三产业联动发展，奋力谱写以项目带动振兴产业、振兴乡村促和谐的奋进之歌。

第二，随着玉昆项目的有序推进，各种资源要素不断向化念片区集聚。化念火车站公路连接线、化念收费站改扩建、大化园区供水工程等配套基础设施已经建成。化念新区（核心区）、化念综合物流园、配套基础设施3个板块的项目建设正加速推进。化念镇紧紧抓住玉昆重点项目建设机遇，乘势而上，发挥重大项目的支撑引领作用，紧盯一二三产业有机衔接、融合发展和市场主体培育等重点，加快打造产城人融合发展新区，使重大项目建设成为带动化念镇经济社会高质量发展的重要引擎。

第三，为配合玉昆项目搬迁安置，实现整村迁移，生活其乐融融。走进化念社区的柚木小区，一栋栋白墙青瓦楼房，整齐的巷道、完善的设施、独具特色的建筑风貌、干净整洁的村庄环境，彰显着美丽宜居乡村的风貌。

第四，玉昆项目村庄搬迁安置点按照“一个园区、一座新城”理念，规划建设居民住房396栋，满足了玉昆项目建设征地范围内8个村组搬迁群众的安置需要，使原来8个分散村组形成了一个由汉族、彝族、哈尼族等民族组成的柚木小区。各族群众因项目需要而搬迁到这里，在各民族交融、交流、交往中构筑起了和谐发展的“同心圆”。

第五，化念镇把民族团结进步创建工作融入全镇经济社会发展大局中，依托大化片区产业集群项目建设，积极为群众提供就业平台，全面激活乡村振兴活力，促进全镇民族关系更加和谐。重大项目的落地建设，带动了区域内人流、物流和商贸流通，催生了新业态、新商业模式的崛起，促进了全镇餐饮、运输、商贸、信息、休闲服务等行业的蓬勃发展。

11.2 玉溪高新区塑造新优势

按照中共中央、国务院和省委、省政府对高新技术产业开发区的发展部署，云南省科技厅切实履行高新区主管部门职责，将高新区作为科技创新的主要阵地，以创新为动力、以改革促发展，促进形成了云南省“3+4”的高新区发展格局，即昆明、玉溪、楚雄3个国家高新区，曲靖、文山、临沧、金山4个省级高新区。目前，云南省高新区初步形成了传统优势产业蓬勃发展，新兴支柱产业协同共进的现代产业格局，创新资源有效集聚，创新主体持续壮大，新兴产业加快发展，营商环境持续优化，对外开放日益深化。

其中玉溪国家高新技术产业开发区（以下简称玉溪高新区），这个距南亚、东南亚国家和地区最近的国家级高新技术产业开发区，卷烟及配套、生物医药、新能源电池三大主导产业集聚发展，绿色食品、数字经济两个配套产业协调发展，焕发传统产业新活力，塑造新兴产业新优势。

11.2.1 持续加快培育新质生产力

玉溪高新区聚焦招商引项目、项目强产业、创新促发展，全力打造最优营商环境、用心培育市场主体、着力做大经济体量。2023年，园区完成营业收入1220亿元，增长8.5%；完成规模以上工业产值820.86亿元，增长4.3%。完成固定资产投资38.04亿元，其中产业投资30.6亿元，占总投资的80.4%，比2022年提高6.4个百分点，持续为加快培育新质生产力积蓄澎湃动能。

凭借资源禀赋、产业基础、创新能力，玉溪高新区紧扣省委“3815”战略发展目标与市委工业强市核心任务，正加快从“烟时代”走向“烟+疫苗+锂”时代。在玉溪高新区实际管辖的22.21平方千米园区内，南片区重点发展生物医药及大健康产业、卷烟及配套产业，九龙片重点发展绿色食品、卷烟配套、生物医药和数字经济产业，龙泉片重点发展新能源电池及新材料产业，筑起产业集聚发展铁三角。

11.2.2 生物医药产业突破成势谱写新篇

玉溪高新区集聚玉溪沃森、九洲生物、泽润生物、嘉和生物等一批行业龙头，获批“云南省生物医药先进制造产业集群”，2023年实现工业总产值131亿元。泽润生物新型二价宫颈癌疫苗、嘉和生物英夫利西单抗，九洲生物马破伤风免疫球蛋白等品种先后获批上市，马抗蝮蛇毒免疫球蛋白等项目进入临床试验阶段。

11.2.3 卷烟及配套产业再造升级成效明显

依托红塔集团、中烟种子、红创包装等一批骨干企业，2023 年实现工业总产值 611 亿元。坚持龙头引领转型升级，配合行业主管部门推进烟厂与配套企业战略重组，推进“大市场、大企业、大品牌”，提高全产业链发展水平。坚持“依托烟草走出烟草”，支持卷烟配套企业“二次创业”，延伸发展包装彩印、香精香料、卷烟辅料等领域，转型发展激光防伪、BOPP 薄膜、日化香精香料等新赛道。红创包装等区内成立时间最早的一批卷烟配套企业，已成功跻身西南地区奶盒供应商第一梯队。

11.2.4 新能源电池产业从无到有异军突起

玉溪高新区牵头玉溪市新能源电池全产业链专班工作，着力构建“资源—材料—电芯—电池—应用—回收利用”全产业链体系，园区新能源电池产业先后获评“云南省成长型制造业集群”“云南省第三批新型工业化产业示范基地”。云南烨阳生产的首批磷酸铁锂正极材料成功发货，云南坤天负极材料生产项目一期已于 2023 年 4 月纳规，当年实现产值 4.3 亿元，所有项目建成达产后预计将释放 480 亿元产值。

11.2.5 企业梯度培育成效明显

分类实施“专精特新”企业、高新技术企业、科技型中小企业专项培育计划。针对园区重点企业、培育库内企业，开展“一对一”跟踪服务，摸清企业经营状况和诉求，深挖企业发展潜力，集中资源和服务力量支持企业。园区拥有创新创业特色载体 11 个；拥有高新技术企业 66 户，约占全市的 1/3；各级科技型中小企业 205 户，省级专精特新中小企业 18 户，国家级“专精特新”“小巨人”企业 4 户。其中，2023 年申报认定高企 16 户，新增国家级科技型中小企业 22 户、省级中小企业 34 户。

11.2.6 企业创新主体地位显著

先后出台《玉溪高新技术产业开发区促进重点产业高质量发展的扶持政策（试行）》等重磅政策，对企业建设各类科技创新平台予以一次性资金扶持。2023 年，猫哆哩云南省特色林果应用技术重点实验室正式获批，南宝生物、联塑科技成功认定为省级企业技术中心。园区拥有各类院士（专家）工作站 7 个、市级以上工程技术研究中心 19 家、市级以上企业技术中心 33 家（省级 20 家、国家级 1 家)，中国科协海智计划工作基地在园区挂牌成立。

11.2.7 科技创新投入稳定增长

2023 年，园区规上工业企业投入研发费用达 12.6 亿元、同比增长 12.8%，规上工业企业研发活动率达 63%以上。园区成立玉溪高新区支持玉溪沃森生物发展专班，连续三年给予玉溪沃森生物 2000 万元科技研发扶持。根据云南省科技厅与玉溪市政府科技创新工作会商内容，成立玉溪高新区科技创新联合专项资金，围绕生物医药、新能源电池、绿色食品等重点领域确定 14 个重点支持方向，九洲生物、猫哆哩集团等 7 个项目通过专家评审，将获得联合专项资金支持。

11.2.8 落地服务一步到位

玉溪市“一把手”带头精准招商，主要领导多次率队赴北京、长沙、泉州等地招商引资。2023 年，招商引资到位市外资金 21.37 亿元，到位外资 500 万美元，占全市到位外资的 39.3%。浙江星链、红云制药、五凌电力等 13 个重点项目实现签约。

以商招商拓展“朋友圈”。充分发挥本土优质企业恩捷、沃森、红塔等企业的链主优势，深入研究“链主”及下游关联企业，分层分类梳理“以商招商”重点招引目标企业。新能源电池产业成功招引亿纬锂能、华友钴业、山东丰元、河北坤天、云南烨阳等龙头企业与“隐形冠军”企业，生物医药产业先后引进红云制药金银花露等项目，卷烟及配套产业先后引进云南宇芳塑料制品制造、云南扩林包装等项目。

11.2.9 构建一体化全流程服务

玉溪市全面推进“一颗印章管审批”和“一对一”精准服务。实行重大项目派单制，形成《项目落地任务清单》，打通项目落地“最后一公里”。深化行政审批帮办代办制，采取一个项目一个服务专班，全程为落地项目开展帮办代办，加快项目审批速度。加多宝项目从洽谈、签约、投资建设到试生产仅用时 7 个月，五凌电力项目从签订土地出让合同至施工许可核发审批时限压缩到 8 个工作日，成为全市首个标准地出让暨“交地即交证、交地即开工”项目，打造了“高新服务”名片。

11.2.10 坚持创新驱动

步入新赛道，瞄准新目标，玉溪高新区将力争做全市产业发展的主攻手、力争做全市园区经济的排头兵、力争做全市高质量发展的先行区、力争做全市营商环境的示范区。坚持创新引领，充分发挥基础优势，着力发展实体经济。聚焦园区三大主导产业，持续招大引强，切实抓好项目推进，推动各类资源要素向产业集聚。夯实园区发展基础，优化园区营商环境，不断增强服务意识，统筹园区协调发展。以新技术培育新产业、以新产业引领新动能，加快形成新质生产力，壮大发展新动能新优势。

12　玉溪市自然保护区毗邻社区发展绿色农业企业

自“十四五”以来，我国进入新发展阶段，将乡村振兴战略有序落到实处，就要以全面振兴为目标，以产业兴旺为关键，把加快发展乡村产业作为实施乡村振兴战略的首要任务。农业是国民经济的基础，农业企业是农业产业化经营的重要组织形式。作为在基础性行业生存和发展的农业企业，是发挥农业基础性支撑功能的有效载体；作为农产品的生产者或流通载体，农业企业扮演着“维稳者”的角色；作为农业产业化的主要运营者，是国家农村经济政策贯彻实施的工具。作为新型农业经营主体的重要组成部分，农业企业是积极推动农户与现代农业有机衔接的有效主体，是推动乡村产业振兴的重要载体，是实现农业农村现代化不可或缺的带动力量。农业企业是农业产业化的引领者，欠发达地区持续培育和壮大农业企业，充分发挥农业企业的规模化、标准化等优势，更有利于提高农民的组织化程度，优化农业产业化经营格局，不断提升农业现代化程度，助力巩固拓展脱贫攻坚成果同乡村振兴有效衔接，加快欠发达地区农业农村现代化步伐推动农业农村经济持续健康发展具有重要意义。

12.1　绿色农业企业的内涵

农业企业是指通过种植、养殖、采集、渔猎等生产经营而取得产品的盈利性经济组织。狭义农业企业仅指种植业，或指从事作物栽培的企业。广义农业企业包括从事农作物栽培业、林业、畜牧业、渔业和副业等生产经营活动的企业。

绿色农业企业是指充分运用先进科学技术、先进工业装备和先进管理理念，以促进农产品安全、生态安全、资源安全和提高农业综合经济效益的协调统一为目标，以倡导农产品标准化为手段，推动人类社会和经济全面、协调、可持续发展的农业企业。

作为营利性的经济组织，为其生存和发展，农业企业也以盈利为主要目标，就此而言农业企业与其他类型的企业无本质差异。但是，由于国内的农业企业大多发迹于农业、成长于农村，其生产经营对象主要是农产品，企业的生存环境、制度设计、运作方式等不无打上村庄文化、农业产业和农产品等的烙印。显然，受农业产业、行业以及农产品特性等方面的影响，农业企业的运行明显具有一些有别于其他类型企业的行为特征。

第一，由传统农业逐渐向现代农业转化。农业经济由自然经济发展到商品经济，实现管理对象的商品化。

第二，作为大多数生产经营主体的家庭农场的农场主逐渐成为企业的管理经营者。家庭农场成为名副其实的高度商品化的企业，实现生产经营主体的企业化。

第三，农业生产的专业化。从宏观上讲，农业作为一个产业部门，在全国范围内形成地区专业化；由于农业生产经营的集中化、商品化，扩大了农前、农中、农后各产业部门和各类农场的分工，从而促进了部门专业化和农场专业化。从微观来看，农业部门和农场专业化的发展，又把一种产品的不同部分或不同工艺阶段都分成了专项生产，推动了农业生产工艺专业化。随着农业生产力的发展，社会分工越来越细，农业生产的商品化、专业化和社会化程度不断提高，农业同相关产业部门相互结合，彼此依存日益密切，从而出现了供产销或农工商等农业经营的一体化。

玉溪市把培育和壮大农业市场主体作为重要抓手，以此推动现代农业发展突破，农业企业发展态势良好。截至 2022 年，全市实有农业市场主体 8759 户，较 2021 年净增 2870 户，同比增长 84.04%，增幅排全省第一位，有力引领了现代农业发展。截至 2022 年，培育各级农业龙头企业 289 户，其中国家级 8 户，占全省 58 户的 12%，排全省第二位，较 2021 年底净增 43 户；截至 2022 年底，玉溪实有农业企业 6277 户，较 2021 年底净增 2862 户；在此基础上，截至 2023 年 10 月，全市已拥有农业企业 7780 户，较 2022 年净增 1495 户，增长 22.31%，提前超额完成省下达的 2025 年培育目标任务。

12.2 玉溪市实施“万企兴万村”行动

玉溪市充分发挥民营企业特殊优势资源作用，通过实施“万企帮万村”“万企兴万村”行动，不断培养乡村振兴特色产业，带动农村地区增收致富，不断夯实民族地区乡村振兴基础。自玉溪市“万企兴万村”行动自启动以来，吸引广大民营企业积极参与，得到社会各界的广泛支持，组织引导民营企业通过“以产业促发展、以就业促增收、以消费促融合、以规划促宜居、以文化促新风、以公益促和谐”等主要形式对口帮扶以脱贫村为主的乡村，各成员单位群策群力，在巩固“万企帮万村”成果基础上，助力乡村振兴，推动“万企兴万村”工作向纵深发展。

在产业帮扶方面，2022 年玉溪市有 597 个农业企业、农民专业合作社等农业经营主体参与产业帮扶，带动有产业发展条件的脱贫户 18846 户 68402 人，实现主体带动全覆盖。参与行动并录入台账系统的民营企业 80 户，共结对 96 个村，实施项目 114 个；120 户企业参与消费帮扶，销售金额 1929.4 万元，57 户企业参与采购，购买金额为 1443.72 万元。2022 年，实施中央和省级财政衔接资金产业项目 226 个，投入中央和省级财政衔接资金为 22584.87 万元，占中央和省财政衔接资金 38696.5 万元的 58.36%，比 2021 年的 56.51%增长 1.85 个百分点。

在金融支持方面，2022 年新增脱贫人口小额信贷 12003.38 万元，比 2021 年增加 4251.53 万元，脱贫人口小额信贷余额达 38027.02 万元。中国农业发展银行、中国农业银行、农村信用社积极支持农业龙头企业，进一步加大支农支小力度，加大对农业新型主体的建档授信。

在发展特色产业方面，2022 年，全市各级农业龙头企业带动市内外农户 995231 户，有力助推乡村特色产业发展。

在强化技能培训方面，2022 年，培训高素质农民 32 期 1835 人；完成产业工人技能提升培训 5 期 481 人；城乡统筹转户培训 3 期 290 人；组织统计冬春农民大培训 3.3 万人次；全市开展农村实用技术培训 674 期 41467 人次，组织在职人员培训 277 期 6583 人次。高素质农民培训人数在全省前三名。为培育农业经营主体、发展壮大农业企业提供坚实人才支撑。

在做好跟踪管理方面，2022 年 5 月，组织县区工商联、市属商会、相关企业参加“万企兴万村”行动台账管理培训，正式启用“万企兴万村”行动台账管理系统。参与行动并录入台账系统的民营企业 95 户，共结对 121 个村，实施项目 143 个，项目涉及种植、公共设施修建、慰问老人、文化、教育等，其中投资经营类项目总投资为 64204.73 万元，实际到位资金为 60099.73 万元；公益捐赠类项目捐款捐物总额为 6486.22 万元。

12.3 玉溪市“万企兴万村”典型案例

玉溪市华宁县紧扣“万企兴万村”行动目标，各成员单位密切配合、同向发力，组织引导民营企业通过“以产业促发展、以就业促增收、以消费促融合、以规划促宜居、以文化促新风、以公益促和谐”等参与形式，推动“万企兴万村”工作走深走实，全方位助力全县乡村振兴。

12.3.1 加强领导，整合力量促聚合

成立由县工商联主席为组长，县工商联、县农业农村局、县乡村振兴局、县农村商业银行、农行华宁支行等部门为成员的领导小组，研究制定工作实施方案。强化领导小组成员单位之间的信息互通、工作配合。组织召开“万企兴万村”行动领导小组会议、“万企兴万村”行动工作推进会，明确工作目标和任务，厘清工作思路，号召广大民营企业以高度的政治责任感和社会责任感积极投身“万企兴万村”行动，形成助力乡村振兴强大聚合力。

12.3.2 抓实工作，聚焦产业强基础

按照乡村振兴战略20字方针，紧紧围绕“产业发展、品牌建设、经营主体培育、技能培训”等方面开展工作，不断夯实“万企兴万村”行动基础。一是加大产业帮扶力度。依托资源优势和产业基础，加快推进“一县一业”“一村一品”建设，蔬菜、花卉、水果、中药材、畜禽等优势重点产业量效齐增。自2022年以来，争取中央、省级产业项目67个，投入中央和省级财政资金5977.22万元助力乡村产业发展。二是加大农业经营主体培育。通过经营主体联农带农，进一步增强了群众产业抗风险能力和发展潜力。自2022年以来，全县实有农业企业483户；全县注册登记农民合作社共346个；培育农业龙头企业36户（其中，省级5户，市级19户，县级12户）。三是加大农村劳动力转移就业力度。出台《华宁县关于建立健全扶志扶智长效机制实现培训就业全覆盖实施方案》，促进脱贫人口提升发展能力和就业技能，帮助转移就业劳动力实现稳岗增收。实现脱贫劳动力转移就业4844人；认定就业帮扶车间4个，吸纳就业人数约49人。四是积极帮助企业培训工人，提高员工素质，引导支持企业不断培养技术人才。自2022年以来，帮助2户企业的4名员工取得农业技术员、助理农艺师，促进企业提高科技研发能力，增加市场竞争力，提升企业助力乡村振兴的能力。

12.3.3 “双绑”帮扶，联结发展强带动

引导推动农业企业、农民专业合作社等经营主体发挥社会责任，建立起“双绑”利益联结机制，强化发展带动能力。自 2022 年以来，全县有 10 个农业企业、10 个农民专业合作社经营主体参与产业帮扶，带动有产业发展条件的脱贫户 2549 户 8947 人，实现联结发展主体带动全覆盖。

12.3.4 金融发力，聚焦弱项促发展

针对脱贫人口资金短缺问题，自 2022 年以来，新增脱贫人口小额信贷 5322 万元，贷余额达 4613 万元，有效解决脱贫人口产业发展资金困难问题。投放易地搬迁后续扶持贷款 4174 万元，农林牧渔业贷款发放 34.1747 亿元；新型农业经营主体贷款发放 6.9704 亿元。农业及相关产业贷款余额 14 亿元，乡村产业贷款余额 7.15 亿元。推广“乡村振兴安居贷”，累计发放个人安居贷 1228 户，2.57 亿元，累计发放 1.02 亿元支持 7 户农业龙头企业发展，有效支持了特色产业和民营经济发展，夯实乡村振兴发展基础。

12.3.5 凸显特色，聚焦产业促增收

2022 年，全县各级农业龙头企业带动市内外农户 26100 户，有力助推乡村特色产业发展增收。全县蔬菜种植 21.06 万亩，实现产值 12.6 亿元；花卉种植 0.34 万亩，产值 1.19 亿元；水果（柑橘）种植 14.03 万亩，产值 13.63 亿元；中药材种植 0.67 万亩，产值 1.3 亿元；全年生猪存栏 9.19 万头，肉猪出栏 12.68 万头，畜牧产值 9.19 亿元；水产养殖 0.42 万亩，产值 0.48 亿元，通过产业带动，有效促进了农民增收。

12.3.6 重视科技，强化培训帮“造血”

聚焦柑桔产业发展，邀请柑桔种植专家为村（社区）桔农进行柑桔种植、管理、销售等培训，县农业农村局、县就业局、县总工会充分利用各类平台资源开展高素质农民、产业工人、实用技术等培训，提高农民素质，为培育农业经营主体培养后备人才、培育产业工人向企业提供熟练工人。2022 年，培训高素质农民 3 期 155 人；完成产业工人技能提升培训 15 期 1500 人；转业就业劳动力、退役军人、脱贫劳动力等培训 66 期 33238 人；开展农村实用技术培训 57 期 6160 人次。为培育农业经营主体、发展壮大农业企业提供坚实人才支撑，不断增强乡村振兴人才“造血”功能。

12.3.7 规范管理，着眼长远增后劲

为切实规范“万企兴万村”行动，切实增强助力乡村振兴发展后劲，2023 年 5 月，组织县工商联执委、所属商会负责人召开“万企兴万村”行动推进会，开展了“万企兴万村”行动台账管理培训，对“万企兴万村”行动的概念、政策讲清楚、说明白，不断促进“万企兴万村”规范化、科学化、常态化。参与行动并录入台账系统的民营企业 77 户，共覆盖 77 个村（社区），投资经营类兴村项目 21 个，投资金额 5500 万元，项目涉及种养殖、公共设施修建、农产品或手工艺品加工等。公益捐赠总额 376 万元，涉及慰问老人、文化、教育等。培训人员 3670 人，吸纳就业人员 7506 人。

12.4 毗邻社区农业企业联农带农成效

毗邻社区农业企业联农带农效应通过联农就业、带农增收、技术辐射等路径，联结和带动农民群众参与现代农业。根据毗邻社区农业企业联农带农机制，其主要带来农户从业就业机会、农户经济收益、农业科技服务水平三个方面的变化。结合数据可得性和实际情况，借鉴已有联农带农效应指标体系研究成果，从就业、收入、技术支持三个维度，构建了毗邻社区农业企业联农带农效应水平评价指标体系。

12.4.1 就业方面

如图 12-1 所示，77.25%农户中没有在农业企业就业。只有少数农户中有 1 人（7.53%）、2 人（10.47%）、3 人（3.76%）或 4 人及以上（0.98%）在农业企业就业。家庭中有 2 人在农业企业就业的比例最高，其次是 1 人，再次是 3 人，最后是 4 人及以上。农业企业就业在该地区并不是主要的就业方式，大多数人家庭中没有人从事这个行业。这在一定程度上说明了毗邻社区农业企业联农带农辐射较弱，这可能是因为毗邻社区农业企业数量较少、发展规模小、资金力量较为单薄。

本题有效填写人次为 611，其中选项出现次数占总有效次数的比较高的有村委会、亲戚朋友或邻居和政府部门。村委会是最主要的信息来源，占比达 75.61%。其次是亲戚朋友或邻居，占比为 45.17%。政府部门也是较为重要的信息来源之一，占比为 38.63%。相较之下，合作社和企业网站的比例较低，分别为 33.06%

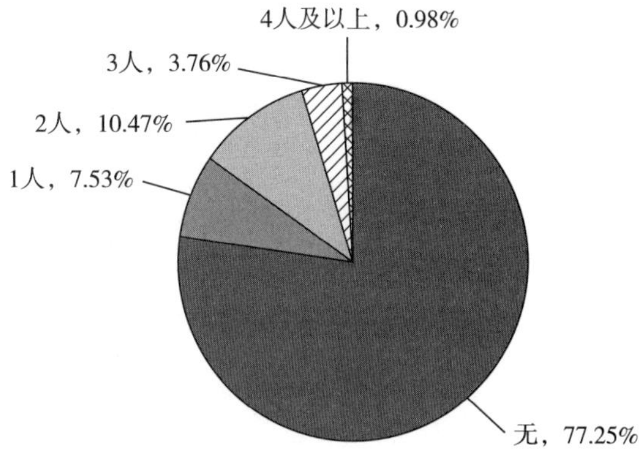

图 12-1 农业企业就业情况

和 27. 17%。另外，其他渠道的比例较低，仅为 1. 31%（见表 12-1）。因此，农业企业在招聘时可以加强与村委会、亲戚朋友或邻居以及政府部门的联系，提高信息的传递效率。

表 12-1 农户了解提供工作信息的渠道 单位：%

问卷调查问题	问题选项	样本数	占样本比重
农户了解工作信息的渠道	村委会	462	75. 61
	合作社	202	33. 06
	政府部门	236	38. 63
	企业网站	166	27. 17
	亲戚朋友或邻居	276	45. 17
	其他	8	1. 31

12. 4. 2 收入方面

如图 12-2 所示，农业企业工作的员工月均收入主要集中在 2000～4000 元和 4001～6000 元两个区间。其中，月收入在 2000～4000 元的人数占比最高，达 30. 50%。这部分人群的收入可能相对较低，可能反映了农业企业工作的普遍收入水平。月收入在 4001～6000 元的人群占比为 4. 69%，这可能代表了农业企业中一部分中等收入群体的存在。另外，只有不到 2%的人的月收入在 6000 元以上，这可能代表了农业企业工作的收入结构的另一端，即高收入群体的存在相对较少。

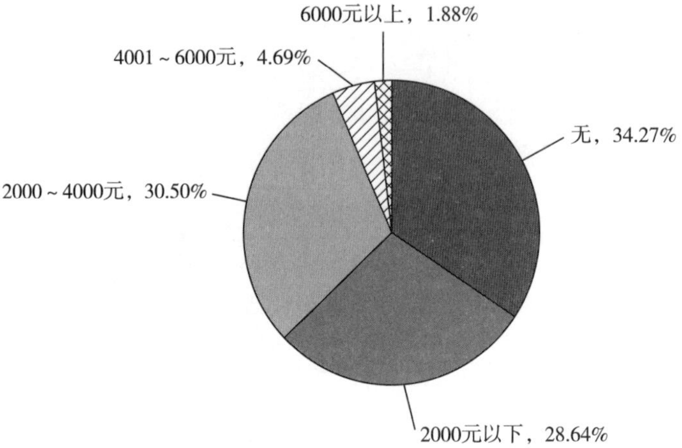

图 12-2　农业企业就业月均收入

12.4.3　技术支持方面

如图 12-3 所示，农业企业为农户提供的帮助主要包括提供种子、种苗、化肥以及其他种植必要设施，提供技术支持与培训，帮助农产品销售，收购农产品，提供就业。其中，提供种子、种苗、化肥以及其他种植必要设施和提供技术支持与培训是农业企业为农户提供的主要帮助方式，比例分别为 74.3%和 73.98%。帮助农产品销售和收购农产品也是农业企业为农户提供的重要帮助方式，比例分别为 68.58%和 54.01%。提供就业是农业企业为农户提供的较少的帮助方式，比例为 42.06%。其他方式的帮助较少，比例仅为 0.82%。

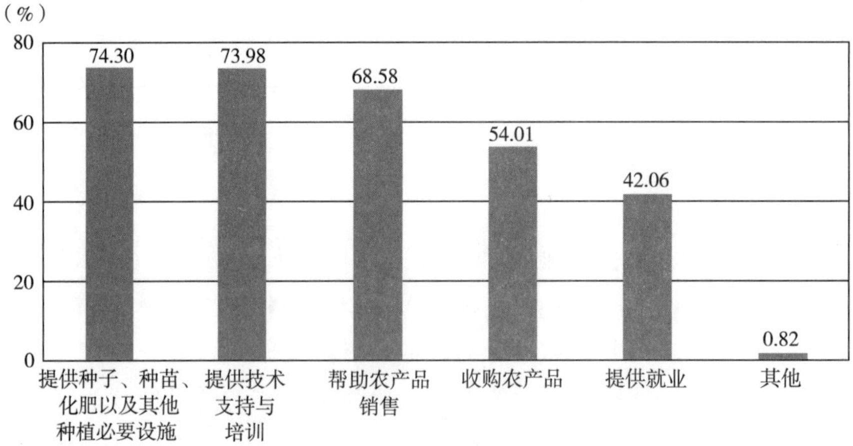

图 12-3　农业企业联农助农的措施

农业企业在帮助农户方面主要集中在提供种子、种苗、化肥以及其他种植必要设施和技术支持与培训，同时也在农产品销售和收购方面提供一定的帮助。然而，提供就业的比例相对较低，可能需要进一步加强。

由表 12-2 可知，在农业企业为农户提供的技术培训中，病虫害防治技术的比例最高，达 80. 36%。这表明农户对于病虫害防治技术的需求较大，农业企业可以加大对该方面技术的培训力度。其次是良种选育技术和农技实用技术，它们的比例分别为 76. 92%和 76. 43%。说明农户对良种选育技术和农技实用技术的需求也较高，农业企业可以在这两个方面提供更多的培训内容。生产后的加工技术的比例为 54. 17%，较前三个选项略低。意味着农户对于农产品加工技术的需求相对较少，农业企业可以考虑减少在该方面的培训内容，或者提供更具针对性的培训。其他选项的比例仅为 1. 31%，说明农户对于其他技术培训的需求较少。农业企业可以进一步了解农户的需求，提供更符合实际情况的培训内容，以提高培训的效果。

表 12-2　农户对技术培训的需求情况　　单位：%

问卷调查问题	问题选项	样本数	占样本比重
农户需要的技术培训内容（多选题）	病虫害防治技术	491	80. 36
	良种选育技术	470	76. 92
	农技实用技术	467	76. 43
	生产后的加工技术	331	54. 17
	其他	8	1. 31

农业企业在为农户提供技术培训时，可以重点关注病虫害防治技术、良种选育技术和农技实用技术，同时根据农户的需求进行调整，提供更有针对性的培训内容。

12. 4. 4　小结

关于农业企业带动周边农户的数量，超过 40%的受访者认为农业企业能够带动周边农户的数量较多或非常多。相反，只有不到 25%的受访者认为农业企业带动周边农户的数量较少或非常少。因此，可以得出结论，大多数受访者认为农业企业对周边农户具有积极带动作用。

另外，对于农业企业联农带农的满意度，超过半数的受访者表示满意或非常满意。其中，非常满意的比例为22.42%，满意的比例为33.22%，一般的比例为37.97%。不满意和非常不满意的比例相对较低，分别为3.93%和2.45%（见表12-3）。因此，总体来看，受访者对于农业企业联农带农的满意度较高。

表12-3 农户对农业企业带动作用的感受 单位：%

问卷调查问题	问题选项	样本数	占样本比重
农业企业带动周边农户的数量	非常多	116	18.99
	较多	131	21.44
	一般	225	36.82
	较少	77	12.60
	非常少	62	10.15
对农业企业联农带农的满意度	非常不满意	15	2.45
	不满意	24	3.93
	一般	232	37.97
	满意	203	33.22
	非常满意	137	22.42

根据毗邻社区农业企业联农带农现实情况，不难看出毗邻社区农业企业联农带农辐射带动能力较弱，但农户普遍对农业企业联农带农抱有积极乐观的心态。现今的农业产业链中，农业产业和农业企业处于相互关联的两个环节，两者密不可分，两者互相牵连。即：农业企业发展壮大—带动农民增收—使得农民积极性提高—促使农民发挥特长以得到更多利益，在此基础上，促使农民经济效益的同时，还能推动农业企业的发展，如此良性循环。由此可见，两者之间具有紧密的利益关系。换言之，加强农业企业的发展，能够带动农民增收效益；农民增收效益提高，更好地促进企业、农户、社会的全面发展；加强农业企业管理是根本，扩大规模、提高管理技术，通过政府有力扶持，农业企业经济收入提高，带动农业企业的展。因此，有效带动农民收入增长是推动我国农业经济发展的关键因素之一。而毗邻社区农业企业应当利用好各方面的资源与优势助推自我发展，并尽可能多地联动农户，帮扶毗邻社区农户生计转型。

12.5 农业企业帮扶毗邻社区农户生计转型的可能性

12.5.1 农户生计转型需要农业龙头企业的带动

由于家庭承包责任制分配耕地时，为了公平起见，普遍遵循耕地肥瘦远近搭配分配的原则，把数量有限的耕地按人口平均分配到农户家庭，形成了农户土地规模小且细碎化、农业经营规模小且分散的状况，这种状况较难契合新时期现代农业发展的一些要求，使得农户生计转型需要农业企业的带动。一是农户整体素质较低使其生计转型需要农业企业的带动。由于我国普遍实行的以家庭为单位的小规模分散农业经营，导致目前农业的效益比较低，使得很多农村青壮年劳动力向城镇转移，农户经营老龄化和兼业化严重。目前直接从事农业经营的劳动力大多是文化水平普遍较低的妇女、儿童和老人，他们基本不具备现代农业发展所需的有文化、懂技术、会经营等素质要求，也缺乏规避风险意识。农户的这种素质现状无法支撑其生计转型，其生计转型需要新型农业经营主体尤其是农业企业的引领和带动。二是农户生产弱势使其生计转型需要农业龙头企业的带动。小规模分散经营使得农户自身或者相应的机构很难采用机械化作业，很难进行农业技术的推广和运用，很难进行有效的农业生产性服务，导致农户农业生产工具和方法较落后，现代物资装备水平和科技水平低下，进而导致农户难以实现规模经济，难以实现标准化作业，更难以形成统一的质量标准，最终导致农业生产效率较低，农业收入较低。所以，农户这种生产弱势不利于其生计转型，需要新型农业经营主体尤其是农业企业来引领和带动。三是农户市场营销弱势使其生计转型需要农业龙头企业的带动。现代农业的发展需要农业经营主体具有较强的商品意识和市场利用能力。而小规模分散经营的农户大多缺乏商品意识和市场经营能力，在农业生产经营过程中容易跟风，极易出现农业结构同质化、雷同化，导致农产品供求失衡，农业效益受损，在交易过程中势单力薄，缺乏讨价还价的能力，导致市场交易成本过高。农户的这种市场弱势大大限制了农户生计转型，需要新型农业经营主体尤其是农业企业来引领和带动。

12.5.2 农业企业的优势能够带动农户生计转型

农业企业是指通过种植、养殖、采集、渔猎等生产经营而取得产品的盈利性经济组织。与其他主体相比，龙头企业具有明显带动农户衔接现代农业发展的优势。一是农业企业的业务是围绕农业或农产品展开，是农户熟悉的领域，而且农业企业标准化、规模化、集约化、市场化经营符合了现代农业的发展趋势，通过农业企业的有效引领和示范来带动农户生计转型，比其他工商企业和政府职能部门的带动，对农户来说更具吸引力、可行性和有效性。二是尽管家庭农场、专业大户、农民合作社等新型农业经营主体也是经营农业相关业务，但企业与这些新型农业经营主体相比，产权较明晰、治理结构较完善、管理效率较高、技术装备较先进、融资和抗风险能力较强，使得其在物资投入、人力资本、技术开发、市场拓展等方面具有更强的比较优势，更具有带动农户生计转型的条件和能力。三是农业企业承担着农业产业链、供应链、价值链的打造和运营，其中必然涉及基地建设、产品质量提档、技术创新、营销能力提升、社会资源开发等核心环节。农业企业只有打造和运营好这些核心环节，才能增强其核心竞争力，实现其可持续发展。而在打造和运营这些核心环节过程中，可以引导和带动农户朝着规模化、标准化、集约化、市场化方向发展，促进其生计转型。

12.5.3 农业企业与农户有共同的利益追求

12.5.3.1 具备合作的基础条件

玉溪市农业企业发展较快，实力不断增强，带动作用不断增强。玉溪市把培育和壮大农业市场主体作为重要抓手，以此推动现代农业发展突破，农业企业发展态势良好。截至 2022 年，全市实有农业市场主体 8759 户，较 2021 年净增 2870 户，同比增长 84.04%，增幅排全省第一位，有力引领了现代农业发展。截至 2022 年，培育各级农业龙头企业 289 户，其中国家级 8 户，占全省 58 户的 12%，排全省第二位，较 2021 年底净增 43 户；截至 2022 年底，玉溪实有农业企业 6277 户，较 2021 年底净增 2862 户；在此基础上，截至 2023 年 10 月，全市已拥有农业企业 7780 户，较 2022 年净增 1495 户，增长 22.31%，提前超额完成省下达的 2025 年培育目标任务。

玉溪市农业产业化进程加快，市场潜能巨大。随着市场经济的发展，毗邻社区农村外出务工人员不断增多，农村青壮年人数逐渐减少，从事农业生产的人员不足。主要因为：一是市场对农产品的需求和品种、质量要求越来越高，单个农户投入大，产出小，效益低下，无法应对激烈的市场竞争。农村经济的发展仍然是依赖资源的大量消耗，科技含量不高，通过资本、技术、管理等先进生产要素实现农业增产增效的途径还比较缺乏。二是农村的自然资源十分丰富，具有很大的开发优势和潜力。涉农企业需要稳定的原料产地，必须与农村建立对接合作关系，这样可以最大限度地降低成本，提高效益。随着城市化进程的加快，城市土地越来越紧张，劳动力报酬越来越高，竞争也越来越大，非农业生产企业也只有选择进军农村，与农村进行合作，开发利用农村丰富的资源，在农村建立基地，挖掘农村市场，才能在竞争中站稳脚跟。

12.5.3.2 共同利益追求

就农业企业而言，一是可以降低企业的生产成本。企业在农村有合作的基地，能够与农户直接交易，可以降低原材料的成本，以相对优惠的价格获得原材料，并通过对原材料生产过程的监督和管理，保证原材料的质量，有效地避免因质量问题带来的损失。二是可以保证稳定的原料来源。市场信息的滞后性和农户种植的随意性，很容易导致企业原材料供应得不到保障，影响企业的生产加工。企业与原料供应者建立稳定的供应关系，还能根据消费者的需要形成反馈机制，进一步对原料进行改善提高。

就农户而言，一是可以为自身带来稳定的收益。与企业合作会有一个最低收购价格，农户只要安心搞好种植，不用考虑产品的销售问题，不用承担市场变化的风险。一些农户本身土地就是闲置，承包给企业作为基地还能带来额外的收入。二是市场竞争的需要。单个的农户往往对市场信息把握不准，难以捕捉种植的品种、销售的渠道等瞬息万变的市场信息，选择与企业合作，能解决小生产与大市场的问题。农产品买方市场、农产品生产周期长、产量滞后价格变化、易腐性等都使农户在市场交易中处于劣势地位，选择与企业合作，能够增强市场竞争力。三是可以学习先进的技术。随着科学技术的不断发展，要求农产品的质量也不断提高。农户通过与企业进行合作，可以学习到企业先进的生产技术和管理经验，不断提高自身的素质和本领，进而提高农产品的质量和科技含量，避免自然灾害造成的损失。四是可以实现在家就业。留守儿童和留守老人暴露出来的问题越来越严重，外出务工难以照顾家庭，与企业合作也能够带来相当的出入，一些农户为了家庭选择融入农业企业产业化经营。

12.6 促进绿色农业企业发展的建议

我国农业企业经过几十年发展，取得了举世瞩目的成就，令人欣喜；但诸如土地流转不顺畅、农业社会化服务体系不健全、农业企业融资困难、农村基础设施落后、农民素质低等问题也日益凸显，成为农业企业进一步发展的掣肘。因此，应该以农业企业的发展现状为依据，提出应对之策。

12.6.1 加快推进农村土地流转

土地流转是一项系统的复杂工作，需要制定相关政策，多方配合才能顺利进行。从我国国情出发，加快推进农村土地流转，必须做好三方面工作：一是做好农村土地确权工作；二是建立起成熟的农村土地交易市场；三是尽快完成城乡二元户籍制度改革。

12.6.1.1 加快推进农村土地确权工作

所谓土地确权是指在土地集体所有制基础上，在土地承包经营的前提下，对土地经营权的确认和确定，即各级主管部门及相关基层组织根据相关法律、政策，按照一定程序向承包经营土地的农户颁发土地经营权证书，确定其对所承包土地的一切经营管理权力。完成土地确权以后，承包土地的农民不再担心因为以转包、租赁或入股的方式流转土地而失去土地，也不再担也因为土地流转而失去土地带来的收益。因为，土地确权以后，对承包土地的农民来说，手中的土地经营权证书就是一笔财富，他们可以完全按照自己的意愿转包、租赁所承包的土地，或者用自己承包的土地入股相关的农业企业，从而获得相应的转包费、租金或股份分红收入。这样自然就会有更多不善于经营土地的农户、不愿种地的农户将自己所承包的土地流转给农业企业或种粮大户，如此一来，土地流转必然会加快。

12.6.1.2 建立成熟的农村土地交易市场

农村土地交易市场是指在土地集体所有制基础上形成的农村土地使用权交易市场。土地的不可移动性特征决定了土地交易市场上只能交易使用权，土地交易的实质就是土地使用权的让渡。从目前建立的土地交易市场来看，主要有农村承包经营土地使用权交易市场和集体建设用地使用权交易市场。

12.6.1.3 打破城乡二元户籍制度壁垒

从20世纪50年代起，城乡二元户籍制度随着计划经济体制的确立而确立，将全国的户籍分为城市户籍和农村户籍，人为地将城乡划分开来，严格限制生产要素的城乡流动。该制度在当时的历史条件下存在是十分必要的。如今已经确立了社会主义市场经济体制，需要全社会各种生产要素充分流动。但是，城乡二元户籍制度依旧存在，制约农民进城落户，严重影响着我国农村土地流转工作的推进。城乡二元户籍制度的存在，使很多想迁入城市定居生活的农民被排斥在城市社会保障体系之外，使他们对放弃农村土地存在顾虑，所以产生了大量的兼业农民，他们既不是完全的城市居民，也不是真正的农民，游离于城乡之间。因此，要促进农村土地流转，就必须打破城乡二元户籍制度壁垒。

12.6.2 尽快建立完善的农业社会化服务体系

完善的农业社会化服务体系对农业企业的发展至关重要，农业社会化服务业被称为农业生产经营领域的“第三产业”。完善的农业社会化服务体系几乎囊括了农业生产相关的所有领域和环节，专门从事农业服务的企业可以为农户或农业企业提供与农业生产经营相关的各种服务，包括农业市场信息、农业科学技术、农业生产设备、农业生产资料，以及农产品的加工、运输和销售。完善的农业社会化服务体系能使得农业的生产经营活动变得更加快捷，经济效益更加良好。

12.6.2.1 正确定位政府在农业社会化服务化体系建设中的地位

无论是在农业社会化服务体系的建设中还是在农业社会化服务体系建成以后的服务中，其主体都不会只是单一的政府部门，还应该包括大量服务型的农业企业、相关的专业技术部门（如高等农业院校，地理信息测绘部门）。在多主体共存的情况下，只有各个主体根据自身特点实现准确定位，才能团结协作，共同做好一件事情。

12.6.2.2 加强村级领导班子建设

相比国家层面关于农业社会化服务体系建设的总体规划、大政方针的制定，基层对各项相关政策的具体执行和落实同样非常重要，特别是村级干部能否负责将各项政策最后落实到位，能否做好各项服务工作，直接关系到农业社会化服务体系建设的成败。因为，一方面，村级干部对自己所在村子的农户非常了解，他们对谁家需要什么样的服务了如指掌，而且他们与农民有着天然的血缘或亲缘关系，他们的讲话往往更有感召力，更容易被村民理解和接受；另一方面，关于农业社会化服务体系建设的各项政策越到基层越具体，越需要细节的指导，如果在政策落实的最后一步出了问题，那就是前功尽弃。所以，村级领导班子能力的强弱直接关乎农业社会化服务体系建设的成败。

12.6.2.3 强化龙头企业在农业社会化服务体系建设中的作用

随着社会主义市场经济的发展，已经培育起了一批实力比较强、专业化程度比较高的农业龙头企业，像甘肃扶正药业科技股份有限公司、内蒙古蒙牛乳业股份有限公司、北京金色农华种业科技股份有限公司等，它们在农业社会化服务体系建设中起着举足轻重的作用。在发达国家，龙头企业作为农业社会化服务体系的最主要参与主体，其服务领域包括农业生产经营活动产前、产中、产后的方方面面，形成了一个分工较细、专业化程度较高的一体化产业体系。但是，目前农业企业还主要从事的是农用物资出售、农产品生产加工和农产品运输等传统领域的服务，对农业信息服务、农业科学技术服务、农产品品牌打造、农业金融服务、农产品营销服务等涉及较少，而且也还没有形成成熟的分工体系。对比国外农业社会化服务体系建设经验，不难发现，造成农业社会化服务体系发展滞后的一个重要因素就是农业龙头企业在上述这些服务领域的缺位。

12.6.3 继续深化农村金融改革，解决农业企业融资难问题

12.6.3.1 继续加强农村金融制度建设

我国农村金融制度不完善，是导致农村金融对农业企业发展支持不力的一个

重要原因。首先，农村金融制度不完善，导致在农村地区，出现了正规金融机构与“草根金融”在地位和作用上严重不对称的现象；其次，农村金融制度不完善，导致农村出现金融服务空白区、大量农村资金外流等不良现象。基于此，政府应该出台相关政策，加强制度建设。一方面，加强农村正规金融机构建设，增设金融服务网点，让农业金融服务机构回归本职；另一方面，强化对“草根金融”业务的监督和管理，保护合法的“草根金融”，取缔非法的“草根金融”。

12.6.3.2 继续加大财政支持力度，拓宽农业企业融资渠道

农业金融的发展必须有政府财政的大力支持。借鉴国外经验，政府通常通过政策性银行直接向农业企业提供贷款、向与农业相关的企业提供税收减免和融资担保等方式支持农业企业的发展。相比发达国家政府财政对农业企业发展的支持力度，我国还相去甚很远。因此，随着经济的进一步发展，必须继续加大政府财政对农村金融业发展的支持力度。这就要求，一方面要向农村信贷机构提供更多的农业财政拨款；另一方面还要加强监管农村贷款的使用情况。当然，发展壮大农村金融，解决农业企业发展资金紧张问题，仅靠政府财政拨款远远不够，还应该拓宽农业企业的融资渠道，让更多的非政府拨款资金进入农村，解决农业企业融资困难问题，促进农业企业的健康发展。

12.6.3.3 加强农村信贷担保机构建设

造成农业企业融资困难的原因，除农村资金匮乏、农业金融服务机构相对缺少等因素之外，还有一个重要的原因就是农村地区缺乏正规的信贷担保机构。正规信贷担保机构的缺失，导致农业企业，特别是中小型农业企业与银行等农村金融机构之间信息严重不对等，无法建立稳定的信用关系，从而使很多农业企业通过贷款的方式融资变得相当困难。建立正规的农村信贷担保机构，不仅可以解决金融机构与农业企业之间的信息不对称问题，还可以帮助农业企业发挥财产的作用，抵押贷款，从而使得农业企业融资变得更容易。

12.6.4 提高农民素质，建立完善的农业科技研发和推广体系

从发达国家发展现代农业的经验来看，它们的农业企业之所以成功，农业基础之所以牢固，除了他们成熟的土地政策、农业社会化服务体系和农村金融服务体系等因素之外，还有一个非常重要的因素，那就是普遍的高素质农民和非常成熟的农业科学技术研发、推广体系。相比之下，国内农民的整体素质比较低，而且农业科技研发推广体系也不健全。所以，要保证农业企业健康发展，就必须培养出一大批高素质的农民，必须建立起完善的农业科学技术研发、推广体系。

农民综合素质的高低对农业企业的发展至关重要。随着农业科技的进步、农业机械化和信息化的推进，农业企业的发展、农村经济的进步都越来越需要高素

质的农民。因此，提高农民整体素质，培育出一大批高素质的农民已经成为农业企业和农村经济进一步发展的关键所在。另外，现代农业企业的发展，除了需要有政策、资金、管理等方面的支持外，农业科学技术的研发和推广也显得特别重要，从某种程度来讲，农业科学技术研发和推广水平的高低直接决定着农业企业在竞争日益激烈的市场经济中的生死存亡。

12.6.5 农业企业应当强化其管理能力

农业企业若想在激烈市场竞争环境中站稳脚跟，走出一条光明的可持续发展道路，就必须实时解决其实际运营过程中所遇难题，以改善其实行运营管理工作的现实困境。由此，农业企业管理者可根据实际情况采用下述对策强化其企业管理的发展：

第一，重视农业技术的创新发展，以加强企业综合竞争实力。在全球经济迅速发展背景下，提高科学生产力是促进农业企业管理创新的首要途径，因此，各农业企业思考如何推动其经营管理在新时代中的创新发展时，需第一时间了解自身农业技术发展实况，从中找出不足之处，并在现代技术创新理念指引下，将农业技术创新合理纳入企业内部发展规划中。同时，企业管理者还可根据全球经济大环境发展特征，借助多元手段与方式强化农业技术管理模式的创新，以此为增强企业核心竞争实力奠定坚定基石。

第二，建立健全专业的管理团队，以提升企业整体管理水平。人力资源管理是决定企业管理体系运作是否牢靠的主要根基，深刻影响企业管理水平与效率的高低。所以，农业企业应强调吸引与留住人才的重要性，通过制定规范化人才招纳机制、奖励机制及专业培训系统等形式，确保企业内部管理人才资源充足，且综合品质较高，以便根据新时代发展需求建立健全一支现代化的专业管理队伍，进而为提升农业企业整体管理水平，使农业企业在时代不断变迁中得以持续发展提供充足人力资源。

第三，促进企业管理制度的创新与完善，强化企业管理效率。在市场经济体制持续发展的社会背景下，农业企业管理制度的优化、改革发展是必然需求。对此，农业企业管理者应以农业市场资源的配置特征与规律为出发点，基于科学、合法范畴内，构建符合当下社会发展要求与标准的现代化管理机制，并持续不断地对该机制进行实时完善，以此使企业农业生产变得更加专业化、社会分工协作下效率变得更加高效，从而全面实现强化企业管理效率的目标。

第四，丰富农业企业的融资渠道，并加大发展资金投入力度。资金一直是企业发展的命脉，农业企业应明确认识这一点，及时转变其传统资金管理思想，从三方面促进企业融资渠道的多元发展，以加大发展资金的投入力度：首先，合理利用当地农业生产优势与国家相关助农、惠农政策，最大限度争取更多专项资金的投入；其次，按照农村金融服务整体发展特点，创建对应政策性农业扶持金融基金，以引导更多资金注入农业生产；最后，深化农业企业与银行合作模式的创新发展，从而使企业具备充足资金条件。

概而言之，在农业企业经营管理发展过程中，会随着时代需求的变化而面临一些全新困境，此种情境下，农业企业管理者应结合企业内部发展实况针对性制定并实施一系列可行性对策，以期帮助企业摆脱困境、提升企业整体经营管理效率，使企业在现代社会中得以继续生存与发展。

13　玉溪市自然保护区毗邻社区发展绿色农民合作社

《中华人民共和国农民专业合作社法》规定，农民专业合作社是在农村家庭承包经营基础上，同类农产品的生产经营者或同类农业生产经营服务的提供者、利用者，自愿联合、民主管理的互助性经济组织。农民专业合作社作为载体，有着天然连接农民的渠道方式和沟通协调能力；作为“互助性经济组织”，农民专业合作社肩负着提高农户收入、提升农户素养能力的责任。因此，在实现共同富裕的道路上，农民专业合作社将切实发挥联结带动农户的现实基础，不断提高农户的收入水平、增强生产技能技术和完善农户生产经营基础设施配套，成为有效推进共同富裕的重要实体。

作为一个农业大国，想要实现共同富裕，关键还是在于实现农民富裕，只有切实实现农村地区产业兴旺、农民生活富裕，中国才可能真正实现共同富裕。在生产方式方面，农民专业合作社能够打破过去单家独户经营农业的桎梏，通过统一采购、统一配送生产经营所必需的种子、农药、肥料等生产资料，统一技术培训和指导，增强农户抗击气候和市场双重风险的能力；在经营管理方面，农民专业合作社能够打通产供销一体化链条，构建农产品产销对接机制，通过构建关系稳定利益共同体，建立相对稳定的农产品供销关系和渠道，挤压中间剩余价值，增强农副产品的价格、时间优势；在组织方面，农民专业合作社可以增强农民对接市场的组织化程度，利用种养特色或地域特色，展现农民专业合作社的规模优势。对一个具有良好的发展基础、组织架构、产业带动能力、社会治理能力的经济组织来说，农民专业合作社发展的意义并不仅仅在于新型主体自身，更多在于合作社能够有效发挥对“三农”的辐射带动能力，带领农户改变生产方式，提高经营管理水平，增强社会组织能力，不断增收致富。

13.1 玉溪市农民合作社发展现状

13.1.1 玉溪市农民合作社发展态势良好

玉溪市着力推进新型经营主体带动增收致富工作，通过发展农民专业合作社提高脱贫户生产的组织化程度。加大对合作社、家庭农场等新型经营主体的培育力度，推动实施新型农业经营主体对建档立卡户全覆盖工作，将单家独户的建档户引入现代农业发展链条，挖掘建档户增收潜力。截至2021年底，玉溪市在农业农村部门备案的农民专业合作社共1236个，比2020年增加160个。被各级农业农村部门评定为合作社示范社共281个，其中，国家级25个、省级44个、市级128个，县级84个。2021年新增市级示范社23个。参加农民专业合作社的成员10.53万户，占玉溪市承包农户的21.35%，合作社成员中脱贫农户11387户，带动非成员脱贫农户6952户、24511人。

2022年玉溪特色农业增量提效，净增农业市场主体3327户，第一产业增加值增长6%。新建高标准农田25.1万亩，粮食产量达61.8万吨。烟叶生产质效双提升，收购均价每千克增加2.22元，烟农收入达26.5亿元。菜花果药畜量效齐增，新认证“两品一标”产品132个，“10大名品”数量稳居全省第二。组建673个农业服务公司、437个农民专业合作社，所有行政村实现集体经营性收入5万元以上，其中60%达10万元以上。

据统计，2019~2023年玉溪市农民专业合作社市级示范社共计76家（见表13-1）。2022年，全市培育农业龙头企业289户、农业企业5808户、农民专业合作社2442个，脱贫人口人均纯收入达17943元，比全省脱贫人口人均纯收入高3796元，同比增长16.24%，增幅高于全省平均水平。截至2023年6月底，全市实有农民专业合作社2509个，较2022年底净增35个。

表13-1 2019~2023年玉溪市农民专业合作社市级示范社

区县	农民专业合作社名称
红塔区	玉溪市红塔区云晟花卉专业合作社
	玉溪市馥曼花卉种植专业合作社
	玉溪市红塔区高仓镇龙树特色蔬菜产销专业合作社
	玉溪梁六花卉专业合作社

续表

区县	农民专业合作社名称
红塔区	玉溪香郁花卉农民专业合作社
	玉溪市红塔区桥荣庆收割服务专业合作社
	玉溪朱记蜜蜂养殖专业合作社
	玉溪新兴花卉农民专业合作社
	玉溪白乡花卉农民专业合作社
	玉溪上云丰种子种苗农民专业合作社
	玉溪市农芯花卉种植农民专业合作社
	玉溪市文勇蔬菜种植农民专业合作社
江川区	玉溪市江川区丽波林下资源专业合作社
	玉溪市江川区盛果核桃种植专业合作社
	玉溪市红泥寨中草药种植农民专业合作社
	玉溪市江川区骄阳猕猴桃专业合作社
	玉溪滴源花卉产销专业合作社
	玉溪市江川区犇犇养牛专业合作社
	玉溪市江川区喜乐水果种植专业合作社
	玉溪市江川区群英兰花专业合作社
	玉溪市江川区万洋种植专业合作社
通海县	通海佳农花卉专业合作社
	通海大哨天麻专业合作社
	通海绿欣花卉种植专业合作社
	云南南菜北运蔬菜专业合作社
	通海徐达蔬菜种植专业合作社
	通海云合荟花卉专业合作社
	华宁丰杞柑桔专业合作社
	通海县中旭食用菌种植农民专业合作社
华宁县	玉溪海利核桃农民专业合作社
	华宁县喜洋洋果蔬农民专业合作社
	华宁县恒鑫柑桔专业合作社
	华宁农丰果蔬专业合作社
	华宁远达柑桔专业合作社

续表

区县	农民专业合作社名称
华宁县	华宁红发柑桔种植合作社
	云南滇胡文药园中药种植农民专业合作社
	华宁阿老表果蔬农民专业合作社
易门县	易门县十街稻香鱼专业合作社
	易门县三股水众富蔬菜专业合作社
	易门县民意果蔬专业合作社
	易门稳胜养殖专业合作社
	易门县朋多哈尼农产品专业合作社
	易门县底尼云雾蔬菜专业合作社
	易门县兴泰农机服务专业合作社
峨山县	峨山县云翔玫瑰产销专业合作社
	峨山县金誉药材种植专业合作社
	峨山县宏亚葡萄种植专业合作社
	峨山县山保福养蜂农民专业合作社
	峨山景辉苗木专业合作社
新平县	新平振新水果产销农民专业合作社
	新平旺家蔬菜农民专业合作社
	新平星眸菌业制种栽培专业合作社
	新平大寨烟叶种植专业合作社
	新平林中红发种植专业合作社
	新平惠龙柑橘水果农民专业合作社
	新平鹏程果蔬专业合作社
	新平东圣农机专业合作社
	新平戛洒竹园竹子种植专业合作社
	新平竹民竹制品加工专业合作社
元江县	元江县禾润芒果专业合作社
	元江县玉麦地荔枝专业合作社
	元江县彝家山寨水果种植
	元江县都贵果蔬专业合作社
	元江县澳洲尖果种植专业合作社
	元江县龙洞荔枝专业合作社
	元江县华顺果蔬专业合作社
	元江县哈尼梯田农业产业专业合作社

续表

区县	农民专业合作社名称
元江县	元江县彝乡果蔬专业合作社
	头雁农业（元江）专业合作社
	元江山禾果蔬农民专业合作社
澄江市	澄江县凯文柑桔种植农民专业合作社
	澄江传仁水果种植农民专业合作社
	澄江市众益奶牛养殖农民专业合作社
	澄江娅斌农机农民专业合作社
	澄江程毅种植农民专业合作社
	澄江县吉丰水果种植农民专业合作社

13.1.2 玉溪市四大农业产业迅猛发展

玉溪市 2021 年发布“十四五”农业农村现代化发展规划，全面实施乡村振兴战略，以花卉、蔬菜、水果、中药材为重点发展产业，在未来几年着力推进四大产业的发展。如表 13-2 所示。

表 13-2 玉溪市“十四五”合作社培育规划 单位：个

县（市、区）	红塔区	江川区	澄江市	通海县	华宁县	易门县	峨山县	新平县	元江县	全市合计
培育农民专业合作社	170	180	310	235	210	145	185	330	235	2000

13.1.2.1 花卉产业

玉溪市花卉园艺种植面积 8.28 万亩，花卉第一产业产值 25.5 亿元，鲜切花种植面积 4.30 万亩，鲜切花产量 20.57 亿枝，鲜切花产值 20.10 亿元，全市有从事花卉生产、加工、营销企业 196 个，花卉合作社和花卉协会 82 个，其中花卉生产合作社 77 个，带动农户 1935 户，从业人员合计 23012 人，采用“公司+基地+合作社+农户”的模式，提供产前、产中、产后的指导和服务。

13.1.2.2 蔬菜产业

2020 年玉溪市蔬菜种植面积 152.17 万亩，总产量 290.16 万吨，产值 101.40 亿元，规划要积极培植龙头企业、专业合作社等新型经营主体，大力推广以农户为基础、基地为依托、企业（合作社）为龙头的蔬菜产业化经营方式。每年遴选 5~10 个生产规模较大、辐射带动面广的农民专业合作社、龙头企业、种养大户、乡土专家等新型农业经营主体作为农业科技示范主体。

13.1.2.3　水果产业

2020年玉溪市水果种植面积96.30万亩、产量108.70万吨、农业产值50.00亿元。规划重点培育省级示范合作社、家庭农场和农业产业化龙头企业，强化龙头带动，引导果农加入合作社或者合作联社，优先对产销一体化、利益联结紧密的“公司+合作社”联合体进行扶持。全市有水果农民合作社276个，2.36万户农户参加水果农民合作社，水果合作社经营面积11.70万亩，水果合作社年销售收入3.39亿元，着力创建100个“企业（专业合作社）+农户”利益联合体。

13.1.2.4　中药材产业

2020年末，玉溪市中药材种植面积7.49万亩，比2015年增加2.84万亩，增长61.1%；产量6.56万吨；农业产值5.1亿元。联结药材企业与合作社、种植大户签订种植、收购合同，采用“订单农业”形式回收药材，降低种植风险，赢得药农的信赖。

13.1.3　玉溪市农业农村现代化发展规划

13.1.3.1　农业功能区分

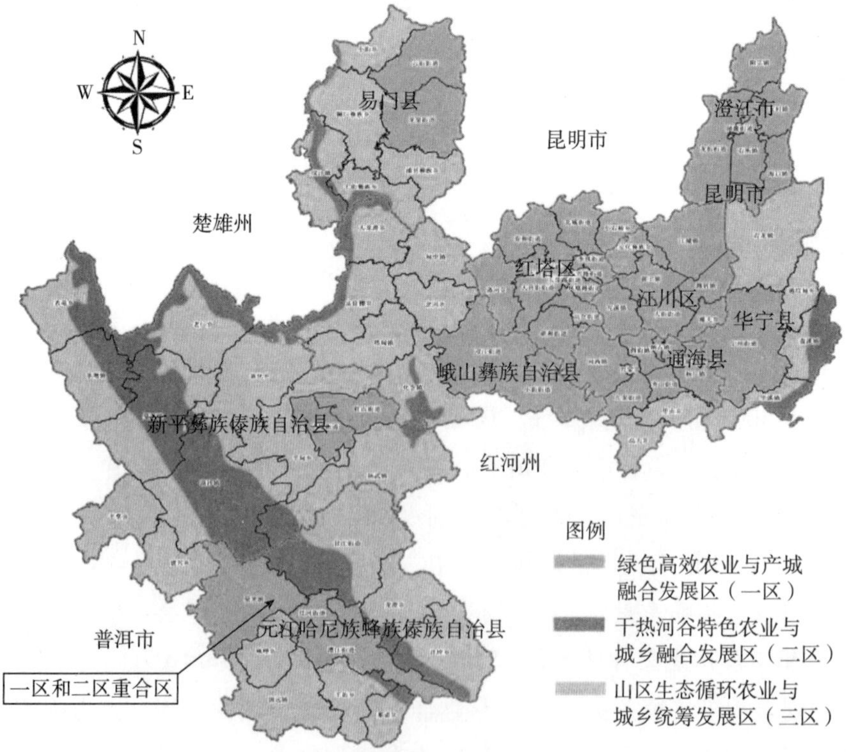

图13-1　农业农村功能分区图

注：该图基于国家地理信息公共服务平台下载的标准地图（审图号：GS（2024）0650号）绘制，底图边界无修改。

绿色高效农业与产城融合发展区：以红塔区、江川区、澄江市全域及通海县、华宁县、易门县、峨山县、新平县、元江县为重点。

干热河谷特色农业与城乡融合发展区：主要含红河谷—绿汁江、南盘江流域，以华宁县、易门县、峨山县、新平县、元江县为重点。

山区生态循环农业与城乡统筹发展区：以通海县、华宁县、易门县、峨山县、新平县、元江县为重点。

13.1.3.2 产业发展布局

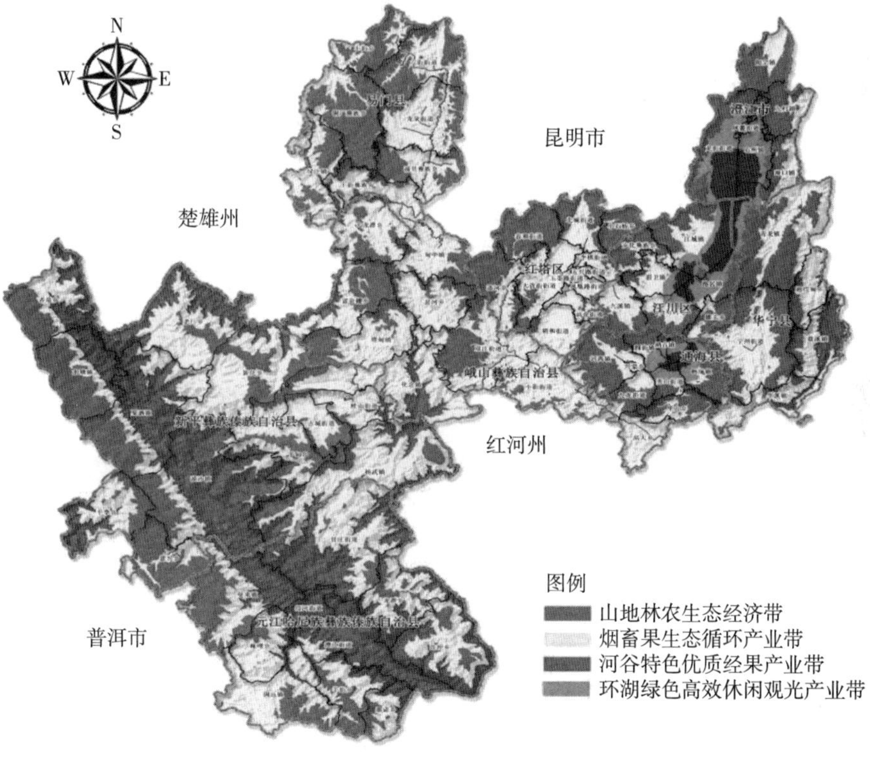

图 13-2 产业发展布局图

注：该图基于国家地理信息公共服务平台下载的标准地图（审图号：GS（2024）0650 号）绘制，底图边界无修改。

山地林农生态经济带：在 1900 米以上高海拔地区，有序退出烤烟种植，发展高山蔬菜，巩固提升核桃等特色经果林，配套推进林下种植。

烟畜果生态循环产业带：在 1300～1900 米中海拔温暖地区和低丘缓坡山区，提升粮、烟、菜、花、果产业，推进高牧产业转移，大力发展生猪、家禽等规模化标准化养殖小区。

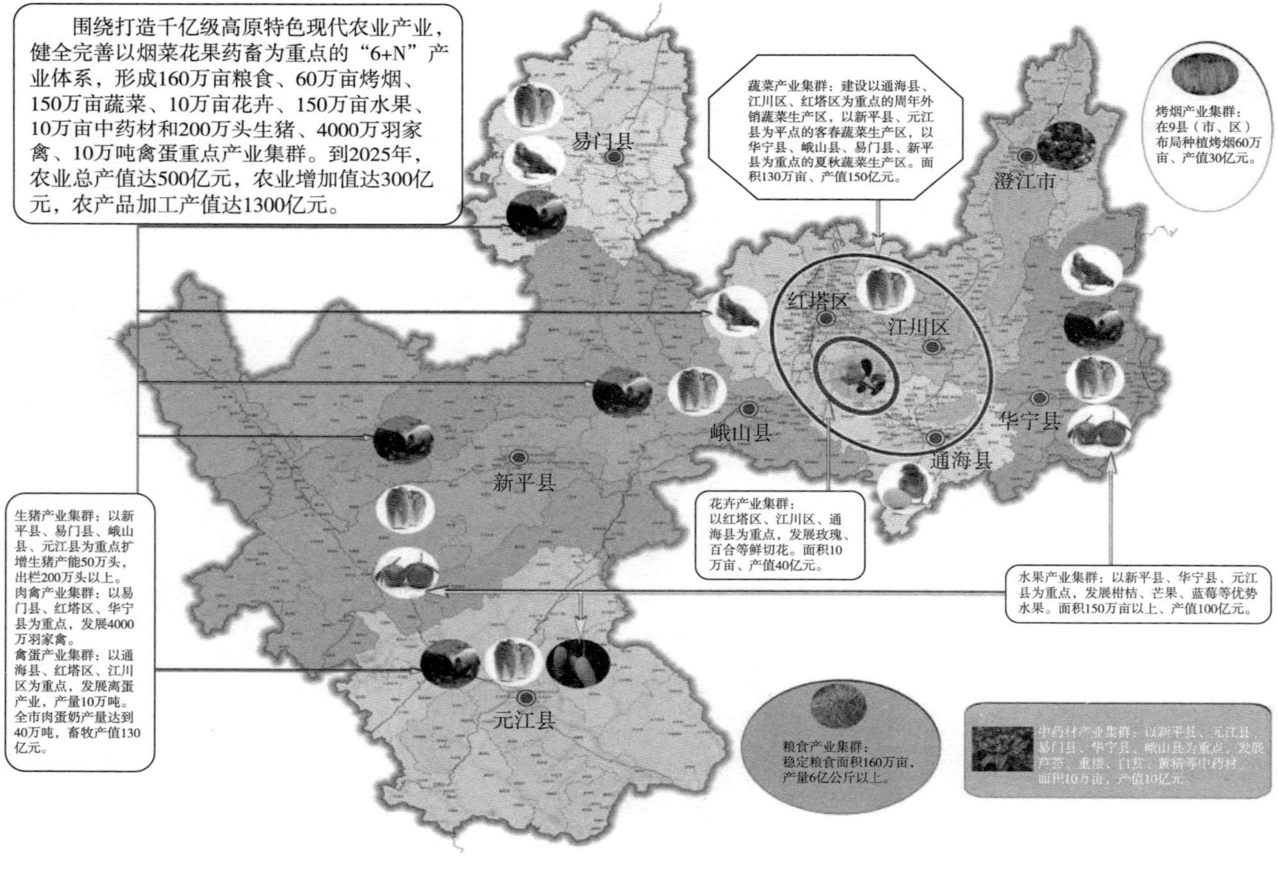

图 13-3　玉溪市“十四五”现代农业经营体系建设目标

注：该图基于国家地理信息公共服务平台下载的标准地图（审图号：GS（2024）0650 号）绘制，底图边界无修改。

河谷特色优质经果产业带：在1300米以下低热河谷地区，加快退出山地甘蔗，发展柑桔、芒果、木本油料等特色经果。

环湖绿色高效休闲观光产业带："三湖"径流区严格落实禁养、限养措施，实施农业高效节水减排工程，加大结构调整力度，大力发展休闲观光农业。

13.2 自然保护区毗邻社区合作社发展典型案例

玉白顶自然保护区位于云南省中南部，滇中高原的峨山县、新平县交界处。涉及峨山县化念、富良棚两个乡（镇）和新平县的平甸乡、桂山街道办事处，周边紧邻17个自然村。本节摘取玉白顶自然保护区毗邻社区发展较好的合作社作为典型案例进行介绍与分析。

13.2.1 峨山县宏亚葡萄种植专业合作社

峨山县宏亚葡萄种植专业合作社是玉溪市2021年农民专业合作社市级示范社，位于云南省玉溪市峨山县塔甸镇亚尼村委会常青组。葡萄种植基地坐落在峨山县塔甸镇亚尼村常青村组，海拔1420米，属于低热河谷地带，常年降雨量1100毫米，霜期短，昼夜温差大、有效积温高。

前几年亚尼村外出务工的人很多，无人种地导致土地闲置的情况很普遍。亚尼村党总支书记魏开红为充分发挥土地资源效益，拓宽村民的收入渠道，2016年，常青小组以每亩1200元的价格将236亩土地进行流转，引进企业发展葡萄种植，成立了葡萄种植专业合作社。合作社的土地流转土地租金每三年上涨100元，如今每亩土地的租金已达到1400元，闲置土地"生金"，为村民增加了一份收入。

土地流转以后，不仅让村民增加了租金收入，葡萄种植基地还吸纳附近剩余劳动力就业，用工量大时每天需要六七十名工人，解决了当地低收入户、高龄劳动户的务工需求，部分村民实现了土地流转和基地务工"双收入"。据了解，在此务工的农民每年有将近2万元的收入。

塔甸镇坚持绿色发展理念，结合本地产业发展实际，积极探索生态循环农业。基地里主要种植阳光玫瑰和夏黑葡萄两个品种，工人葡萄种植经验丰富，加之常青小组优越的气候条件，种出来的葡萄品质优越，销往全国各地，收益相当可观。此外，2022年该基地生猪出栏2500头，产值达1000多万元，为发展循环农业，解决养猪产生的粪便污染，在数百亩整齐排列的葡萄园上面，建立了两个大型的储粪池，应用预处理技术，粪污回收在储粪池里面发酵利用，将养殖场的粪污集中堆储在指定区域储粪池里，把葡萄枝秆粉碎等作为基料，利用微生物菌剂将粪便自然分解转化为有机肥。种养结合循环农业新模式是将畜禽养殖产生的粪污作为种植业的肥源，种植业为养殖业提供饲料，并消纳养殖业废弃物，使物质和能量在动植物之间进行转换的循环式农业。酒厂酿出的酒糟为生猪提供饲料；生猪吃了酒糟长大增肥出栏可以获得收益，其间产生的粪便可为基地葡萄提供肥力；葡萄枝秆可粉碎拌猪粪发酵变成有机肥还田。整个基地废水粪污零排放，实现了“畜禽粪污—秸秆—有机肥—葡萄—葡萄酒糟—养殖”绿色种养生态循环农业发展新模式。

循环农业作为一种环境友好型农作方式，具有较好的社会效益、经济效益和生态效益，葡萄种植与畜禽养殖相结合的种养结合型生态循环农业模式是实现农业资源充分、合理和永续利用的重要前提，对稳定生产、稳定市场农产品有效供给、农药减量增效使用、保护生态环境具有重要意义，不仅能够促进农业健康发展，而且能够实现农业和环境的持续发展，促进农业供给侧改革的有效推进。曾经闲置的土地通过流转重新焕发生机，最大限度地发挥土地资源效益，农民增加了收入渠道，企业获得了实打实的收益。农业增效、农民增收，做到了土地“活”起来、农民“富”起来。

可鉴之处：峨山县宏亚葡萄种植专业合作社由村党支部带头成立，在土地流转时有更高的村民可信度，减少流转阻力；挖掘了适宜当地气候种植的葡萄品种，优越的品质使合作社种植的葡萄名声大噪，打开了市场；在基础葡萄产业发展稳定后开展畜牧业，探索循环农业，养殖种植双循环，科学的种养殖在很大程度上利用资源，实现多产业的双丰收。

13.2.2 峨山县金誉药材种植专业合作社

峨山县金誉药材种植专业合作社位于云南省玉溪市峨山县富良棚乡富良棚村委会树林组 57 号。2017 年以前的富良棚村主要以烤烟种植为主，产业单一，群众增收渠道窄，村党总支立足村情实际，积极谋划，发动村内致富能手赵紫华与玉溪富林农业科技发展有限公司合作，采用“党支部+致富能手+合作社+企业”的模式，成立了金誉药材种植合作社。有 68 户农户入社，流转整合近 1000 亩土地，完成土地连片平整、田间路、水利灌溉配套设施修建，2019 年被评为玉溪市农民专业合作社示范社。

金誉药材种植合作社理事长，为探索多元化种植，增加农户收入，经过自然地理条件的考察后选择了红薯种植。2022 年 3 月，该合作社引进 7 个红薯品种进行试种，而今收获季节到来，其中 4 个品种试种效果良好，140 亩红薯实现了丰产，用红薯采收机器进行采收，预计产量 400 吨，加上前期薯藤销售收入 20 万元，合计产生经济效益达 55 万元。合作社为了带动农户积极参与种植，为农户提供了种苗以及技术支持，并且为了保护种植户的利益，还为农户提供 1 元/千克的收购保护价格，目前共带动合作社 68 户成员分散种植 150 亩。合作社的尝试发掘了红薯种植的良好势头，合作社的红薯种植也为村民带来稳定的收入。

2018 年，合作社顾问王忠兴经考察发现，峨山县富良棚乡的很多地方都适合种植天门冬，于是便与几个合伙人从安徽省引进天门冬种植项目，在富良棚流转了 100 亩土地，用来试种天门冬。2018 年种下的 100 亩天门冬，迎来丰产。合作社为中草药种植打开了局面，挂靠全国供销系统进行管理更能发挥合作社的带头作用，不仅能让种植户实现抱团取暖，还能得到全国供销系统在薄膜、肥料等物资上的扶持，加上各级各部门技术上的帮扶，大大降低了种植风险，为村民增收致富打下了基础。经过三年的探索，如今合作社的中草药种植已形成“公司+合作社+农户”的种植结构，现有 80 余户村民参与种植，其中 29 户为建档立卡户。近三年的生长周期里，除草、采摘天门冬籽等日常工作需要 16 人参与管理，收获期则需要大量务工人员，天门冬种植让周边几百名村民在家门口就能务工。鉴于中草药种植的诸多利好，合作社不仅流转了 200 余亩土地进行更多种类的中草药种植，还一次性投入了近 200 万元，专门用于天门冬种苗培育以及蒸煮、烘焙设备的购置等。经烘焙后的天门冬成品主要销往广西、贵州、安徽等地。

除了红薯种植的新探索，在合作社的带领下，富良棚的中药材种植渐成规模。2022 年，合作社负责提供小苗、技术指导，发动社员种植中药材续断 700 余亩、白芨 5 亩、滇黄精 18 亩等，预计实现产值 480 万元，还辐射带动周边塔冲、美党、翻家村村民种植续断 1000 多亩，由公司统一收购，最大限度保障了合作社及农户的利益。

富良棚乡以抓党建促乡村振兴为主线，全面深化基层党建“四级联创”，将党支部领办合作社作为党支部引领党员群众抱团发展、促进集体增收的有力抓手，真正实现了支部有作为、集体增收益、群众得实惠，充分发挥新型农业经营主体的示范引领作用，走出一条支部领头、党员带头、企业带动、群众响应的产业振兴新路子。

可鉴之处：由村党支部带头成立的合作社更能获得农民的信任，流转土地时阻力与较小，能够整合农户加入合作社；发掘了适合当地种植的红薯品种及天门冬药材，并逐渐规模化进行种植与采摘，经济效益不断提升；紧密联结农户，依托周边农户进行种植规模扩张，负责提供种苗、技术等，并给出收购保护价，在最大程度上降低农户的风险。

13.2.3 新平振新水果产销农民专业合作社

新平振新水果产销农民专业合作社位于云南省玉溪市新平彝族傣族自治县戛

洒镇新寨村委会杙木树小组。合作社是由玉溪市新平县戛洒镇新寨村委会当地218户农民组建而成的，其中建档立卡户41户。2020年被评为玉溪市农民专业合作社示范社。合作社的发展模式是“农民+公司+合作社”，产供销一体化。

2017年4月，新平振新合作社成立，基地毗邻大名鼎鼎的褚橙庄园，果子采用施用生物肥料，采取物理防虫，享受着哀牢山天然的泉水灌溉。尽管所产橙子品质属于优良上乘，但由于没有品牌，加之缺乏电商知识和技术，每年都只能靠着批销商收购，农户无法掌控橙子的议价权，好果子卖不了好价钱。2000多亩的冰糖橙基地年产量达4800吨，丰产却不能增收成了困扰当地农户的一大难题，这个基地面临的最大问题就是不知如何把品牌叫响。

2020年玉溪邮政实施精准帮扶，按照“互联网+农业”的邮政惠农项目战略部署，积极加强与当地农业农村局合作。经过多次走访筛选，成功将新平振兴合作社种植基地推选为全国50个邮政惠农基地之一——云南邮政冰糖橙基地，这是云南省唯一一个入围首批全国邮政的惠农帮扶基地，因该基地位于哀牢山中花腰傣聚居地，为橙子赋名：“邮乐农品—花腰印象”。品牌的影响一经扩大，使冰糖橙能够卖到12元左右。玉溪市邮政分公司还为“花腰印象”量身定制了全新的包装和宣传方案，以及在玉溪邮政的帮助下，丰产高质的冰糖橙直接从基地走进了城市里的千家万户。

玉溪市邮政分公司总经理张朝辉、云南省知名网络直播达人俊秀组成直播搭档与邮政集团抖音平台花花主播在抖音“邮乐农品”进行直播，共同为新平县“花腰印象”冰糖橙代言。此外，玉溪市邮政分公司针对基地所处的地理位置及物流寄递需求制定了方案，为力保产品的口感和新鲜度，当天订单当天采摘，当地邮政分公司将在摘果的高峰期每天安排专车专人到果厂进行收寄、包装等一条龙服务，工作人员利用PDA将包裹进行快速收寄，邮车做好路线规划和网点对接，确保收寄的水果不再进行二次分拣，直接装上干线邮车，通过电子码进行勾挑和入堆，缩短全程处理时限，保证新鲜橙子第一时间赶上出口邮车。

在第二届新平柑桔产品推介会上，玉溪市邮政分公司联合邮储银行玉溪市分行与新平振兴水果产销农民专业合作社签约线上线下销售订单500吨。玉溪邮政将利用全国遍布城乡的网点线下渠道优势，邮储银行承诺为种植户优先提供贷款等金融支持，双方协同充分利用邮乐网、邮乐小店、邮储食堂、等线上渠道进行销售，为振兴合作社提供全方面的邮政综合服务，彻底解决了合作社物流难、销售难、资金难的困境，共同助推新平冰糖橙出“山门”。

为宣传展示新平县柑桔产业和区域品牌整体形象，提升柑桔产业影响力和竞争力。2021年新平柑桔新产季新品牌产销对接会在褚氏选果厂举行，把展销会搬到田间地头，让收购商与果农零距离对接。来自北京、上海、江西、深圳、湖南、广州等地的40家采购商和100余家柑橘种植企业齐聚戛洒褚氏选果厂，共谋新平柑橘产业发展之计。对接会推进了新平县企业与购商签订战略协议，并有抖音、淘宝网红直播带货，开启线上销售模式。此次活动中，各采购商线上意向采购量67000吨，其中电商接单50万单；线下意向采购量17900吨，线上线下意向采购量共计84900吨。

2021年，新平县成功创建了全省“一县一业（水果）”示范县，截至2021年9月，可实现柑橘产量18839.3万千克，实现产值9.6亿元。为更好发展柑橘产业，新平县不断加强品牌创建与营销服务体系建设，县农业农村局有计划在全国一些主要城市举办新平橙的发布会，全力打造柑橘品牌，推动新平柑橘走出去。

可鉴之处：新平县打造“一县一业”，将全县的柑橘产业聚集起来，打造县级品牌，为当地合作社带来了直接的品牌效应，省去了合作社单打独斗创建品牌的时间成本；邮政公司的物流合作，助力柑橘新鲜出省，合作社借此合作契机扩展了国内市场，压缩物流成本；线上销售渠道不断扩展，采用线上邮政物流，线下厂商直接对接的模式，保证产销同步，最大限度减少积压库存。

13.2.4 玉溪红塔区润团蔬菜种植专业合作社

玉溪红塔区润团蔬菜种植专业合作社位于北城街道夏井社区，2023年被认定为区级示范农民专业合作社。红塔区润团蔬菜种植专业合作社是集家庭农场、公司于一体的新型农业经营主体。通过育苗示范基地对番茄、辣椒、青花、瓜果等优良品种进行选育，并以“公司+基地+合作社+农户”的模式，示范带动红塔区及周边县区种植户。

2023年，合作社预计培育种苗9520万株，销售鲜花8万枝，蔬菜、瓜果1500吨，预计实现销售收入1960余万元。合作社把筛选出来的产量高、成活率高的优质种苗推广给农户，并提供技术，指导农户种植。北城街道10多户小香葱种植大户希望改种其蔬菜。合作社同时与峨山县小街街道的4个村合作，推广7000亩绿色蔬菜种植。

作为一个集家庭农场、公司于一体的新型农业经营主体，润团蔬菜种植专业合作社主要以蔬菜、水果等新品种的研发、繁育、试验示范、种植推广及咨询服务为主。198亩的自动温控大棚内安装有水肥一体化设施，可实现自动控温、浇水、施肥。为提升研发水平，合作社与云南省农业科学院园艺作物研究所等机构合作，建立了专家工作站，进行新品种的研发和新设施设备改良、新种植技术的成果转化利用，最终实现了品种优良化，设施自动化，种植规模化、标准化，产品品牌化、安全化、绿色化。

润团蔬菜种植专业合作社自2021年成立以来，通过“公司+基地+合作社+农户”的模式，示范带动周边县的2000余户农户种植蔬菜、花卉，实现产供销一体化发展。合作社一头连着农户，一头连着市场。2023年，润团蔬菜种植专业合作社与68户农户签订种植、销售协议，由合作社提供西兰苔、龙牙菜、大叶茼蒿等新品种蔬菜种苗，农户按统一标准模式进行种植生产，产品达到绿色标准后，合作社以保底价回收。合作社分别与上海旭坤农产品有限公司、甘肃海特农业科技发展有限公司、临夏县源中源农业科技开发有限责任公司等签订合作协议，形成联合体将回收的蔬菜销售到上海、广州、香港、澳门等城市。

合作社计划联合100多户蔬菜种植户，形成种植者联盟，统一种苗、统一栽种、统一管理、统一收购、统一包装，统一销售，形成品牌效应，不断提升农户的种植水平和销售收入，两年内力争带动红塔区及周边地区种植叶菜类、茄科类蔬菜2万亩，销售收入达3000万元以上。

可鉴之处：“公司+基地+合作社+农户”的模式，实现产、供、销一体化发展；与云南省农业科学院园艺作物研究所等机构合作，引进新品种蔬菜，在满足研究所实验要求的情况下也实现了蔬菜品种的改良；与农户保持紧密合作，将新品种的种苗与技术教授给农户，再进行保底价回收，保障农户的权益；联合多家农业企业，用新品种蔬菜打开省外市场，拓宽销路。

13.3 自然保护区毗邻社区农户关于合作社调研分析

依托2023年对玉白顶自然保护区毗邻社区农户的实地调研，课题组获取了71份有关农户与合作社的调查数据。

在71份已加入合作社的农户中，绝大部分加入的时间尚短，但也不乏长期合作的农户。在入社主动性的调查中，主动入社与被动邀请的比重差距不大，可以看出大部分农户有入社积极性，愿意主动接触，而当地合作社也能够做到联结农户共同发展进步，发挥合作社联农带农的成效，如表13-3所示。

表13-3 加入合作社时间和意愿 单位：家

问题	加入合作社时间				如何加入	
答案	1年以下	1~3年	4~5年	5年以上	主动接触	受邀加入
数量	57	7	2	5	32	39

在农户与入股合作社的方式中，最多是以土地、资金及技术入股，其次是农机，这很符合农户的特点，拥有土地资源，种养殖技术以及一定的存款数额，在合作社的带动下，以自身所有的资源加入合作社，以实现资源的整合利用。使效率达到最大化，与合作社相互补缺，如表 13-4 所示。

表 13-4 加入合作社方式 单位：家

问题	入股方式					
答案	农机	土地	资金	技术	其他	无
数量	18	44	43	43	3	5

在农户与合作社的联结模式中，最常见的有两种，一是合作社提供种苗与技术，让农户自行进行种植，在作物成熟后进行统一收购，这在很大程度上节省了合作社的种养殖成本。一般基于此模式的合租会给农户提供最低收购保护价，以减少农户的销售风险，保障其收入。二是由合作社进行统一种植统一销售，农户以劳动力加入合作社，流转土地统一种植，能够在很大程度上保证作物的质量，为集中销售提供定价基础，如表 13-5 所示。

表 13-5 农户与合作社的联结模式 单位：家

问题	与合作社的联结模式			
答案	统一种植统一销售	仅收购产成品	单独种植统一销售	其他
数量	31	13	26	20

农户加入合作社主要的目的之一就是能够带来收入的增长，在所调查的 71 户农户中，收入或多或少都有所增长，尽管 20%增长的比重较少，但合作社的带动也产生了整体的增收效果，基本实现了带动农户增收的目标，如表 13-6 所示。

表 13-6 农户入社前后收入增加情况 单位：家

问题	入社前后收入增加比例			
答案	20%以下	21%~50%	51%~80%	80%以上
数量	60	7	1	3

根据问卷情况，大多数合作社都提供了多方面的技术培训，农户也积极参与培训，说明合作社真正落实了与农户的合作交流，为农民带去了新的技术与实用

的技能，如表 13-7 所示。

表 13-7　农户接受合作社培训情况　　单位：家

问题	是否接受过合作社的培训	
答案	是	否
数量	52	19

针对合作社规范性的问题调查显示，一半的合作社没有设立规范的成员账户、没有开展成员大会、没有公开财务和运营情况。说明农户尽管加入了合作社，但却没有真正参与进合作社，游离在合作社之外，并且合作社的规范化程度较差，容易导致不当操作与疏忽漏洞，在此方面应有所加强，如表 13-8 所示。

表 13-8　合作社其他情况　　单位：家

问题	合作社是否设立了规范的成员账户		合作社近三年是否开展过成员大会		合作社是否定期向成员公开财务和运营情况	
答案	是	否	是	否	是	否
数量	35	36	34	37	35	36

13.4　自然保护区毗邻社区合作社发展建议

基于上述对玉溪市的农业现状分析、未来规划安排、优秀合作社介绍以及实地调研情况，为自然保护区毗邻社区合作社的发展提出以下建议：

13.4.1　选品方面

要因地制宜，根据当地地理区位因素，市场行情等多方面考察，选出适合当地种植的作物品种，高质高产的作物是创立品牌打开市场的关键因素，农民专业合作社应制订长远的发展规划，依托农业科研院所及农业技术推广部门，在培育新品种、提升生产技术、标准化生产方面持续发力，不断提升产品竞争力，生产高质量、高品位、高附加值、无污染、多样化、功能化的产品，建立一套从田间到餐桌的高标准生产技术标准以及食品安全体系，打造属于自己的新兴市场。以玉溪红塔区润团蔬菜种植专业合作社为案例进行学习延伸，在市场中开辟自有品种作物，借此销往全国。同时要兼顾玉溪市对农业的“十四五”规划，紧随政策布局脚步，借助政策利好能够减少很多困境与阻碍。

13.4.2 品牌打造方面

从优秀合作社案例分析不难看出，品牌所带来的影响力完全区别于单打独斗的产品，品牌能带来记忆点、价格商议权。农民专业合作社加大对自身形象及品牌建设的投入力度会提高社员的满意度，增强社员的归属感与认同感，同时应积极争取政府项目以及资金支持，充分利用各类官方宣传渠道，提升品牌的影响力与知名度。新平县打造的“一县一业”柑橘品牌，不仅带动了新平振新水果产销农民专业合作社的柑橘产品，更让当地柑橘种植户也乘上品牌之风，一举打入全国市场，获得大批省外订单。

13.4.3 合作模式方面

“党支部+合作社+农户”“农民+公司+合作社”“党支部+致富能手+合作社+企业”“公司+基地+合作社+农户”。依据四个有限合作社案例介绍，每个合作社都有其独一的合作联结模式，单打独斗的合作社注定无法发展长远。加强农民专业合作社与纵向主体的合作。鼓励农民专业合作社通过交叉持股、实施订单合作和生产服务等利益联结手段，与建立项目所在区域内的龙头企业、村集体、家庭农场以及农户等其他经营主体合作关系，组成利益共同体。推动农民专业合作社与其他合作主体之间的关系，由相对松散型向合作紧密型转变，由单一购销关系向多元层次关系发展。

13.4.4 销售渠道方面

在信息化水平不断提高的时代背景下，推动合作社适应互联网、大数据技术发展成为必然要求，合作社以互联网为载体，加强产品各要素之间信息和能量的流动和转换，提高产品销售效率与质量。开展电子商务进农村综合示范，实施“互联网+”农产品出村进城工程。全面推进信息进村入户，依托“互联网+”推动公共服务向农村延伸。合作社可以邀请一些经营有佳的网店店主为合作社销售人员讲解如何运用互联网实现销售收入最大化；还可以针对合作社农产品不完善的销售平台，邀请电商相关专业人士设计相关的网络销售平台，拓宽销售渠道、扩大销售覆盖范围，电商模式的存在很大程度上解决了农产品“买贵卖难”、发展规模小等难题，通过提高农业组织化程度，整合资源优化配置，降低运输费用节省交易时间，增强农产品生产、销售精准衔接，增加农民合作社的收入。同时也要抓住线下市场，在保证有稳定销售渠道的前提下延伸多种销售方式。

13.4.5 合作社利益联结方面

加固农民专业合作社与成员利益联结性。成员的出资方式在一定程度上决定了对合作社成员对合作社大小事宜的关心程度、参与程度。鼓励成员以货币作为主要出资方式，货币出资越多的成员对农民专业合作社的事务越关心，而通过土地、在地物等折价入资的成员具有较高可能性并不是“事实成员”，对农民专业合作社的大小事务不了解也不参与。不能让成员仅仅停留在农产品原材料提供者的参与程度上，还应通过股份化改革，实现利益共享、风险共担。完善合作社的内部机制，走规范化发展道路，能使社员更具归属感，有利于合作社的长远发展。

13.4.6 人才引进与培养方面

人才是增强农民专业合作社可持续发展的重要保障，建议地方政府有效利用人才内部培养、外部引进双向并重的工作机制，突出对专业人才的吸引性。农民专业合作社和政府需要加大对高素质人才回流情况的重视，提高对入社利好的宣传力度，积极引进先进人才，明确和增加对就业人员的奖励、提拔等方面的政策，只有这样才能吸纳更多优秀人才入社就业。

14 玉溪市自然保护区毗邻社区发展绿色家庭农场

党的二十届三中全会对完善农业经营体系提出了明确要求，作出了战略部署。其中，家庭农场以农户家庭劳动力为主，以专业化经营为生产形态，以农业收入为家庭主要经济来源，是普通农户的“升级版”，有助于巩固农村基本经营制度，对于加快构建我国现代农业经营体系有着深远的意义。

家庭农场如雨后春笋般纷纷破土而出、茁壮成长。其中，家庭农场以绿色理念，采取“稻+鱼”共生、“种+养”循环的模式，坚持走可持续发展道路，一遍遍唱响了新时代农业发展的“新农歌”。

14.1 玉溪市家庭农场发展概况

截至 2022 年底，玉溪市纳入全国家庭农场名录管理系统的家庭农场 13005 个，其中，农业农村部门认定的家庭农场 1413 个，在市场监督管理部门注册登记的家庭农场 1318 个。2021 年新增家庭农场 792 个，注销家庭农场 83 个，比 2020 年增加 709 个。共有 630 个（不重复统计）家庭农场被县级及以上农业农村部门评定为示范家庭农场，其中，省级 54 个、市级 401 个、县级 175 个。2021 年评审认定市级家庭农场示范场 47 个。玉溪市实有家庭农场 13136 个，较 2021 年底净增 200 个，其中经过家庭农场市场监管登记注册达 1332 个，培育市级家庭农场示范场 20 个，经营范围涉及蔬菜、水果、花卉、中药材、烤烟、生态畜禽等十余个产业。组织形式上有“农场+公司”“农场+合作社”“农场+农户”等。其中全市水果家庭农场 205 个，有 1489 户农户参加水果家庭农场，农场经营面积 1.78 万亩，农场年销售收入 1.22 亿元。玉溪市政府制定农业市场主体联农带农奖补政策，引导家庭农场通过土地租赁、吸纳务工、订单收购、入股分红等模式带动农民增收。

玉溪市先后制定出台《中共玉溪市委玉溪市人民政府关于大力培育发展家庭农场的实施意见》（玉发〔2014〕46号）、《玉溪市人民政府办公室关于印发玉溪市农业现代化三年行动实施方案（2022—2024年）》、《中共玉溪市委玉溪市人民政府关于大力培育发展家庭农场的实施意见》（玉农通〔2021〕70号）、《中共玉溪市委玉溪市人民政府关于做好2023年全面推进乡村振兴重点工作的实施意见》（玉发〔2023〕1号）、《玉溪市农村居民持续增收三年行动实施方案（2022—2024年）》等政策文件，对家庭农场认定标准、培育目标任务、路径、规范化管理等作了系统谋划和安排部署。家庭农场管理基础得到全面夯实，家庭农场示范创建、规范化建设得到进一步加强，为创建省级家庭农场示范县打下坚实基础。

14.2 玉溪市家庭农场主要功能

14.2.1 培训高素质农民家庭农场主

为进一步提高家庭农场主综合能力素质，提升经营管理水平，推动新型农业经营主体高质量发展，带动农民就业增收，2023年10月23~27日，云南省玉溪市高素质农民家庭农场主培训班顺利举办，来自玉溪市61位家庭农场主参加培训。

在培训班上，61位来自玉溪市的家庭农场主积极参与各项课程和讨论，旨在进一步提高他们的综合能力素质和经营管理水平。培训内容涵盖了现代农业科技应用、市场营销策略、财务管理技巧等多个方面，为他们提供了全面系统的知识与技能。通过专业的指导和实践操作，他们掌握了新型农业经营模式与技术，为未来家庭农场的高质量发展打下了坚实基础。

培训紧紧围绕产业发展实际，以提升家庭农场主综合管理素质为重点，采取“集中授课+实习实训+线上学习”相结合的方式进行，重点讲授高素质农民素质政策解读、农村相关政策法规在经济活动中涉及的法律相关实践运用、家庭农场经营管理、“互联网+农业”、休闲农业与农村一二三产业融合发展实践、乡村产业发展模式解析及品牌打造、农业生产托管与社会化服务、学员现身教学等内容。通过学习、思考、模拟运营、交流分享几个环节让学员亲身感受优势特色产业发展对乡村振兴、农民持续增收的重要作用，更加激发大家发展家庭农场的信心和决心。

在培训期间，与会者不仅学习了理论知识，还进行了实地考察和案例分析，深入了解了现代农业的前沿动态和成功案例。他们积极交流经验，分享种植、养殖、销售等方面的心得体会，相互激发灵感，不断完善各自的经营计划。同时，专业导师们也提供了个性化的指导和建议，针对性地解答了与会者在农业生产和管理中遇到的难题与疑惑。

此次培训班不仅为参会的家庭农场主们提供了学习成长的机会，更是促进了农业产业的发展和农民就业增收的重要举措。通过他们的学习和努力，相信能够为玉溪市乃至整个农业领域带来更多的创新与发展，助力农业产业的蓬勃发展，为家庭农场主们的未来探索开辟了新的道路。

14.2.2 帮助建立健全家庭农场财务制度

针对完善农业绿色发展标准体系，玉溪市采取了一系列举措来推动地方农业生产标准的清理、制定和修订工作。针对重点产业、主要作物以及重要畜禽，市政府致力于实现地方生产标准的全覆盖，以确保农业生产的质量与安全。在此基础上，市政府加大了对绿色食品和有机产品认证的推进力度，以确保产品符合绿色、有机标准，为消费者提供高品质的农产品。

为了树立行业标杆，玉溪市重点打造了一批蔬菜、水果和花卉产业基地，致力于展示先进的种植、养殖和管理技术，以此激励其他农业生产者效仿并提升生产水平。同时，市政府引导支持市级以上的农业龙头企业、农民专业合作社以及示范家庭农场等新型经营主体，建立了生产记录台账制度，并要求严格按照国家标准进行生产，以确保产品的质量与安全。

为了有效指导和监测农村经济的发展，玉溪市农村经济经营管理站承担了多项重要职责。他们负责指导和监督农民合作社、家庭农场等经营主体的培育工作，监测这些单位的运行情况，并开展宅基地、农户调查监测以及农经统计等工作。此外，该站还负责全市农村经济的审计管理服务，并承担培训农村财务会计人员的工作，以提高农村经济管理水平。这些措施和工作举措有助于促进玉溪市农业的可持续发展，并为农民提供更好的经济收益和发展机会。

14.2.3 资金扶持

根据《玉溪市农业农村局玉溪市财政局关于印发2023年中央农业经营主体能力提升资金扶持家庭农场项目申报指南的通知》，在经历自愿申报、县级审核以及市级评审等多个程序之后，提出了给予红塔区腾宇肉兔养殖家庭农场等32个家庭农场项目立项扶持的建议。这个举措旨在按照申报指南的规定，为这些家庭农场提供资金支持。

具体而言，根据申报指南的要求，针对省级示范家庭农场，每个项目将获得

4 万元的补助资金；市级示范家庭农场将获得 2 万元的补助资金；县级示范家庭农场则将获得 1 万元的补助资金。

这些扶持资金将有助于支持家庭农场项目的发展和运营。通过资金的有效利用，这些家庭农场得以改善设施、提升技术、拓展市场，进而促进当地农业的发展，增强农民的经济收入和生活水平。这也有助于推动当地农业的转型升级，促进农业经营主体的发展和壮大。

14.3 玉溪市家庭农场培育的现实阻碍

14.3.1 农场主经营素养不足与劳动力缺乏

家庭农场经营的主体主要由早期的种养大户和返乡创业人员组成。这些经营者虽然在农业实践方面拥有丰富的经验，但由于年龄、学历以及观念等因素的影响，存在管理和生产方面缺乏科学化、现代化的能力。大多数仍然依赖传统的种植和养殖方式，导致劳动效益相对较低，产出与投入之间的比率不尽如人意。

另外，农村青壮年劳动力普遍选择外出务工，这使得留守在农村的从事农业生产的人群多为年龄较大的群体。这种现象导致了在水果、蔬菜、粮食等需要大量劳动力的生产领域，家庭农场缺乏足够的劳动力支持，进而增加了劳动力成本。人力资源的短缺不仅影响了生产的效率，也给家庭农场的经营带来了一定的困难和挑战。

因此，为了提高家庭农场的生产效率和竞争力，需要采取一系列措施。包括引入现代农业技术与管理理念，为经营者提供培训和指导，推广科学种植与养殖模式，以提高产出并降低生产成本。同时，可以通过农村青年的技术培训和吸引政策，鼓励更多的年轻人参与农业生产，以解决劳动力短缺的问题，并通过技术手段减小劳动强度，提高生产效率，实现农业生产的可持续发展。

14.3.2 发展资金短缺

家庭农场经营面临着诸多挑战，其中资金短缺是一个普遍存在的问题。由于家庭农场的生产周期较长，风险性较大，且回报周期相对较慢，初期投入资金较为密集。然而，大多数家庭农场在发展初期面临着资金短缺的困境。同时，由于缺乏足够的可抵押资产，向金融机构申请大额贷款变得异常困难。尽管一些家庭农场尝试通过小额信贷来支持其发展，但往往难以满足其扩大规模的需求，从而限制了家庭农场的可持续发展。如某家庭农场为了获得扩大种植规模所需的资金，他们只能将自己的住房作为抵押向金融机构贷款融资。这种情况下，农场主不得不拿出自己的住房作为担保，来获取发展所需的资金支持。

为解决这一困境，政府部门可以考虑制定更加灵活和便利的金融支持政策，为家庭农场提供更多贷款选择，并鼓励金融机构开发适合家庭农场的融资产品。同时，可以推动建立更多面向农业的担保机制，为家庭农场提供多元化的融资渠道。此外，还可以通过农业保险等方式，为家庭农场降低生产风险，提升其信用和融资能力，从而促进家庭农场的可持续发展。

14.3.3 信息不对称

玉溪市家庭农场大多使用传统的种植和养殖方法，缺乏对现代农业技术的了解和应用。他们可能没有接触到最新的种植、施肥、病虫害防治、水资源管理等方面的技术进展，导致生产效率低下。并且家庭农场由于地理位置偏远或缺乏信息渠道，可能难以获取到最新的市场信息、价格变动、市场需求和趋势等重要信息，导致他们在作物选择、销售和定价等方面做出不够准确的决策。获取缺乏专业的农业管理知识可能导致家庭农场在土壤养分管理、水资源利用、农药化肥的合理使用等方面存在问题，影响农产品的质量和产量。技术转化困难，即使有新技术，家庭农场也可能因为缺乏适应和应用新技术的能力，导致技术转化的困难。不了解新技术的操作和实施，也影响了其有效性和可持续性。

解决这些问题需要政府和相关机构提供更多的培训和教育机会，帮助家庭农场经营者了解和掌握现代农业技术。促进农业科技成果向基层农户转化，提供更多的技术指导和支持。同时，建立信息共享平台，让家庭农场获得市场信息和最新技术动态，提高其经营决策的准确性和效率。

14.4 家庭农场联农带农成效

2023 年 8 月至 2024 年 2 月对玉溪市自然保护区周边的农户调查，调查全部采用发放问卷的方式进行，共获得有效问卷 71 份。调查内容主要包括：农户家庭的基本情况，包括家庭人口数量及结构、家庭收入及来源、种养殖规模、种养殖产品、农产品主要销路等；对家庭农场在联农带农方面的认识包括其经济效益、社会效益、生态效益等。

14.4.1 经济效益

家庭农场在促进经济效益方面扮演着重要角色。从提供食品到创造就业，再到地区经济发展和环境保护等各个方面都发挥着重要作用。这些作用共同促进了当地和更广泛范围内的经济效益。通过提供就业机会、生产农产品、促进地方经济、保护环境等方式，它们对当地和更广泛的经济都有积极的贡献。表 14-1 列出了调查样本农户对家庭农场在经济效益的不同方面的表现。由表 14-1 可知，有 39.13%认为家庭农场促进了当地经济发展，有 26.06%认为家庭农场增加家庭收入，有 25.21%认为其改善了当地农产品供应，有 9.6%表示没有经济效益以及不清楚其是否有经济效益。

表 14-1 家庭农场经济效益状况 单位：%

经济效益	促进了当地经济发展	增加家庭收入	改善了当地农产品供应	没有经济效益以及不清楚是否有经济效益	合计
占比	39.13	26.06	25.21	9.60	100.00

根据上述数据可以看出，大多数人对家庭农场在经济方面的积极影响持肯定态度。可能是农场为当地经济带来了额外的收入来源，增加了经济活动，表明家庭农场不仅有助于创造就业，还提高了当地农产品的生产和供应，对当地经济和食品供应链有积极影响。有 9.6%的人认为家庭农场没有经济效益以及不清楚其是否有经济效益。可能是对某些人来说，家庭农场的经济贡献不够明显，或者由于特定情况下的观察有限，难以准确评估其经济效益。

14.4.2 社会效益

通过提供就业机会、促进社区发展与凝聚力、分享经验和知识等方式，对社会起到了积极的作用。同时，家庭农场能够传承文化、推动环保和可持续发展，为社会带来更多的积极影响。由表 14-2 可知，36.58%的受访者认为家庭农场为当地社区提供了就业机会。这意味着人们相信家庭农场为当地居民创造了工作机会，有助于减少失业率，并提高当地居民的就业机会。34.14%的受访者认为家庭农场促进了社区的发展和凝聚力。表明农户认为家庭农场在社区层面上发挥了一定作用，可能通过增加经济活动、提供社会互动的场所或促进居民之间的合作来增进社区凝聚力和发展。29.26%的受访者认为家庭农场为周边农户提供了借鉴经验。表明一部分人认为家庭农场的实践对周边农户有启发作用，可能提供了一些有用的经验和农业技术，为其他农户提供了参考和借鉴的机会。根据这些数据，大多数受访者认为家庭农场在提供就业机会和促进社区的发展与凝聚力方面发挥着重要作用。虽然为周边农户提供借鉴经验的认可度较低，但仍有相当一部分人认为家庭农场对其他农户有经验分享的作用，如表 14-2 所示。

表 14-2 家庭农场社会效益状况 单位：%

社会效益	提供了就业机会	促进了社区的发展和凝聚力	为周边农户提供了借鉴经验	合计
占比	36.58	34.14	29.26	100.00

14.4.3 生态效益

家庭农场通过可持续农业实践，如有机耕作、多样化种植和少化学品使用，保护土壤健康、减少水资源污染、维护生物多样性，降低对环境的负面影响，促进土地长期生产力和生态系统的健康。表 14-3 列出了调查样本农户对家庭农场在生态效益的不同方面的表现。24.13%的受访者认为家庭农场促进了土壤和水资源的可持续利用。这表明他们相信家庭农场采用了措施来保护和维护土壤质量，并有效管理水资源，从而使土地和水源得以长期可持续利用。20.68%的人认为家庭农场采用了环保的农业实践。说明人们相信家庭农场更倾向于使用环保的农业技术和方法，有助于减少对环境的负面影响，从而维护生态平衡。24.82%的受访者认为家庭农场减少了农药和化肥的使用。表明他们相信家庭农场采用了更少的化学农药和化肥，可能更倾向于有机农业或其他环保的农业实践，以减少对土壤、水源和生态系统的污染。27.75%的受访者认为家庭农场对于保护生态系统和生物多样性有积极作用。表明一部分人认为家庭农场在促进生态系统的健康和保护生物多样性方面有所作为，但相对比例较低。

表 14-3 家庭农场生态效益 单位：%

生态效益	促进了土壤和水资源的可持续利用	采用了环保的农业实践	减少了农药和化肥的使用	保护了生态系统和生物多样性	其他	合计
占比	24.13	20.68	24.82	27.75	7.50	100.00

14.5 家庭农场联农带农作用的实证分析

学术界关于家庭农场联农带农作用的研究，包括田野调查、定性定量分析、社会经济学、生态学、社区发展和政策研究等领域。关注家庭农场对经济、社会、环境和文化方面的影响，以全面理解其在社区发展、可持续农业和社会凝聚力等方面所起的作用。

家庭农场不同于合作社与农业企业，其规模相较更小，对带动农户就业的作用有限，根据实地调研得知，家庭农场的联农带农作用大多是体现在示范带动上。因此本文基于农户视角，探讨其对家庭农场的看法以及其是由有意愿向家庭农场发展来衡量其联农带农的作用。

基于农户的视角，本部分将农户分为两类。一类为有意愿创办家庭农场，这类农户受到了家庭农场的正向积极影响；另一类农户是没有意愿创办家庭农场，即没有受到家庭农场的正向积极影响。这样家庭农场的带动作用被定义为一个 0 和 1 的二元变量，1 表示有意愿创办家庭农场，0 表示无意愿创办家庭农场。这样就可以用 Logistic 模型分析家庭农场的联农带农作用，如表 14-4 所示。

表 14-4　家庭农场联农带农作用的测量变量

变量类型	变量名称	总样本	平均值	标准差
解释变量	增加家庭收入（是=1，否=0）	71	0.606	0.492
	为周边农户提供借鉴经验（是=1，否=0）	71	0.507	0.504
	带动周边农户就业（是=1，否=0）	71	0.423	0.497
	加强与周边社区的联系和沟通（是=1，否=0）	71	0.408	0.495
被解释变量	是否有加入家庭农场的意愿（是=1，否=0）	71	0.366	0.485

为了验证结果稳健性，本部分利用 Probit 模型对比分析。增加家庭收入的变量在 10%的显著性水平下为显著，表明增加家庭收入可能会促使人们更有意愿加入家庭农场。为周边农户提供借鉴经验这一变量在统计上并不显著，即在统计学上不能确定它与加入家庭农场意愿之间存在关联。带动周边农户就业的变量在 1%的显著性水平下是显著的，意味着家庭农场可能对周边农户的就业产生了积极影响，促进了人们加入家庭农场的意愿。加强与周边社区的联系和沟通这一变量也在统计上并不显著，不能确定它与加入家庭农场意愿之间是否存在关联。

Logistic 和 Probit 模型回归结果如表 14-5 所示，增加家庭收入与个体加入家庭农场的意愿呈正相关关系，并且这种关系在统计上是显著的。建议在家庭农场招募和宣传中强调加入家庭农场可以增加个体的收入，可以是一个重要的吸引因素。

表 14-5 回归结果

变量名称	Logistic	Probit
	加入家庭农场的意愿	
增加家庭收入	1.190*	0.720*
	(0.650)	(0.388)
为周边农户提供借鉴经验	-0.280	-0.178
	(0.421)	(0.258)
带动周边农户就业	0.511**	0.306**
	(0.241)	(0.143)
加强与周边社区的联系和沟通	0.251	0.142
	(0.204)	(0.123)
Constant	-0.746*	-0.444*
	(0.402)	(0.241)
Observations	71	71

数据显示，带动周边农户就业与个体加入家庭农场的意愿也呈现出显著正相关。因此，在家庭农场发展过程中，可以强调其对周边社区就业机会的促进作用，可以为加入家庭农场提供额外的吸引力。

为周边农户提供借鉴经验和加强与周边社区的联系和沟通：对个体加入家庭农场的意愿影响不太显著，相关系数较小且在统计上不显著。虽然这些因素对于加入家庭农场的意愿影响较小，但仍然建议在家庭农场的运营中重视与周边农户的交流和沟通，有助于建立更加合作和有利的社区环境。

总体来说，家庭农场可以通过强调增加收入和提供就业机会等方式吸引更多个体的加入。同时，与周边社区的积极沟通和合作也是提高加入家庭农场意愿的重要因素之一。这些建议可作为制定家庭农场招募和发展策略的参考。

14.6 家庭农场案例分析

14.6.1 案例简介

红塔区欣欣洋洋家庭农场自 2022 年 2 月 17 日成立以来，在不断追求创新与发展的道路上取得了显著成绩。家庭农场骄傲地荣获了玉溪市在 2022 年评定的市级示范家庭农场荣誉称号。在过去的三年间，家庭农场积极致力于农业技术的研发和实践，不断优化种植设施和种植种类，努力提升农场的生产效率和竞争力。

家庭农场引进并建设了多项先进的种植设施，包括水培立体架、种植槽、上水系统、回液系统、大姚系统、无土栽培架、700 平方米蓄水池，以及“水肥一体”灌溉喷管设施和引水灌一整套系统。这些设施的运用使得家庭农场的种植范围不仅涵盖了常规蔬菜育苗，还扩展到了果蔬无土种粒、立体架水培活体秧的生产种植等更多领域。家庭农场不断增加种植品种，包括西瓜无土、草莓无土、番茄无土等，这一举措不仅丰富了家庭农场的产品线，更提升了市场竞争力。

除了在生产上不断创新，家庭农场还重视实施标准化灌溉，以提高资源利用效率，实现可持续发展。同时，家庭农场积极与中小学以及大专院校合作，搭建研学教学基地，为学生提供了更好的农业实践和教育机会。这种教育资源的共享，不仅方便了学校的教学活动，也为家庭农场的发展提供了更多的支持。

通过这些努力，家庭农场不仅在经济效益上取得了增长，同时也为当地农业发展带来了新的活力，展现出了良好的示范和带动效应。家庭农场将继续努力，不断探索创新，为农业的可持续发展贡献家庭农场的力量。

14.6.2 采用订单农业模式，向农户输送优质育苗

欣欣洋洋家庭农场秉承订单农业模式，与当地农户建立了合作伙伴关系，致力于提供优质育苗服务。家庭农场为农户提供高质量、价格低廉的育苗，以帮助他们改善种植品质和提升农作物的产量。通过与农户紧密合作，家庭农场不仅销售育苗，更重要的是家庭农场亲自传授先进的种植技术和土地利用方法。家庭农场的目标是帮助农户实现种植业务的升级，提高作物质量，同时推动当地农业规模化种植的发展。这种合作不仅促进了农产品的生产和质量，也为当地农户提供了更多的就业和经济机会，助力农村经济的可持续发展。

订单农业的运作流程：

（1）预订和需求规划：消费者通过在线平台或应用程序提前下订单或订购所需的农产品。这些订单可以是针对新鲜水果、蔬菜、禽类、肉类或其他农产品的需求。

（2）生产计划和种植/养殖：基于收到的订单和需求，农业生产者可以有针对性地规划种植、养殖和生产计划。这减少了农产品的浪费，并有助于农民更有效地利用土地和资源。

（3）生长或饲养过程管理：农业生产者利用最佳实践和先进技术，确保农产品的质量和数量符合订单的要求。这可能涉及对土壤的管理、有机栽培、现代化的养殖方式等。

（4）收获和生产物流：在农产品成熟或可供应时，进行收获或取得，并按订

单要求进行包装和处理。随后物流系统将农产品运送到消费者指定的地点。

（5）交付和客户满意度：订单农业平台通常会提供快速、可靠的送货服务，确保农产品在新鲜的状态下送达消费者手中。这有助于提高客户的满意度和忠诚度。

订单农业的优势：

（1）减少库存和食品浪费：通过根据需求种植/生产，订单农业可以降低农产品的库存量，减少因过剩产量而导致的食品浪费。

（2）提高农产品质量：这种模式下，生产者可以更加集中地管理和监控产品质量，确保产品符合标准并在最佳状态下交付。

（3）直接连接生产者和消费者：订单农业平台为生产者和消费者之间建立了直接的联系，消除了中间商，使生产者能够更好地了解消费者需求，从而生产更符合市场需求的产品。

（4）提供定制化和个性化服务：消费者可以根据个人喜好或特定要求定制农产品，从而获得更加个性化的服务和产品。

（5）促进可持续发展：通过精确规划生产，订单农业有助于减少资源浪费、促进可持续农业实践，从而对环境和土地资源产生更小的负面影响。

总的来说，订单农业通过优化供需匹配、提高效率和质量、减少浪费等方面，为农业生产者和消费者带来了许多优势，同时也为农业产业的可持续发展做出了贡献。

14.6.3 吸纳就业，促进农民增收

欣欣洋洋家庭农场在积极推进当地农业发展方面显露出了远见和创新。其不仅是一个普通的家庭农场，更是一个激发农业新活力的先锋。借助引入高端种植技术和创新的农业模式，这个农场不断开拓着“家庭农场+新模式种植”的前沿，为本地农业探索出全新的路径和无限机遇。

在推广过程中，家庭农场注重解决当地绿色种植技术方面的挑战，不仅自身采用先进技术，更着力为农户提供解决方案。通过示范和指导，帮助农户掌握更先进的种植技术，提高他们的生产水平和农产品的质量。同时，农场重视培训当地校区的学生，开展富有启发性的研学活动，让学生亲身感受到现代农业的魅力，激发他们对农业领域的浓厚兴趣，为未来培养了更多的农业人才，注入了新的活力。

这种新兴的模式不仅解决了当地绿色种植技术上的难题，更为周边农户提供了临时就业机会，预计能够帮助30名农民增加收入。通过集体的努力，家庭农场致力于构建一个可持续发展的农业生态系统，实现农业的绿色、高效和可持续发展。同时，这个模式还为当地社区创造了更多就业机会，推动了农村经济的稳步

增长。欣欣洋洋家庭农场所展现出的这种积极努力和探索精神，为农业的未来发展树立了崭新的典范。

14.6.4 示范带动，吸引农户创办家庭农场

红塔区农业部门所邀请家庭农场主参与高素质农民培训，着实是为了在农业领域培养具有领导力和示范作用的产业带头人。这个计划旨在提升农场主的管理水平和社会责任感，使他们成为农业领域的典范和引领者。培训计划力图激发农场主的经营意识，引导他们更好地运用现代农业技术和可持续发展理念，以便充分发挥他们在农业领域的示范和引领作用。

欣欣洋洋家庭农场对与红塔区农业部门展开的合作感到非常荣幸和欣喜。作为红塔区家庭农场培优提质试点，该农场将充分发挥自身的优势和丰富经验，致力于展示先进的种植技术和可持续的农业经营模式。这里欢迎农户和其他农场前来观摩学习，分享家庭农场在种植经验和管理理念方面的所学所思。通过与其他农场的交流互动，家庭农场期望实现共同学习与进步，为当地农业的发展贡献出自己的力量。这种协作也将促进农业产业的提质增效，为农村经济的繁荣和可持续发展做出积极的贡献。这种合作精神展示了共同成长与分享的理念，为整个农业社区带来了更广阔的发展前景。

14.6.5 与专家合作培育农作物新品种

合作模式：

（1）专家调研与品种选育：专家通过对土壤、气候、当地环境等因素的调研分析，确定可能适合当地种植的植物品种。这些品种可能具备更好的抗病虫害能力、适应当地气候条件等特点。

（2）实地种植和试验评估：家庭农场与专家共同在实地进行种植试验，对选定的植物品种进行评估。在种植过程中，不断观察、记录植株的生长情况、抗逆性能力以及产量和品质等指标。

（3）数据分析与改良培育：专家利用实验室技术分析试验数据，了解植物遗传特性，为新品种的改良培育提供科学依据。在此基础上，进行选择育种、交配改良等工作，以期培育出更优秀的品种。

（4）品种推广和知识分享：当新品种经过改良并证实其效果出色时，家庭农场与专家共同推广这些新品种，向其他农户传授种植经验和种植技术，促进该品种的推广应用。

益处：

（1）品种适应性提升：专家的科学知识与家庭农场的实践经验相结合，有助

于培育出更适应当地环境的新品种，提高农作物的生长适应性和产量稳定性。

（2）科学依据支持：专家的科学分析为改良培育提供了理论支持和指导，使品种改良更有针对性、有效性和可操作性。

（3）知识传承与推广：家庭农场与专家合作的过程中，不仅培育了新品种，还促进了农业知识的传承与分享，对其他农户的农业生产具有借鉴和推广价值。

（4）农业可持续发展：新品种的培育可以提高农产品的品质和产量，有助于促进农业的可持续发展，提高农民的经济效益，促进农村经济的发展。

综上所述，家庭农场与专家合作培育农作物新品种的模式不仅促进了农业的技术创新，更为农业生产的提升和可持续发展注入了新的动力，对提高农产品质量、增加农民收入以及推动农村经济繁荣具有重要意义。

14.7 帮扶毗邻社区农户生计转型的可能性

14.7.1 支持有条件的小农户成长为家庭农场

家庭农场作为一个示范和引领的典范，在激发有潜力的小农户蓬勃发展方面发挥着至关重要的作用。这种模式不仅仅促进了小农户向家庭农场的转变，更是架起了农场与农户之间互信互通的“桥梁”。这种亲近性让农户更加愿意接受家庭农场的支持，进而拓展了他们的社会网络与资源。随着农户参与不同组织的增多和与周围邻里的融洽关系，他们更愿意探索农业规模化经营或者在本地开展商业活动或者外出从事工商业。

家庭农场的兴起不仅意味着改善农户的各种生计资源，同时也在影响着他们的生计规划与策略。这种示范效应不断地激发并带领着农户朝着多样化发展的方向迈进，因此他们的收入来源更为广泛。这种新型农业经营模式赋予了农户更多选择的自主权，让他们能够更加灵活地选择适合自己的生活方式。

14.7.2 优质育苗与技术提高农户生计多样化

农业是许多国家重要的经济支柱，而农户作为农业体系中最基础的组成部分，其生计方式和经济收入直接受农业生产的影响。在这个时代，优质育苗与先进技术的应用不仅提高了农产品的品质和产量，也在很大程度上促进了农户的生计多样化。

首先，优质育苗技术的引入为农户提供了更好的种植基础。通过使用优质种苗，农作物的生长周期缩短，抗病性增强，产量和品质也得到了提高。这意味着农户能够更快地收获作物，获得更好的收益，进而拥有更多的经济支配权和选择余地。

其次，先进技术的应用也为农户开拓了更多的生计选择。新型农业技术，如智能灌溉系统、远程监控、无人机等，不仅提高了生产效率，也减小了劳动强度。这使得农户在经营农田的同时，有更多的时间和精力去尝试其他生计活动，如兼职工作、创业或者参与社区项目。

再次，在农户生计多样性方面，技术的提升也直接影响了农产品的附加值。通过改善农产品的加工和包装技术，农户可以将产品加工成更高附加值的农副产品，增加产品的市场竞争力，提高利润。这种多样化的经营模式为农户提供了更多的选择，减轻了单一农业经营风险。

最后，优质育苗与技术的提高也推动了农业生产向更可持续的方向发展。有机农业、节水灌溉等技术的应用，不仅提高了产品品质，也减少了对环境的负面影响。这种更加可持续的农业生产方式为农户提供了更长远的发展前景，也为其生计的多样性打下了更为稳固的基础。

因此，优质育苗与技术的提高不仅提升了农产品的品质和产量，更重要的是促进了农户生计的多样化发展。这种发展不仅改善了农户的经济状况，也使农户有更多的选择，更具可持续性，从而为农村地区的整体发展和农民的生活质量提供了有力的支持。

14.7.3 家庭农场与农户的资源置换

当今农业发展的背景下，家庭农场作为一个具有活力和创新性的农业模式，与农户之间的资源置换正日益成为推动农户转型的重要动力。这种资源置换不仅仅带来了经济上的利益，也为农户提供了更广泛的发展选择和机会。

家庭农场作为农业示范和引领者，与农户之间形成了一种资源共享的模式。家庭农场通过提供种植技术、良种育苗和现代化种植设备等资源支持，帮助农户改善了农产品的质量和产量。这种资源的置换不仅是物质上的交换，更是知识和技术的共享。农户从家庭农场获得的技术支持，提升了他们的种植水平和管理能力，进而增加了农产品的市场竞争力。

另外，农户也为家庭农场提供了宝贵的资源，如土地、劳动力和市场网络。农户作为地域的一部分，了解当地的气候、土壤和市场需求，为家庭农场提供了重要的信息和资源。这种资源置换不仅帮助家庭农场更好地了解和适应当地环境，还为其提供了更多的市场机会和扩展空间。

家庭农场与农户之间的资源置换不仅带来了双方的经济效益，更重要的是增加了农户转型的可能性。通过与家庭农场的合作，农户获得了更多的发展机会和资源支持。这些机会包括种植技术的更新换代、市场信息的获取以及对新兴农业模式的接触。这些因素使得农户更有可能实现从传统小农经营向规模化、现代化农业转型。

总的来说，家庭农场与农户之间的资源置换不仅是一种经济上的交易，更是一种合作与共享。这种模式不仅带动了农业生产力的提升，也为农户提供了更多的转型可能性。通过合作与互补，家庭农场和农户之间建立的良好合作关系，将在农业发展和农村经济中扮演着越来越重要的角色。

家庭农场可以通过作为“中介”的生计资本对农户生计策略产生影响。家庭农场的示范带动农户参与农业产业化活动过程中，拥有较多土地资源的农户，其土地有可能经过土壤改良和配套设施的提升而质量得到提升，这样的农户可能更倾向于从事农业生计活动。土地资源数量不多的农户，家庭农场可以通过转入其土地扩大种植，农户可以从事非农生计活动，如在本地或外地打工经商等。

在传统小农经营模式下，农户收入主要来自农业生产，由于其经营规模普遍较小，导致农业收入水平较低。农业产业化下的规模经营方式，可以提升农业总收益和技术效率，进而提高农户收入与生计水平。同时，农户还可以通过与新型农业经营主体（家庭农场、合作社、企业等）合作，获得农业生产环节的相关服务支持，从而提升农户各方面的资本。除此之外，与新型农业经营主体的联结可以提供较多的本地化就业机会。农户既可以通过转出承包地获得较高的农地租金收入，也可以选择在本地的专业合作社或农业企业打工经商获得非农收入，抑或转出所承包的农地，安心在外地打工谋生。

农户能够使生计资本得以提升，生计策略的选择更加自由和多样化，农户收入与抗风险能力不断提高，农户福祉不断提升。

14.8 促进绿色家庭农场发展的建议

由表 14-6 可知，在接受调查的 71 户农户中，有 35 户农户认为家庭农场促进了土壤和水资源的可持续利用，占样本总量的 24.01%，认为家庭农场是采用了环保的农业实践占比 20.07%，认为家庭农场减少了农药和化肥的使用，占比 24.08%，其中有 22.07%的农户表示家庭农场保护了生态系统和生物的多样性。仅有 7.07%的农户表示家庭农场对生态环境的影响不清楚。

表 14-6　家庭农场对生态环境的影响　　单位：户，%

名称	选项	频数	百分比	累计百分比
家庭农场对生态环境的影响	促进了土壤和水资源的可持续利用	35	24.01	24.01
	采用了环保的农业实践	30	20.07	44.08
	减少了农药和化肥的使用	36	24.08	69.06
	保护了生态系统和生物的多样性	33	22.07	92.03
	其他	11	7.07	100.0

多数受访者认为家庭农场对生态环境有积极影响。其中，有较高比例的人认为家庭农场可以减少农药和化肥的使用，促进土壤和水资源的可持续利用。此外，也有相当比例的受访者认为家庭农场通过采用环保的农业实践和保护生态系统和生物多样性方面做出了贡献。

这些结果显示了公众对家庭农场在生态环境方面的正面看法，并表明人们对环境友好型农业实践的重视，对于农业的可持续发展至关重要。

14.8.1　强化政策扶持

强化财政扶持，在财政预算中设立家庭农场专项资金，扶持家庭农场建设。绿色家庭农场发展过程，需要扶持与引领，如在创建过程中可给予财政补贴等优惠，优先安排各项支农补贴并给予倾斜；实施贷款贴息，支持规模经营与绿色创业；建立健全农业保险，建议设立家庭农场专项保险。对一些农业开发及其产业化项目可以给予优先扶持，享受用地、水电、基础设施等方面的优惠政策。

14.8.2　注重有效管理

（1）制定标准与规范登记。建立并完善家庭农场登记注册制度，明确有关登记办法和认定标准，绿色家庭农场必须具备一定的生产资质并经过认证后方可注册。就组织形式而言，各地根据具体实际可以有不同的认定方法。

（2）动态管理与定期审定。对批准设立的绿色家庭农场进行定期审定，并实现长期制度化运行。

（3）建立典型与示范建设。可以选择几个发展较好的家庭农场进行重点支持，政府及有关部门给予人才、资金、项目等优惠，开展示范家庭农场建设，引导绿色创业，带动综合开发，实现农民增收。

（4）有效经营与集约发展。实施生产与经营联动，创造条件成立相关协会，实现自我管理、自我服务、自我监督。

14.8.3 加强职业培训

通过定期开展培训、组织参观考察等，全方位提升家庭农场从业人员素质，着力培育一大批高素质的新型农场主。积极引导鼓励大学生、外出务工农民、个体工商户、农村经纪人等投资创办家庭农场，鼓励农业科技人员与家庭农场进行“一对一”帮扶，切实增强家庭农场发展后劲。

15　玉溪市自然保护区毗邻社区发展林下经济

习近平总书记明确指出，生态文明建设是中国国家发展战略的重要组成部分，纳入了“五位一体”总体布局和“四个全面”战略布局中。在此背景下，必须牢固树立和践行“绿水青山就是金山银山”的理念，并将其视为实现社会主义生态文明新时代的重要方向。此外，发展林下经济不仅仅是“两山论”的具体实践，更是提高森林资源利用水平的关键路径，对生态文明建设以及山区农民增收致富具备重大战略意义。自 2008 年《中共中央　国务院关于全面推进集体林权制度改革的意见》发布以来，集体林权制度改革在中国取得了稳步发展。各个地区建立起集体林地所有权、承包权和经营权分置的运行机制。进一步地，2021 年 11 月，国家林业和草原局联合发布《全国林下经济发展指南（2021—2023 年）》，旨在通过扩大生产规模、优化产业布局、延伸产业链、提高森林资源利用水平以实现林草产业的高质量发展，为林下经济发展提供明确指导。

15.1　自然保护区毗邻社区林下经济发展概况

2018 年发布的《林下经济术语》对林下经济做的确切的界定，将其界定为一种依托森林、林地及其生态环境的经济模式，其核心特征在于遵循可持续经营原则，并以多元化、与生态环境和谐相处的经营方式为其特征。林下经济模式包括林下种植、林下养殖、相关产品采集和加工，以及森林景观的有效利用等多个要素。林下经济是一种循环经济、绿色经济，能够把单一林业导向复合林业，具有投入少、见效快、发展模式多、就业容量大、从业门槛低等特点，既能充分利用森林资源和林荫空间，又能加强森林资源保护，使农林牧各业实现资源共享、优势互补、循环相生、协调发展。发展林下经济对于推动乡村振兴来说，有利于拉大农村就业，增加农民收入，提高林地资源利用效率，促进林业发展方式的转变，将集体林改向纵深推进，实现农民增收和生态保护的双重目标。2021 年中央一号文件中林下经济被明确纳入政策关注的范畴，旨在倡导通过林下经济模式来解决一系列问题，包括中草药产业与农粮生产的土地竞争、乡村振兴战略的实施，以及边远山区的经济发展所面临的冲突和矛盾。云南省充分发挥其独特的生态优势，坚持核心原则，即保护生态环境、促进产业发展、确保林农群众获得实惠。通过合理利用森林资源，云南省成功推动了林下经济的发展。2013~2018 年，云南省的林下经济投入产出表现优异，Malmquist 指数均值位居全国 31 个省份平均水平上，呈现积极向好的发展态势。与云南省类似，其他省份也在积极探索最佳的林下经济发展路径，不断增强科技力量，致力于充分利用林下经济模式来实现乡村振兴计划的各项目标。

15.2 玉溪市森林资源概况

玉溪市位于云南省中部，市辖 2 区、1 市、3 县及 3 个民族自治县，享有“滇中粮仓”和“云烟之乡”的美誉。玉溪市地处低纬度高原，属于中亚热带湿润冷高原季风气候，具有明显的立体气候特征，温和湿润，年平均气温在 15.4℃~24.2℃，年平均降水量为 787.8~1000 毫米，多集中于 6~10 月。玉溪市国土面积 2241.23 万亩，林地面积 1484.66 万亩，占国土总面积的 66.24%；森林面积 1189.15 万亩，森林覆盖率为 53.06%。自然植被类型多样，境内有 7 个自然植被类型：温性针叶林植被、暖性针叶林植被、常绿阔叶林植被、落叶阔叶林植被、稀树灌木草丛植被、灌丛植被及竹林植被。其中，在哀牢山中上部，分布有大面积的全球同纬度罕见的中山湿性常绿阔叶林植被，在元江干热河谷地带，分布有国内具有独特地位的稀树灌木草丛植被。动植物种类丰富，共有野生动物 736 种，占云南的 49.53%，共记录各类珍稀濒危及重点保护野生动物 234 种，其中，国家一级和二级保护野生动物 73 种，如绿孔雀、西黑冠长臂猿、林麝、云豹等。有国家重点保护陆生野生动物 87 种、“三有”（有益的、有重要经济价值、有重要科学研究价值的陆生野生动物）野生动物 407 种。有高等野生植物 2394 种、国家级重点保护野生植物 31 种。

15.3 玉溪市林下经济发展的现状

玉溪市地处山区，森林资源丰富，气候多样，有着发展林下经济得天独厚的自然优势。截至 2022 年末，玉溪市林下经济利用林地总面积 323.76 万亩，林下经济总产值 168011.78 万元，同比增长 21.7%。全市林下经济产业发展势头较好，近年来均以 20%的速度在增长，其产业属性和林区生态功能正逐渐发挥，促进山区经济转型和农民增收的作用开始显现。

玉溪市的林下经济生产经营主体主要包括林农、龙头企业和专业合作社。龙头企业和专业合作社在林下经济的发展中扮演着关键角色。随着集体林权制度改革的完成，林农参与林下经济活动的机会增加，也激发了他们的积极性。玉溪市已初步形成了多种经营模式，包括“公司+村集体+农户”、“公司+合作社+农户”、专业合作社与林农合作，以及个体林农的独立经营，这种多元化的经营形式有利于促进林下经济的可持续发展。

15.4 林下经济发展的主要形式

现阶段，玉溪市林下经济发展的内容主要有林下种植、林下养殖、林下产品采集及加工、森林景观利用四种主要形式。

15.4.1 林下种植

依托优越的自然条件和富足的林地资源，林下种植呈现发展模式多样、涉及品种广的特点。玉溪市以林药、林菜、林茶、林菌、林苗、林草为主要发展模式为主，共利用林地面积 15.75 万亩，产值 43605.842 万元。其中：林药模式以滇黄精、三七、天门冬、重楼、天麻等为主共利用林地面积 2.68 万亩，产值为 17911.02 亿元；林菜模式以辣椒、魔芋为主共利用林地面积 1.99 万亩，产值为 2640.59 万元；林茶模式以绿茶、红茶为主共利用林地面积 4.91 万亩，产值为 11884.33 万元；林菌模式以羊肚菌、香菇等为主共利用林地面积 0.66 万亩，产值为 215 万元；林苗模式以三角梅、凤凰木、冬樱花、旱冬瓜、清香木等为主共利用林地面积 0.5 万亩，产值为 4186 万元；林草模式共利用林地面积 3 万亩，产值为268.9万元；其他模式以玉米、烤烟为主共利用林地面积2万亩，产值为6500万元。

15.4.2 林下养殖

玉溪市林下养殖呈现规模化、绿色化的特点。共利用林地面积22.24万亩，产值为12496.92万元，形成了林禽、林畜、林蜂、林蛙的发展模式，其中以林畜、林蜂为主，利用林地面积分别为15.55万亩、4.68万亩。

15.4.3 林下产品采集及加工

特殊的自然气候和独特地形地貌赋予了玉溪丰富的生物资源，林下采集成为了山区群众的重要收入之一。玉溪市林下采集以食用菌、中药材、山野菜为主，采集加工利用林地面积284.19万亩，产量134556.16吨，产值101318.66万元。

15.4.4 森林景观利用

森林景观利用以森林旅游为主线，优美的自然环境和便捷的交通为玉溪市森林景观利用提供了有利条件，形成了以哀牢山、磨盘山国家森林公园为依托的森林旅游休闲体系。全市共有森林康养、森林人家、农家乐（林家乐）等305家，共利用林地面积20.33万亩，产值10590.36万元，经营者以不同的休闲方式和服务吸引了以本地居民为主的众多游客，接待游客437.09万人次，并解决了当地部分劳动力就业问题。

15.5 毗邻社区林下经济发展问题

玉溪市林下经济发展面临着“大资源、小产业、低效益”的困境，加之受市场环境、群众接受度等因素影响，发展中还存在五个方面的困难和问题。

15.5.1 基础设施薄弱，产业规模偏小，产业链有短板

林下经济依托森林资源发展多分布在山区、半山区，水、电、路、通信等基础设施相对滞后，直接制约着林下经济发展。尽管玉溪市林下经济发展势头较好，但受发展空间的制约，整体发展规模不大，林下经济向规模化、集约化转变难，呈现发展规模小而散、产业聚集度不高、市场竞争力弱的特点。同时，产品多以粗加工为主，缺乏精细化产业链式深加工，尚未建成完善的质量监测认证及产品

标准体系。多数产品存在规模化不足，市场开拓难，缺少网上交易平台，销售渠道单一、半径短、不畅通等问题。

15.5.2　产品同质化严重，缺乏统筹

玉溪市林下种植和林下养殖基本处于自发状态，缺乏统一规划。种养品种选择存在盲目性，加上集体林权制度改革后林地权属细碎、资金缺乏等因素制约，在产品经营中往往处于被动局面。林下经济项目选择也未做到因地制宜，效仿其他获得效益地区，一哄而上盲目发展单一产品，容易导致市场供大于求，出现丰产不丰收的情况。

15.5.3　科技含量不高，产业发展后劲不足

林下经济在充分保护和利用森林资源的基础上，有效利用林下自然条件，既可构建稳定的生态系统，增加林地生物多样性，又可以成为农村经济新的增长点。但是，面对新形势发展需求，目前玉溪市林业科技投入较低，对林下经济科技支撑力不足，林业技术对林下经济发展的支撑引领作用不明显，人才服务、品牌服务不足，存储能力和流通服务水平较差。就农村产业发展需求技术人才而言，缺乏长期驻扎在农村的“土专家”“土秀才”，进而导致服务跟不上、技术力量薄弱，发展后劲明显不足。加上林农主动学习林下经济发展模式、发展新技术等知识的意识淡薄，仅局限于简单的种和养，一旦发生流感、病虫害等情况就损失惨重。先进的种养殖技术没有得到很好的推广应用，发展过程缺乏专业知识指导致使农产品出现科技含量低、竞争力弱，附加值低的情况。

15.5.4　资金支持力度不够，发展意识有待提升

在林下经济发展过程中，大量资金投入对实现高质量发展是必不可少的。资金投入对林下发展、提高产品质量和劳动力资源配置都有决定性作用。然而尚未出台对林下经济发展的扶持政策和激励措施，加之发展林下经济投入大，不可预见因素和风险大，社会融资比较困难，同时融资渠道单一、匮乏。同时，受市场环境等因素影响农产品价格不稳定，多数农户对林下经济发展持观望态度不敢大规模发展，缺乏参与热情，支持力度较低。

15.5.5　缺乏保障，未形成合力

林下经济可被视为一个综合性系统工程，其涵盖了政策和科技支撑部门、投融资及保险部门、设施配套建设保障部门、产品精深加工服务部门、旅游部门，以及市场流通、品牌推广和食品安全监管部门等多个领域。目前，主要是林业部

门在发力，然而，林下经济的发展面临诸多挑战，其中一个主要问题是缺乏协同合作的整体体系，各相关部门之间合作不够紧密，资源整合存在较大难度，这对林下经济的持续发展构成了一定的制约。

15.6 毗邻社区林下经济发展的实践探索

15.6.1 魔芋产业拓宽增收新渠道

新平县林区面积大，在1300米以上中高海拔山区，仅核桃林就有近50万亩，而且立体气候明显，气候温和、光照充足，特有的气候、土壤条件符合魔芋生长习性，是云南省魔芋生长繁育的最适宜区域之一，魔芋产业也是新平县的传统农业产业，在发展林下魔芋产业方面具有得天独厚的优势，发展空间大。2012年新平县引进云南睦群农业综合开发有限责任公司，开始在核桃林下规模种植魔芋，建立种植示范基地，引导山区农户进行核桃林下种植魔芋，公司研制开发并进行精深加工魔芋系列产品和销售，确保农户种植的魔芋有销售渠道。已形成了集种植、魔芋干片加工、魔芋精粉加工和各类魔芋产品深加工的完整产业链，并建设了魔芋种子繁育基地，带动农户就近就便就业，吸引有劳动能力的农户到企业或种植大户中就业，从事种植管护、收挖加工等工作，获得劳务收入，实现增收。但存在全县范围魔芋种植技术一直未能有效提高，种植面积、产量较低的问题，还未能形成群众增收的支柱产业，截至目前全县林下魔芋种植面积只有0.25万亩，产值130.44万元。

15.6.2 林下中药材种出致富“良方”

华宁县依托良好的生态资源优势，通过政策引导、产业扶持、企业带动、技术指导，因地制宜地发展林下中药材种植，拓宽农民增收致富新渠道。在实施乡村振兴战略、加快推进农业农村现代化的背景下，把发展生物药材作为加快产业结构调整、增加农民收入的一项重要手段，充分利用林下土地资源开展农、林、牧等多种项目的复合经营，以点带面，广泛宣传引导，大力推广林下种植，全面助力乡村振兴。华宁县共种植林下中药材3600亩，实现产值1500万元，主要品种是滇黄精和天门冬等中药材。

成立于2013年的华宁永强是一家以经营中药材种苗、发展中药材种植、开展中药材收购粗加工和销售为主的企业。华宁永强先后在华宁县宁州街道那果村三棵树建立380亩核桃林下中药材种植核心示范基地，在新平县建兴乡建立300亩核桃林下中药材种植示范推广基地，集成了核桃林下中药材种植技术标准，探索出了一条林药共生的高效复合经营发展路子。随着林药共生发展模式的推广，华宁永强先后在华宁县青龙镇、通红甸乡推广天门冬、滇黄精、白芨林药复合经营，与新平县建兴乡签订5万亩白芨林下种植协议并展开大面积种植。随后建立了种苗和粗加工基地，为企业在“企业+基地+合作社+农户”的基础上，探索“种苗+技术”入股和“保底价格”收购的经营模式，以及企业与药农的共同利益链提供了有力保障。截至目前，华宁永强在市内带动1100户农户发展中药材种植6000余亩，在市外带动500余户农户发展中药材种植2000余亩。2022年，企业支付农户中药材收购款超过1800万元，经粗加工后销售中药材产品收益2100万元。

15.6.3 生态养殖大有“钱”途

玉溪峨山小街街道大维堵村依照“一村一品”要求，充分利用当地自然资源，引导农户发展林下生态养殖，并对农户进行一定补助，同时引进公司解决销路和技术问题，促进小街扶贫产业健康持续发展。

大维堵村依托云南民逸农牧科技有限公司发展林下散养土鸡项目，采取“公司+基地+农户”的模式，帮扶发展林下放养土鸡产业项目，养殖基地通过投入产业扶贫资金60万元，建设占地约230亩的生态养鸡场。2017年11月，该企业统一向养殖户免费发放鸡苗700余只，通过出租场地及产业资金折价入股，以分散养殖、鸡场集中销售的形式帮助养殖户拓宽增收渠道，走出一条“产供销”一体化的路子。自养殖基地建立以来，大维堵村每年都向村民分红，到2019年大维堵村走上了全民小康的新道路。

15.6.4 “小菌子”拉动致富“大产业”

易门县紧扣打造世界一流“绿色食品牌”，将食用菌产业确定为易门县“一县一业”主导发展产业，按照一二三产业深度融合发展的理念，依托良好的产业基础和优越的资源及区位优势，实施食用菌产业升级发展战略。林业部门积极在条件成熟的乡村开展了林下资源的有偿承包经营开发工作，不仅使集体山林得到很好的保护，又使林下资源得到很好的开发利用，增加了林农经济收入。易门县经过集体林权制度改革，山有其主，拥有山林的农民，把自己的山围起来，做到适时采制。通过管护，野生菌生长环境越来越好，野生菌越长越多，各种野生菌质量好，产量高，农民的经济收入不断提高，易门县在野生菌产业发展中涌现出了一大批包山养菌大户。

铜厂彝族乡位于易门县城西北部，辖9个行政村153个村民小组194个自然村，土地总面积438465亩，林地面积319111.5亩，森林覆盖率为71.53%，是全县重要的水源涵养区。辖区植被条件好、光照充足、气候条件优越，野生食用菌资源丰富、品质上乘，主要有干巴菌、鸡枞、牛肝菌、松茸、青头菌等20余种。乡内包山拾菌农户共1000余户，其中授牌认定的“森林人家”24户，围山养菌面积8486.4亩，年产野生食用菌20.9吨，产值450余万元；围山养菌农户325户，围栏面积6.3万亩，年产野生菌256吨，产值2300余万元，是名副其实的“菌子之乡”。

为进一步拓展铜厂野生菌经济价值，加快一三产业融合发展，形成“易门野生菌看铜厂”的品牌效应，铜厂乡以“森林人家”建设为切入点，围绕野生菌采拾，以及衍生的民俗、农耕体验、户外运动等活动，遴选了部分野生菌围山养菌农户进行设施布点，实施野生菌采拾游道、林道建设，设置菌子采拾体验点标识牌，建造简易休憩地，引导开发野生菌采拾体验旅游，并在集镇和万宝厂，打造两个综合设施服务点，提供住宿、餐饮、问询、购物、交通等服务。依托铜厂乡优质丰富的野生菌、华山松子等森林资源、易门县一年一届的野生菌交易会平台和人们走进森林、回归自然的生活时尚，短线游、自驾游等休闲健康旅游市场需求着力打造铜厂特色的“森林人家”乡村旅游模式。

15.7 林下经济帮扶毗邻社区农户生计转型的可能性

农村经济一直是中国社会经济发展中的重要组成部分。然而，随着城市化进程的不断推进，农村地区的农户生计面临着许多挑战，包括收入不稳定、农产品价格波动和生计保障问题。在此背景下，林下经济作为一种可持续的农业发展模式，为农户生计转型提供了广阔的可能性。

15.7.1 多元化的收入来源

林下经济的发展模式多样化，在资源的科学整合利用下，发展立体林业，可以使农户的收入来源不再过度依赖单一农产品，减轻了农业风险。这种多元化的收入来源不仅丰富了农户的经济来源，还为农户带来了更广阔的发展前景。当农户将经济林的种植与林下养殖禽、养蜂结合，可以开发出更多独特的农产品，如走地鸡、鸭、鹅和蜂蜜，这些产品在市场上具有高附加值。此外，多元化的收入来源为农户提供平稳过渡到更具竞争力的生计方式的机会。通过不断优化资源利用和生产方式，农户可以逐渐提高他们的经济状况，为自己和家庭创造更加可持续的生计。

15.7.2 增加附加值

通过深加工和精细加工，林下经济为农户带来了一系列重要的好处，进一步增强了他们的经济实力。

（1）深加工和精细加工可以将农产品转化为高附加值的成品，例如，从中药材中提取有效成分，制成药物或保健品，不仅提高了产品的市场价值，还满足了人们对健康和药物需求的不断增长。同样地，将水果制成果酱、果干或果汁，都可以大幅提升产品附加值。

（2）深加工和精细加工为农户创造了更多的就业机会。农村地区通常面临就业机会有限的问题，但深加工和精细加工需要技术熟练的劳动力，因此可以提供农村居民更多的工作岗位。这不仅有助于提高农户的家庭收入，还可以减少农村劳动力外出务工的现象，促进社会稳定和家庭和谐。

（3）深加工和精细加工也有助于扩大市场份额。精心制作的农产品更容易获得市场认可，建立起品牌忠诚度，吸引更多的消费者。这为农户提供了更广泛的市场，增加了销售的机会和潜力。

（4）深加工和精细加工的发展有助于推动农村地区的产业升级。这些加工活动需要先进的设备和技术，因此可以推动农村地区的科技进步和产业升级，进一步促进经济增长。

林下经济通过深加工和精细加工不仅提高了农产品的附加值，还创造了更多的就业机会，扩大了市场份额，促进了农村地区的产业升级，提高农户的经济实力的同时助力了农村社区的可持续发展。

15.7.3 生态保护与可持续性

生态保护与可持续性一直是林下经济发展中至关重要的方面，涵盖了多个方面，包括资源管理、生态恢复和社区参与。

（1）林下经济的可持续性建立在合理的资源管理基础上。农户需要遵循可持续的采集和种植实践，以确保林下资源的长期可利用性。这涉及谨慎的采收方法，如采收周期和数量的限制，以及种植和养殖活动的合理管理。通过这些措施，农户可以维护林下资源的生态平衡，防止过度开采和破坏生态系统。

（2）林下经济有助于生态环境的改善。通过森林保护和林下资源的合理管理，可以减少森林砍伐和土地开垦的需求，从而减缓了生态系统的退化和生态环境的恶化。此外，林下经济活动如果树种植和中药材种植，可以促进植被恢复和土壤保护，有助于维持土地的生产力和水资源的流动。

（3）社区参与和合作是保护生态环境和可持续性的关键要素。农户和当地社区的积极参与，包括参与资源管理决策和采纳可持续农业实践，有助于确保生态保护的成功。社区合作还可以促进知识和经验的分享，增强了可持续经济模式的适应性和稳定性。

（4）林下经济的可持续性与政策支持和监管密切相关。政府需要设立相关法规和政策，以确保林下经济活动在环境和社会方面的合法性和合规性。此外，监管机构需要加强资源管理和环境监测，确保农户和相关产业的活动符合可持续性原则。

通过合理的资源管理、生态环境的改善、社区参与和政策支持，林下经济为农村地区提供了一种可持续的生计方式，有助于长期维持农户的生计基础，并促进了农村社区的可持续发展。不仅有益于农户自身，还有助于维护全球生态平衡。

15.7.4 技术支持和培训

技术支持和培训在林下经济的可持续发展中扮演着至关重要的角色，为农户提供了知识和技能，使他们能够更好地实施和管理这一经济模式。

（1）技术支持包括引入先进的农业技术和创新。政府和农业机构可以提供农户所需的技术工具，如先进的耕作设备、种植方法和采收技术。这些技术的应用可以提高生产效率，减少资源浪费，从而增加林下农产品的产量和质量。

（2）培训是提高农户技能和意识的关键途径。培训课程可以覆盖农业实践、资源管理、市场营销和可持续发展原则等多个方面。农户通过学习林下经济好的发展模式，可以更好地适应不断变化的市场和环境条件。此外，培训还可以提高农户的决策能力，使他们能够更明智地管理资源和投资，确保生计转型的可持续性。

（3）技术支持和培训也有助于提高农户对新市场机会的敏感度。通过了解市场需求和趋势，农户可以根据市场的变化调整自己的生产和经营策略。政府和林业部门可以提供市场信息、商业培训和林下经济技术培训，帮助农户更好地与市场对接，提高产品的竞争力和附加值。

15.7.5 市场接入

市场接入是林下经济可持续发展中至关重要的一环，关乎产品的流通、农户的收益和整体经济生态系统的稳定性。

（1）市场接入涉及建立高效的供应链和销售网络。包括生产、加工、分销和销售的各个环节，需要精心规划和协调，以确保产品从农户到消费者之间的流通畅通无阻。为此，政府和农业机构可以发挥协调作用，促进不同环节之间的合作，降低流通成本，提高产品的市场竞争力。

（2）线上销售平台的应用是市场接入的重要组成部分。随着数字技术的发展，线上销售渠道为农户提供了直接接触更广泛消费者的机会。不仅扩大了市场范围，还提高了产品的曝光度。然而，线上销售也需要有效的数字化营销策略和电子商务基础设施的支持，以确保农产品能够在竞争激烈的市场中脱颖而出。

（3）市场接入还需要考虑消费者需求和产品定位。了解市场趋势、消费者口味和偏好，有助于农户调整产品品质和包装，以满足市场需求。同时，品牌建设和产品认证也是市场接入的重要因素，可以提高产品的信誉度和市场认可度。

（4）市场接入的成功也依赖于政府政策的支持和监管。政府可以通过促进市场准入、建立质量标准、监督产品质量和保障消费者权益来营造公平竞争的市场环境。不仅有助于农户获得更高的收益，还维护了市场秩序的稳定性。

通过建立高效的市场渠道，农户可以更好地实现林下经济的潜力，获得更高的收益，同时也为农村地区的经济可持续发展做出了重要贡献。

15.8 促进林下经济发展的建议

林下经济可以通过产业体系的建立而充分的利用林地空间资源，对缩短林业经济周期，增加林业附加值，促进林业可持续发展，开辟农民增收渠道，发展循环经济，巩固生态建设成果都具有重要意义。

15.8.1 科学规划，因地制宜发展林下经济

以高原特色农业为指导思想，充分利用玉溪市的资源和区位优势，优化林下经济规划，合理设定林下经济发展目标，明确发展方向和规模。首要任务是根据地方特色，突出重点领域，进行科学布局，充分挖掘潜力，注重打造特色产业，从而制定科学可行的林下经济发展规划。其次积极动员当地居民，以生态保护为前提，积极扩大和强化林下经济产业，构建多元化的立体林业模式，包括种植、养殖、旅游和采集，为玉溪市寻找适宜的林下经济发展路径。

15.8.2 培育龙头企业，抓好示范带动

在林下经济的发展中，企业不仅扮演着引领角色，还是协同合作的关键要素。企业需要转变传统的资金援助方式，更积极地推动整体发展。通过建立“龙头企业+合作社+农户”等模式，实现企业、农林产业之间的互利合作，将农户纳入合作社基地，同时将合作社作为龙头企业基地，培养本地特色品牌。通过与龙头企业和知名品牌的合作，打造有规模、独具特色的林下经济产业体系。此外，企业还

可通过协调产品供应、建立销售渠道等方式，有助于减轻农林产品价格波动风险。同时，品牌建设和维护也至关重要，可以确保林下产品的品牌培育得以有序进行。

15.8.3 强化研发，科技支撑产业发展

建立由农业、林业、畜牧业、旅游业等相关行业部门组成的专业技术服务团队，旨在结合林下经济经营产品的独特特性，有计划地组织定期林农培训，以提供全面、全过程的技术支持，解决涉及生态保护、疫病控制、休闲规划等方面的问题，提升林农的科学技术和管理水平。同时，需加强科研工作，深化与高校和科研机构的协作，以培养高品质植物品种，引进新技术，提高产品在市场上的竞争力。此外，积极争取科技项目并实施，通过基地建设展开试验示范，以推动林下经济向科技、智能和机械化方向发展。在科学技术的指导下推动林下经济，需要有足够的技术人才参与。一方面，可以与高校和科研机构合作，鼓励相关专业学生参与实地实习和就业，同时提高薪资和福利以吸引和留住人才，从而培养一支有实践经验的科研团队。另一方面，应加强农户的培训，使他们认识到林下经济发展的重要性，同时传授相关技术，帮助他们掌握林下经济的发展方法。

15.8.4 加大投入力度提升发展意识

积极争取国家和省级财政的专项扶持资金，逐步完善基础设施建设，包括水、电、道路和通信网络。优先支持林下经济项目的发展，特别关注示范基地和示范点的建设，同时加强宣传推广、技术支持和市场体系建设。积极引导社会资本投资于林下经济建设，拓宽融资渠道和信贷投放规模。按照分级负责和“谁投资、谁受益”的原则，逐步建立政府引导、市场推动、多元投资、社会参与的多元化林下经济投资机制，同时创造良好的投资环境，积极吸引外商投资，为林下经济注入新动力。此外，要加强对林下经济发展政策的宣传，确保农林从业者全面了解相关规划、政策和模式，以提高他们的积极性和发展意识，形成政府、企业和农林从业者的合作力量，共同推动林下经济的健康发展。

15.8.5 加强协作，创新市场平台

促进林下经济的发展需要在各级政府的整体协调下，强化部门间的协同合作，实现多领域的有机融合，以创造有利条件。此外，在信息化时代，互联网平台为林下经济产品提供了更广泛、更迅速的市场机会。可以积极探讨与大型电商平台，如淘宝、京东、拼多多、抖音等的合作机会，以加强线上销售渠道。同时，可招揽并培养一批优秀的带货主播，推动林下产品的销售，以最大限度提高经济效益。

16　玉溪市自然保护区毗邻社区发展自然教育经济

自然教育经济是以生态资源为基础，通过教育、体验和产业融合实现生态价值转化的新型经济模式。其核心在于将自然资源与教育、文旅、社区经济等多元业态结合，形成可持续的经济增长点。

16.1　自然教育简介

自然教育（Nature Education）这一概念名词最早见于法国启蒙思想家、教育家卢梭的著作《爱弥儿》中，他在书中批判封建教育对于儿童的束缚，鲜明地提出了自然教育的主张。其核心教育思想是，儿童应该从经验中得到学习，在自己的发展中得到学习，从自己参与的实际行动中去学习（黄蓉，2020）。然而，卢梭并未对自然教育进行明确的概念界定，其自然教育思想更多的是强调遵循儿童的天性与成长规律来进行施教，是一种“自然而然”的教育方式，这与现在所说的自然教育有一定的区别。之后，裴斯泰洛奇和福禄培尔·弗里贝尔等学者均受到卢梭的教育思想影响，进一步深化发展了自然教育理论体系（刘黎明，2014；第斯多惠和袁一安，2017）。但遗憾的是他们均未对自然教育进行定义。在自然教育的演变过程中，也逐渐重视结合自然环境这一场所媒介，尤其是近年来在我国兴起的自然教育。目前，关于自然教育的概念界定仍未形成统一的认识，主要有以下几种观点：

李鑫和虞依娜（2017）认为，自然教育是一种环境教育类型，是环境教育在教育方式上由被动变为主动的提升形式，旨在自然的大环境中去主动认识、感知、联结自然。周晨等（2019）则强调自然教育是通过在自然中引导人们（尤其是儿童）开展与自然连接的实践活动，使其在自由愉悦的状态下学习自然知识，建立自然情感，养成与自然友好相处的生活方式，并自觉参与到维护可持续发展、保护自然、关爱地球行动中的一种教育。王紫晔和石玲（2020）认为，自然教育的概念可以理解为儿童在大自然中，通过自主学习增进知识、技能、身体健康，形成人与自然和谐共处、尊重自然、顺应自然、热爱自然和保护自然的理念。徐艳芳等（2020）指出，北京北研大自然教育科技研究院曾经把自然教育定义为“以自然环境为客体，以人类为主体，利用科学有效的方法手段，使儿童融入大自然，通过系统的手段，实现儿童对大自然信息的有效采集、整理、编织，形成社会生活有效逻辑思维的教育过程”。

综上所述，自然教育是通过有吸引力的自然教育活动，以自然环境为场所，以人类为媒介，利用科学有效的方法，在自然中体验学习，建立与自然的联结，使青少年儿童融入大自然。通过系统的手段，实现青少年儿童对自然信息的有效采集、整理、编织，建立生态世界观，尊重生命，遵循自然规律，促进青少年儿童的身心健康发展，以期实现人与自然和谐发展的教育过程。从以上定义可以看到，要理解自然教育，需要理解自然的含义。基于观念史的原因，自然的概念具有复杂多义性。

在现代语言中，不同的语境下人们使用“自然”一词的侧重点也不相同。一般而言，人们所体验的自然，是在哲学上的质料意义的自然，即康德所言的“不是作为一种性状，而是作为一切事物的总和，这是就它们能够是感官的对象、从而也是经验的对象而言的。所以自然被理解为一切显像的整体，亦即除一切非感性的客体之外的感官世界”。通俗地说，自然就是通常所指的大自然、自然界或自然环境，是与人类的意识及人工创造物、衍生物相区别的物质世界，包括自然界除人之外的现象、事物和过程。因此，自然的概念具有十分广泛的含义，从事物的内在特征到整个物质世界，包括自然现象、自然事物、自然过程等。但是，在自然教育中人们经常接触、感受和体验的自然，其实并非上述自然的全部。从另一个角度而言，并非所有的自然都能被人们经常接触、感受和体验，从而构成人与自然联结的来源，形成自然教育的基础。

实际上，自然教育所涉及的自然是：①相对狭义的、宏观的、不需借助专用仪器仅通过感官就能感受到的自然要素、自然环境和自然现象，如森林和树木、河流以及各种植物、动物和它们的生活痕迹，风、阳光、云彩、雨露、潮汐和季节变化带来的景观变化等。②基本上分布在一般人可以广泛接触到的自然区域，往往表现为性质温和的、令人熟悉的、易于亲近的，而不是常人难以触达的一些自然区域，如极地、沙漠、高山、深海、热带雨林或极端的原生环境等。从人与自然环境关系的发展历史来看，自然可分为原生自然（第一自然）、人化自然（第二自然）、人工自然和虚拟自然，不但包括很少或没有明显的人类痕迹和干预的

“原生态”自然，也包括乡村、田野、牧场等经过人类有限改造利用的自然，还包括城市公园、行道树、室内盆栽等人类利用自然元素营造的自然，也包括风景画、照片、视频、虚拟现实技术等媒介模拟建造的自然。

因此，可以认为自然教育的自然是以人为尺度的自然，它其实包含了以人的视野、感知、范围、场域为标尺的自然要素、自然环境和自然现象。必须清晰地认识到，自然教育的自然是有特定含义的，并不是泛化的自然概念。在这样的基础上，综合不同的定义来看，可以认为自然教育是“在自然中，通过自然，为了自然”的教育。

自然教育一般具有如下特征：①教育活动的开展是在户外，强调真实的体验；亲近自然，在自然中获得启发。②教育的内容是关于自然界中的事物、现象及过程的学习、认知；是以自然界中的实物为教学素材。③其目的是认识自然、了解自然，最终达到与自然为友。因此，自然教育需要启发人们与自然结伴，有一种对生命的态度，有一种对万物的敬畏感；同时，自然教育也是一种具有情境性、行动性、反思性、感悟性、主体性等特点的教育模式。

总的来看，自然教育的关键是要为学习者提供一种较少人工干预和影响的学习环境，使之在其中“浸润”和发展，从而获得身体、心灵、知识、技能、品德等方面的发展。据此，可以把自然教育定义为，通过在自然环境中开展的有计划、有目的、有组织的自然体验活动，使受教育者获得直接经验，习得知识和能力，完善心智和品行的教育模式。

16.2　国内外自然教育开展概况

16.2.1　国外自然教育开展现状

1892 年英国现代生态规划设计的先驱盖迪斯在爱丁堡建立了“观察塔楼”，这是自然教育的最初实践。20 世纪初荷兰出现乡土环境教育公园，其代表人物泰瑟强调亲身体验式的户外教育，带领孩子们到城市郊外远足，并通过有组织有计划的教育活动教授关于自然和生命的知识（张蕾，2015）。儿童农场是荷兰最具代表性的自然教育形式，通过种植蔬菜和植物，让孩子们观察植物样貌、进行游戏玩耍，观察动物并可以在儿童餐厅品尝有机蔬菜（姜诚，2015）。

丹麦的森林学校诞生于 20 世纪 50 年代初。80~90 年代，森林幼儿园模式先后被引入德国、英国、日本，21 世纪又相继被引入美国、加拿大、韩国等国。森林幼儿园中的儿童有70%的时间在户外森林环境中进行活动。户外环境根据需要分成不同的区域，将空气、火、泥土和水这四种自然要素作为自然教育的主要资源。鼓励儿童学习和发展的全人教育方式、以儿童为中心，鼓励儿童独特的、积极主动和相互影响的学习，并且注重真实生活的一手经验，与社会互动，留出时间探索和独立思考，并且能够在自然环境中渗透环境教育、利用适度风险性活动助推儿童成长（钟成海，2017；阳思思，2018）。

瑞典的森林幼儿园非常重视在自然和户外环境中培养儿童对自然的理解与认识，被誉为“没有天花板或墙壁”的幼儿园，是以“自然和森林”为主题的学前教育场所。1957 年，瑞典户外运动协会的发起人戈斯塔·弗拉姆首先提出“Skogsmulle”（森林之子穆勒）的想法，为5~6 岁儿童建立“穆勒式”学习场所。1985 年，基于“穆勒式”学习的理念，西夫·林德在瑞典创立了第一所“晴雨无阻幼儿园”，并确立了如下办学原则：通过亲近自然，满足儿童对知识、活动和归属感的需要；不分季节，孩子们均可在森林、田野、山脉和湖泊中一起玩耍，学会如何融入和保护大自然；与家长合作，保证高质量的户外活动；提高儿童对自然的认识和对自然中相互关系的理解，树立“人与自然共同体”的价值观。

瑞典森林幼儿园将自然视为一个无穷无尽的实验室，运用幻想的生物来引导儿童游戏、学习、探索和反思，使儿童更好地了解自然、融入大自然、体验大自然、享受大自然，从而培养他们对自然的热爱和尊重；同时，儿童也学会了在户外环境中照顾自己，增强了自尊感和自我认识。如此一来，儿童的自然生态愿景从个人开始，逐步走向群体协作学习，走向一个负责任的公民，最终使其能够在考虑全球环境问题时发挥积极、知情的作用。随着“森林幼儿园”影响的扩大，“穆勒式教学法”也影响到许多国家，如俄罗斯、黎巴嫩、德国、挪威、苏格兰、加拿大和日本等。

美国的自然教育实践模式为“教学+自然学校+组织项目”。自然学校内开展自然教育体验课，通过参观国家公园等户外实践，以解说与教育服务的形式学习相关知识，提升参与者对公园环境资源的保护意识（Coyle，2005）。美国重视与森林相关的环境教育，通过教学课程的设计和环境教育人员的培训，系统性地推动各项课程计划及内容，例如，“在森林中学习、体验与活动”概念框架、森林教室计划、学习树计划等。

日本实践模式主要为“自然学校+社区+社会”（李鑫和虞依娜，2017）。自然学校是日本自然教育的主体，如 Whole Earth 自然学校、KEEP 协会的环境教育事业部等（张佳和李东辉，2019），自然学校在校内普及相关理论知识，校外进行“修学旅行”（孙云晓和胡霞，2005）。日本社区的环保教育中心对社区居民和学生免费开放，是自然教育的重要形式，如东京板桥区的环境中心。同时，日本社会对于自然教育的认识通过多年的实践得到加强和重视，各种自治团体联合自然学校、企业、NPO、地区森林所有者、志愿者等建立长期合作，推进自然教育事业发展（韩冠男等，2009）。日本森林体验活动的开展主要依托于体验自然环境与促进身心健康的教育和理疗的视角，是日本自然教育中的重要组成部分（程希平等，2015）。韩国重视“森林体验式”的自然教育模式，其自然休养林拥有完善的自然体验体系和教育设施，遵循保护性的原则进行开发。韩国共建立有20个国立公园和13个森林博物馆。林区内科学分区，利用“传统+科技”的方式对树木生命和用途、森林的历史和文化等进行解说和展示（智信和王建明，2015）。教育体系完善，发展培养了具有专业资格的森林从业人员以及森林疗养师、林道体验师（邹大林，2011）。澳大利亚的自然教育实践模式为“全方位围绕式”，其形式涵盖家庭教育、学校教育以及社会教育。“可持续学校”建立与周边社区的合作关系，共同开发学校内部及周边的环境和生态系统作为环境教育资源（祝怀新和李玉静，2006）。澳大利亚重视森林保育工作，设置国家公园，将资源进行整合综合利用。并通过立法规定中、小学生每年要到国家公园等的教育中心活动至少两个星期，这为自然教育的实践提供了法律支持（张华和张悦，2010）。英国推动“森林学校”建设，鼓励青少年以及成人在森林环境中活动并培养自尊自信的品格。英国发起的“森林教育合作计划”在文学、数学、科学、地理学、设计、科技、艺术七大领域中融入与森林有关的知识，从生态、经济及社会文化三个方面认识森林。除此之外，英国有田园学习的传统；并且充分结合公园系统开展环境教育，如英国皇家植物园邱园中以植物开展自然课堂（李忠东2004；毛祎月，2013）。德国以“渗透式”的方式，将自然或环境教育的知识、理念、活动融入政治、经济、教育与社会生活的方方面面，主要的实践类型包括自然学校、生态教育中心、“份地花园”的传统、森林幼儿园等，形成“全民参与”的社会氛围。

16.2.2 国内自然教育开展现状

深圳在全国最先提出自然学校的建设，如华侨城湿地自然学校、福田红树林自然学校、仙湖植物园自然学校等（徐桂红等，2015）。香港的自然教育以郊野公园和自然保护区为载体，设立游客中心，修建郊游径以及自然教育径，为学校团体提供郊野活动计划。香港郊野公园内各类郊野径长度约600千米，按照难度、类型可以分为家乐径、自然教育径、树木研习径、郊游径、长途远足径五类，现有13条家乐径、15条自然教育径、31条郊游径、17条树木研习径和4条长途远足径，并有配套的标识系统（陈世清等，2014）。台湾的自然教育起步较早，通过立法推进自然教育，自2011年正式实施《环境教育法》以来，自然教育和环境保护工作提上日程。台湾充分利用国有林场、自然湿地、高山森林等的自然资源和教育资源，注重儿童的多样化发展和自然体验，如溪头自然教育园区、关渡湿地自然教育基地等。目前，台湾规划设计了18处森林游乐区和6个自然保护区。例如，阿里山森林游乐区、八仙山森林游乐区、杉林溪森林生态度假园区，森林游乐区注重建设生态化的景区，实现常态化的自然教育，建设多样化的森林步道，并开发精致的生态旅游产品（汪淮，2012）。台湾自然教育的团队建设与志愿者服务机制非常成熟、系统化（刘玉株，2018）。2014年中韩林业合作建设完成八达岭国家森林公园体验中心，宣传森林和环境保护，设置多种人与森林的互动体验项目，开展自然教育活动（张秀丽等，2019）。甘肃省天水市秦州森林体验教育中心引进森林体验教育（Forest Experience Pedagogy）理论，基地内组织森林教育实践活动，并提供讲解和森林体验教育的导师培训服务。基地由互动体验的森林体验信息中心和2.5千米的闭合环形森林体验通道组成，设置有12个站点（王文妮，2016）。

玉溪自然教育的实践在最近几年呈现飞速发展的态势，各省份加紧建设自然环境教育基地，出台地方性的政策和计划，并加强与国内外专业学者的交流，学习国内外先进的实践经验；由于国家研学旅行和相关政策的促进，实践模式出现多样化的趋势，学校、机构组织的活动项目都逐渐趋于完善，自然环境教育基地越来越多，开始探索和进行相关工作人员、老师的培训。玉溪自然教育事业也在发生深刻转型，面貌正在发生格局性变化，越发可以看到玉溪自然教育砥砺前行、迈向未来的坚实脚步。

首先，玉溪自然教育的制度空间得到进一步拓展。相关政策是自然教育行业环境持续改善、发展平台不断强化的重要保障。2022年，国家有关部委在生物多样性保护、湿地保护、基础教育课程改革、国家公园建设、生态农场建设、文化产业赋能乡村振兴、户外运动和露营休闲旅游发展等多个与自然教育密切相关的领域密集出台了一系列重要的政策文件。特别是教育部印发《义务教育课程方案和课程标准（2022年版）》进一步凸显义务教育阶段创新性和实践性的课程目标，强调在情境中运用和解决问题的能力，并且将劳动课从综合实践活动课程中独立出来，正式列为中小学的独立课程，从而为自然教育进入正规教育体系提供了可靠的支架和可能的抓手。这些政策举措为扩大自然教育的开展范围、健全自然教育的制度体系、推进自然教育的纵深发展提供了有力的政策支点，为自然教育进一步高质量发展展现了广阔的发展空间。

其次，玉溪自然教育的规范发展得到了进一步强化。规范化是自然教育行业基础持续稳固、发展动力不断增强的根本方向。2022年，继前期各类组织发布的多项自然教育人才、场域、课程和服务等团体标准后，国家林业和草原局发布了中国首个以“自然教育”为主题的《自然教育指南》行业标准，规定了自然教育的资源、对象、目标、主题、内容、设施、人员和监测评估的实施要求。

最后，玉溪自然教育的社会美誉度得到进一步提升。自然教育承担着积极引导公众特别是青少年牢固树立生态文明观的社会责任，是提高国民科学素质、影响公众参与生态环保事业的重要力量，是向世界展示人与自然和谐共生的中国式现代化的重要窗口，已经初步形成了可圈可点的“亮点”，进一步推动社会大众了解自然教育、参与自然教育、支持自然教育。2022 年新一届玉溪自然教育大会和全国自然教育论坛相继成功举办，标志着全国性的“双会”已经成为玉溪自然教育展示和集结力量的重要平台。中国 3 个湿地教育中心入选在武汉召开的《湿地公约》第十四届缔约方大会（COP14）颁布的全球首批 23 家“湿地教育中心星级奖”（WLI Star Wetland Centre Awards）获奖名单，标志着玉溪自然教育的专业能力已经赢得了国际社会的认同。玉溪自然教育在国内持续凝聚力量，在国际逐渐展现力量，社会大众的认知、接受和积极评价不断提高，为自然教育进一步高质量发展打开了积极的发展局面。

16.3 玉溪市自然保护区毗邻社区发展自然教育经济的可能性

16.3.1 政策支持

自党的十八大以来，我国生态文明建设步入快车道，自然教育受到广泛关注。党的二十大提出建设人与自然和谐共生的中国式现代化的宏伟目标，为玉溪自然教育事业发展带来了崭新的机遇和广阔的舞台。

为了解决自然教育人才队伍存在短板、标准体系不够健全、活动质量有待提升等问题，中国林学会牵头组织 10 余家高校、科研院所、社会组织 30 多位专家，历经一年多时间编制完成《全国自然教育中长期发展规划（2023—2035 年）》（以下简称《规划》）。

《规划》是我国第一部具有引领性作用的自然教育行业行动指南，其发布将有力推动玉溪自然教育行业的健康发展，成为自然教育相关基地、机构、从业人员等的工作依据和行动指南，也为各类自然保护地、有关政府部门开展自然教育工作提供决策参考。

当前玉溪自然教育仍处在快速发展、有待完善的初级阶段，存在许多尚未辨明、有待厘清的理论和实践问题。《规划》的推出旨在投砾引珠，与广泛的自然教育参与各方共同探讨自然教育的未来发展方向，从而为推动玉溪自然教育高质量发展、实现人与自然和谐共生的中国式现代化作出积极贡献。

《规划》明确了未来一段时期自然教育发展的指导思想、主要目标和工作重点，将进一步规范引导自然教育领域参与主体行为，凝聚广泛多元的自然教育力量，培育庞大优质的自然教育队伍，提供丰富普惠的自然教育产品，为推动玉溪自然教育高质量发展提供有益支撑。此外，中国林学会发布《自然教育师》团体标准，广东省林学会发布《自然教育基地建设指引》等四项团体标准，四川省生态文明促进会发布《自然教育导师专业标准》等三项团体标准，陕西、贵州等省份相继印发自然教育发展规划。不同层次和地方的多项规划、标准，逐渐发挥规制自然教育边界、保证自然教育质量、提升自然教育水平、支撑自然教育服务、引领自然教育发展等多重作用，为自然教育进一步高质量发展确立了长远的发展格局。

近年来，玉溪市委、市政府以教育兴市、教育惠民的情怀和担当，深入调查研究、回应民生关切，聚焦短板弱项、勇担职责使命，重构教育体系、重塑教育辉煌，团结带领各级各部门竭尽全力抓教育，努力办好人民满意的教育。玉溪市委、市政府始终坚持把教育事业摆在优先发展的战略位置，团结带领各级各部门千方百计抓好教育，措施有力，成效明显。出台加快基础教育改革发展提高教育质量13条措施等重大改革文件，统筹推进教育改革发展，协调解决重大问题。在市级财政极为艰难的情况下，每年坚持挤出3000万元专项资金用于教育发展。

玉溪市召开教育发展大会，会议提出，办好人民满意的教育是各级各部门和全社会共同的事，必须坚持系统思维、统筹施策、综合治理，凝聚各方智慧力量。要通过深入开展学习贯彻习近平新时代中国特色社会主义思想主题教育，让领导干部学会从民生上抓教育；玉溪各级各部门要把最好的资源、最暖的关怀给到教育，以推动教育高质量发展的新成效作为检验主题教育成果之一。

自然教育是生态文明建设的重要抓手。以林草、教育、文旅等为代表的各级政府是推动自然教育发展的核心力量，在以国家公园为主体的自然保护地建设、生物多样性保护、生态农场、森林康养、休闲农业、户外运动等多个密切相关领域陆续出台了一系列重要政策文件，为扩大自然教育的开展范围、健全自然教育的制度体系、推进自然教育的纵深发展提供了有力的政策支点，为自然教育高质量发展提供广阔空间。

16.3.2 禀赋优势

玉溪市玉白顶自然保护区地处峨山、新平两县交界处，10.3万亩的管护区内，森林覆盖率达87%，活立木蓄积量54万立方米，辖区内有植物近千种，鸟类和中大型哺乳类动物200多种，维管束植物744种，大型真菌近150种，其中国家一级保护植物8种，二级保护植物86种，国家一级重点保护动物5种，国家二级重点保护动物11种，大花香水月季、白花油麻藤、红色虾子花等各色鲜花竞相绽放，美不胜收，绿孔雀、黑颈长尾雉、林麝、白肩雕等国家一级保护动物经常可以见到，生物多样性较为丰富。

近年来玉溪市不断提高森林覆盖率，加强生物多样性保护，生态环境日益改善，人与自然和谐相处的画卷，在玉溪大地徐徐铺开。

16.3.3 社会需求

随着我国社会经济的快速发展和城市化进程的持续推进，城市化压缩了原有的自然空间，自然绿地被钢筋和水泥所替代，城市居民已很难接触到真正的自然环境，使得儿童与自然产生了一定的隔阂。美国作家理查德·洛夫在其2005年的经典之作《林间最后的小孩》（*Last Child in the Woods*）中首创“自然缺失症”一词，其描述的是，由于户外活动时间太少，当代人类的发展问题和行为问题不断增加，这在青少年儿童身上表现得特别明显。2015年7月，红树林基金会在深圳发布了《城市中的孩子与自然亲密度的调研报告》，报告显示，深圳地区的儿童中有13.96%具有自然缺失症的某些倾向，而在全国调研数据中，有自然缺失症倾向的儿童数量占比高达16.33%。这一调查报告表明了城市儿童的“自然缺失症”现象问题呈现严重化的发展态势。近几年“自然缺失症”随着现代化城市进程，将人与自然间的物理联系逐渐割裂，互联网等现代科技对传统教育和娱乐方式造成了结构性的改变，这些都使儿童与自然产生了断裂（Louv，2008）。现代儿童面临许多“自然缺失”问题，包括缺乏锻炼、过度关注电子媒介、把室外当作一个不安全的场所、与自然隔离并惧怕自然、儿童早期教育日渐狭隘等。值得注意的是，近年来，自然缺失症已经由儿童逐渐扩散到成人，几乎包括了所有年龄层的社会群体。相关研究表明，自然对人类的身体和心理健康都有着积极的促进作用，如注意恢复理论认为在大自然中无意注意能对有意注意疲劳起到恢复作用，压力恢复理论认为通过与自然接触能够起到减缓压力的作用等。亲近自然、体验自然的户外活动对于儿童的身心健康成长具有不可替代的重要作用。因此，如何通过自然教育的途径解决儿童群体的“自然缺失症”的这一社会现象问题是目前国内外儿童教育研究领域的重要课题。

国家出台“研学旅行”政策，推进素质教育。2016年11月，《教育部等部门关于推进中小学生研学旅行的意见》的发布标志着研学旅行的兴起。营地教育、户外教育等成为研学旅行中的新方式，创新性地衔接了学校间接知识的传授和校外直接经验的获得，提升中小学生的自理能力、创新精神、动手实践和独立思考的能力。自然教育作为一种新兴的教育产业蓬勃发展，自2016年至今成为林业和城市绿地建设的新热点，情景式学习、自然教育提供了一种不同的角度和方式将人与自然和谐相处的理念传递给参与者和全社会。

景观体验在城市景观游赏与自然教育方面发挥着重要的作用，体验式学习是一种更为深刻的学习方式。但是景观体验是现代风景园林景观建设中易被设计者忽略的部分，绿地空间缺乏情感，忽略人的感受，缺乏触及人们内心情感的设计。因此景观设计的趋势是注重设计适合生活体验的真实环境，根据生存、生活习惯进行景观的设计，满足人们心理需求。随着自然教育的发展，自然教育学校（基地）成为一种新型的城市绿地，风景园林学科的实践和理论更加注重人的关怀和景观体验的需求，为自然教育的发展进行专业上的探索。

16.4 玉溪市自然保护区毗邻社区发展自然教育经济的路径

16.4.1 发展自然教育经济

玉溪自然教育作为推进生态文明建设的不竭动力，要抓住时机，进一步营造发展环境，夯实高质量发展基础，在推动人与自然和谐共生的现代化新征程中展现出更大作为，在多个方面探索协调完善发展路径。

16.4.1.1 重点推进自然教育理论研究

自然教育如今也成为了一门学问，但研究型专业人才以及相应理论研究相对缺乏，重形式轻理论的现状使得自然教育从业者和受众群体对自然教育的概念、内容、活动领域和开展形式仍然缺乏有效认识，目前关于自然教育的理论研究其科学性和权威性在指导实践过程中仍存在较大制约。未来，要进一步强化理论研究，讨论和厘清自然教育基本概念，完善行业发展顶层战略设计，明确行业发展的战略框架、发展目标、核心策略、功能定位、重点工作等，从而为自然教育的实践发展提供更科学的理论支撑。

16.4.1.2 健全自然教育制度体系

近几年，自然教育的制度空间不断拓展，多个部委在制定发展意见、发展规划等重要文件时将指导推动自然教育或自然体验纳入重点工作，《中华人民共和国湿地保护法》也鼓励在湿地开展自然体验活动，国家公园的建立也将着力发挥自然教育和自然游憩功能，北京、上海、安徽、福建、广东、四川、贵州、陕西等省份相继出台了推动自然教育发展的政策文件或规划，营造了自然教育发展的良好氛围。这些都为玉溪自然教育的发展提供了坚实的制度保障。下一步，还要呼吁各级政府部门出台更多涉及自然教育的法律法规和政策文件，推动将自然教育内容纳入政府立法、行政的重要议题，推动自然教育在法制规范的轨道上向纵深发展。

16.4.2 深入推进自然教育标准体系建设

自然教育标准体系建设已起步并取得阶段性成果，但标准覆盖面不全、数量较少、层级不高，权威性和科学性不足，仍困扰自然教育标准化开展。自然教育标准体系建设仍待完善，在标准升级转化方面也仍需持续用力，以满足自然教育高质量发展对标准规范的紧迫需求。

16.4.3 促进自然教育多元主体协同发展

完善各类自然教育目的地建设，加强自然场域营造，进一步推广开展自然教育，鼓励各级学校开展自然教育，优化自然教育社会化机构发展环境，推动自然教育社会化机构高质量发展，建立完善自然教育工作体系。积极配合国家发展战略，探索自然教育跨部门联动、跨领域合作和跨地区资源整合方案，推动自然教育融合发展，加强自然教育市场教育体系构建，推动产业链拓展升级。

16.4.4 着力打造自然教育优质场域

合理规划布局自然教育场所，持续拓宽自然教育场所行业领域覆盖面，以开放姿态吸纳各行业资源，丰富自然教育场所机构类型，合理扩充场所数量，着力提升场所质量，支撑自然教育内容和形式创新。推动自然教育场所基础设施建设，提升场所及设施使用率，增强场所服务功能，构建特色服务体系。建立完善自然教育场所评估服务体系，规范进出机制，推动场所制度体系建设，引导自然教育场所规范发展。探索建立自然教育场所共享机制，扩大开放合作，逐步打造全行业共同参与的自然教育事业共同体。

16.4.5 推进自然教育课程教材建设

完善自然教育课程教材体系，研究和开发特色高质量课程教材，依托各学科专业力量，形成有力的课程教材建设支撑，以“教育促进保护”为目标，加快推进精品课程教材建设科学化、系统化、规范化的发展，打造高质量全国自然教育精品课程教材系列。基于全面系统的自然教育质量观，紧密对接行业需求和实际情况，建立课程教材质量保障制度。搭建课程教材资源共享平台，探索灵活、开放、有效的业内外交流合作机制。

16.4.6 强化自然教育现代化人才支撑

科学开展自然教育培训工作，全面提高人才自主培养质量，强化行业人才自律。多举措打造规模宏大、结构合理、水平较高的自然教育人才队伍，鼓励高等院校和科研机构进行专题研究，打造自然教育理论研究队伍，探索构建科学合理的科研支撑体系；建立健全自然教育人才培养机制，充分激发从业人员的活力和潜力，同时吸引更多的优秀师资投身自然教育实践，提高专业水平、创新能力和自然教育实效；建设以规范市场运营为核心、提高成果转化为重点的自然教育运营队伍；着力构建科学完备的自然教育志愿服务组织体系，切实提高志愿者和志愿服务组织的能力素质。

16.4.7 加强自然教育国际交流合作

探索建设国内和国际联合的自然教育研究创新团队，促进自然教育人才交流，创建自然教育志愿者国际化交流平台，积极推进国内外相关领域高校和科研机构的人才培养合作，形成自然教育国际化人才培养的成熟模式，打造自然教育交流品牌活动，建立中外自然教育合作研究机制。

16.4.8 加强基础研究和调查

全面摸清玉溪自然教育状况，掌握真实准确的自然教育基础数据，是制定自然教育战略、规划和政策的重要基础，是自然教育高质量发展的重要支撑。尽管玉溪自然教育从行业发展的角度多次实施了从业机构、从业人员、服务对象等方面的调查，力图对玉溪自然教育的状况作出全景式的刻画，但受到理论薄弱、手段局限、资金不足等多重因素的限制，以往调查仍然缺乏代表性和全面性，无法满足自然教育未来发展的需要。玉溪自然教育亟须改进调查研究工作，从工作方法、工作流程、信息采集、数据汇总途径、统计分析、成果表达方式等环节总结经验，创新模式，形成很好的技术路线、调查方法和工作模式，为全面部署实施调查获得可靠的基础数据做好准备、夯实基础。

16.4.9 加强相关领域协调联动

打造一个深度关联、跨界融合、开放协同、利他共生的生态系统，是自然教育行稳致远的基础和体现，是自然教育持续进步的关键和支撑。目前，玉溪自然教育的推动和参与力量呈现出多元化面貌，竞合互补的格局已经初步形成，但远未能达成有效的融合互补。高质量的自然教育依赖一流的行业生态。玉溪自然教育亟须秉承系统观念和战略思维，推进政府相关部门、民间组织和机构、从业者个体等利益相关方共同应对挑战，解决问题，协同用力，建立有效的运行系统、动力系统和保障系统，促进自然教育持续健康地发展。

16.5 发展观鸟经济

近年来，我国观鸟旅游业迅速发展，产业带动力不断增强。业内人士分析，鸟类爱好者具备良好的经济基础、交通网络便利快捷、鸟类保护力度持续加大等因素，共同助推观鸟旅游由小众需求发展为风靡全国的新业态。我国现有鸟类爱好者1亿多人，随着家用汽车普及率日益提高，鸟类爱好者自驾观鸟旅游已形成常态。快捷便利的铁路、公路和空中交通，可使远道而来的观鸟爱好者在完成一个观鸟点的活动后，迅即赶往下一个观鸟点，出行成本大大降低，观鸟频率逐渐提升。

近年来，我国积极建立鸟类自然保护区，开展濒危鸟类拯救保护行动，加大鸟类栖息地和迁徙停歇地保护，维护鸟类种群种源持续增长。野生动物保护法已将候鸟栖息地和迁徙通道纳入了法律保护范围。

16.5.1 统筹规划布局，合理有序开发

观鸟旅游地的开发规划是一项系统工程，涉及社会、经济、资源和环境等方面，应充分考虑国内外市场的中长期开发，恰当选择开发模式，加强观鸟生态旅游环境承载力研究和观鸟线路策划，处理好发展观鸟旅游与保护鸟类及鸟类栖息地之间的辩证关系。

16.5.2 强化法治观念，规范观鸟旅游

观鸟旅游应与大众旅游相区分，业内人士建议国家层面制定观鸟行为规范和标准，建立观鸟旅游的监控和评估系统，打造强有力的观鸟旅游法治体系，确保观鸟旅游行为处于法治轨道之内。

16.5.3 加强宣传教育引导，培育观鸟旅游市场

当前，城市居民重返大自然的意愿越发强烈，应通过各种途径开展广泛的生态环境保护教育，引导旅游企业有序参与观鸟旅游生态产品开发，将观鸟活动引入青少年生态环境保护常态化教育活动。

16.5.4 加强观鸟旅游人才培训，建设高素质导游队伍

观鸟旅游是新生事物，业内人士建议依托高校建立观鸟旅游人才培训基地，开展相关政策法规、生态旅游、环保管理等方面的专业培训，吸纳大学毕业生及高素质鸟类爱好者担任兼职“鸟导”，培养筛选一批高素质人才进入管理层，探索观鸟导游资格认证制度。

16.5.5 加快国产观鸟设备研发生产

目前，国内观鸟爱好者使用的是清一色外国制造的相机、定焦镜头等设备。不菲的设备价格，在一定程度上限制了生态观鸟市场规模的扩大。业内人士建议加强国产观鸟设备产品的研发和生产，进一步降低观鸟成本，推动我国观鸟旅游业持续发展壮大。

16.6 发展替代经济，促进生计转型

第一，自然保护区毗邻社区生计转型和产业发展理念要根植于本土文化。不少乡村社区传统产业是本土文化的一部分。一方面，在生产实践中所积累的知识、技术、制度和信仰等传统生态知识富有生态保护思想、有意或无意中贡献于生态保护；另一方面，经由这些传统生态知识作用而生产的物质产品、非物质文化遗产和景观，具有稀缺性和独特性。因此，社区生计发展需要在产业生态化上进一步挖掘传统知识与现代生态理念的结合点，维持和优化产业结构，提高产品的生态和文化附加值，推进品牌建设；也需要从多元化的产业类型，如民族手工业、农副产品精深加工业、旅游导赏、旅游服务等方面将本土自然和文化资源产品化、商品化，就地吸纳农村劳动力参与产业分工。

第二，自然保护理念要融入社区生计发展。自然保护地社区生计发展不是以增收致富为唯一目的的发展，而要将自然保护地管理作为发展的优势条件和发展契机，是保护权和发展权共享。因此，体现自然保护的正外部性的生态补偿不应当是一个被动的利益分配机制，而应成为促进产业转型发展的动力。首先，生态补偿应以多元化形式反映社区生态保护行为的生计成本，体现以户为单位的生计资本差异，强化人兽冲突的损害赔偿，设立生态管护岗位等间接补偿模式。其次，生态补偿款项应当成为生计发展的原始资金，设置生态补偿上限来节约部分原有对大规模土地拥有者的补偿经费转而建立优惠信贷、产业扶持基金等。最后，生

态补偿需要配套明确的产业转型发展措施，与教育、医疗等社会保障相衔接，从而确保其长期的激励作用和产业培育需求。

第三，要全面提升社区的主体地位和综合能力。社区以产业发展促进生计转型时，个人、家庭、社区组织在产业转型发展规划、执行、监督、评估与改进过程中应具有充分的发言权，在保护管理中成为平等的合作伙伴。社区特别需要在土地产权处置上具有发言权，能够就集体土地的使用权、收益权等在符合法律依据、不违背保护目标的情况下与政府等利益相关方进行商榷，能够在承包土地的使用权、经营权、收益权、收益处置权和使用权的转让权或流转权上在法律和管理要求内自由裁夺。社区也需要获得与所认可的生计转型相匹配的能力。在个体农户层面，短期要相对重视职业技术培训，长期要重视乡土、生态和产业发展观念和管理能力；在社区层面，其能力建设主要针对社区生产经营和管理组织开展，提升其应对市场风险、把握市场脉络等能力，促进小农与产业组织融合发展，完善村规民约的制定、实施、监测以提升资源管理的制度化、规范化、长效化。

第四，利益相关方权责分明，因地制宜地以可行方式充分协作。从降低生计风险，提高生计可持续性与生态保护效率的角度看，农户、社区组织、保护地管理部门、当地政府、企业、民间组织等这些利益相关方必须各司其职，整合联动，才能发挥自然保护地本土资源优势，推动形成可持续的产业链和生计方式，达到生态保护与社区生计发展的双赢。政府提供切实可行的产业政策，产业发展政策与生态保护政策相互协调而且面向长远目标，如制定产业生态标准，建立生态标识体系，优化产业发展环境；农户与合作经营组织、企业进行产业组织融合，优化资源配置以实现生态化生产，品牌化建设和经济附加值提升；非政府组织提供资金、技术和能力，提升社区生产经营能力；自然保护地管理机构提供理念和平台来整合多元资金与资源为产业发展牵线搭桥，实施和监督生态补偿与产业政策。

16.7　将自然教育融入学校教育

近年来，蓬勃发展的自然教育，为加强青少年生态文明教育开辟了新路径。学校教育是青少年全面成长的主阵地，理应充分发掘自然教育的多重育人功能，将自然教育全过程、全方位融入学校教育体系中，为培养具有生态文明价值观和实践能力的时代新人作出贡献。

全面把握自然教育的多重育人价值。自然教育重在建立人与自然的连接，通过接近自然体验促进人的身心健康、人与自然的和谐共生。因此，面向广大青少年开展自然教育，是着眼促进可持续发展，实现青少年全面发展的一门必修课，具有至关重要的育人价值功能。

自然教育是学校教育助力可持续发展目标的重要方式。2022年联合国教科文组织发布《共同重新构想我们的未来：一种新的教育社会契约》报告将“人类根植于生态系统中的观念将深入人心”列入2050年教育发展的愿景之一，强调通过教育变革，重新平衡地球作为生活的星球和独特的家园与人类之间的关系。我们需要引导青少年走进自然、亲近自然、珍爱自然、保护自然，联动学校课程体系，培养提升可持续理念，助力共建可持续发展未来。

自然教育也是培养全面发展的高素质建设者的必然要求。借助自然观察、自然体验、自然笔记、自然游戏等多种形式，自然教育拓展延伸了学校德智体美劳五育路径，成为各类课程教育实践的有力补充，对于青少年生态文明理念建构、生态国情知识传授、保护自然素养实践养成具有不可替代的促进作用。特别是在“双减”背景下，自然教育以其体验性、实践性等诸多特点，不仅有助于破解“自然缺失症”困境、提升青少年身心健康，更成为贴近青少年需求，深化自然生态美育、开展劳动实践教育的新方式、新路径。

当前，促进自然教育融入学校教育存在一些亟待解决的问题：第一，多部门联合推动自然教育纳入学校教育体系的体制机制有待完善。尽管国家有关部委就青少年森林研学、绿色低碳发展国民教育体系建设、依托自然保护地开展自然教育等制定了相关政策，广东、四川、陕西、安徽等多省份由林草、教育和相关政府机构联合发布自然教育支持政策，但是总体而言，政策引导以面向社会资源整合的激励居多，就自然教育与学校教育体系融合的引导性相对偏弱，制度安排不够体系化。第二，自然教育融入学校教育的实现路径单一、育人实效不突出。学校的自然教育主渠道作用发挥不够，各级学校参与自然教育实践差异性明显，自然教育在大中城市中小学有一定的覆盖面，在广大乡村学校则严重不足，无法适应全国2.56亿青少年的自然教育需求。与多样化的社会化自然教育模式相比，学校自然教育探索相对滞后，彰显学校特色的自然课程研发运用有待加强，自然教育与课程思政、实践育人、文化建设等融合不足。

面向未来，积极推动自然教育与学校教育深度融合，应该在强化政策引领，探索有效实践模式、促进育人融合联动上下功夫。多部门联动协同，开辟自然教育融入学校教育的资源拓展路径。自然资源、林草管理部门应与教育部门强化联动，加大政策供给力度，引导各类自然保护地、城市公园、科普场馆、博物馆、动物园等对接学校，形成推进自然教育融入学校教育体系的工作合力。各级学校要把握国家公园立法、湿地保护立法等新机遇，主动与国家公园自然教育中心、湿地教育中心开展自然教育“1+1”合作，建设更多的优质自然教育社会课堂，丰富学校自然教育资源。

贴近学生需求，多样化探索自然教育进课堂、进实践的新模式。各级各类学校要发挥主体作用，对接生物多样性保护等要求，构建自然教育与学校教育的常态化融合机制。要立足所在区域的生态实际，结合学校特色，积极借鉴森林幼儿园、自然学校等成熟经验，以课堂、教材和教师为重点，实施科学性和生动性兼具的自然教育与增智树德融合计划，拓展自然教育的强体育美功能，大力开发自然教育的校本精品课程和示范教材，提升教师教育实施能力。

注重深度融合，将自然教育融入教育教学全过程，彰显育人实效。各级学校要针对不同年龄阶段青少年心理特点和接受能力，着力挖掘不同学段科学课程、综合实践课程、劳动课程中蕴含的自然教育融合点。结合提升课后服务水平，改进教育方式，将自然教育融入生活实践，将孩子带入自然课堂，满足学生多样化需求。

第四篇 / 政策篇

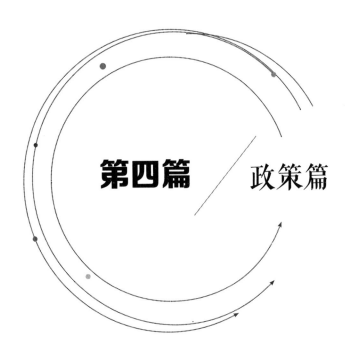

17 中国自然保护区政策发展历程

自然保护区作为保护自然生态系统和生物多样性的重要区域，其政策的制定与实施对生态环境的维护和人类社会的可持续发展至关重要。随着全球环境问题的日益凸显以及我国对生态保护重视程度的不断提升，自然保护区政策也在持续发展和完善。深入研究自然保护区政策的发展历程和演化特征，有助于更好地理解我国生态保护战略的推进，为未来政策的优化和自然保护区的科学管理提供有力依据。

17.1 初步探索与萌芽阶段（1956~1978年）

20世纪50年代，随着全球环保意识的逐渐兴起，我国开始关注自然保护问题。1956年，秉志、钱崇澍等科学家提出划定天然林禁伐区的提案，随后我国建立了第一个自然保护区——鼎湖山自然保护区，这标志着我国自然保护区建设的开端。这一时期，国家经济建设处于起步阶段，对自然保护区的认识主要停留在对珍稀动植物和特殊自然景观的保护上，尚未形成系统的政策体系。相关政策多是围绕保护区的设立和管理展开，如对保护区范围的初步划定，以及对保护对象的基本保护要求等，这些举措为后续自然保护区政策的发展奠定了基础。

17.2 逐步发展与体系构建阶段（1979~1999年）

1979年，《森林法（试行）》和《环境保护法（试行）》的颁布对自然保护区管理做出了详细规定，标志着我国自然保护区政策开始走向规范化和法治化。

此后，一系列相关政策法规陆续出台，例如，1985 年原林业部发布的《森林和野生动物类型自然保护区管理办法》，明确了自然保护区的建立、调整、管理机构、管理权限以及旅游开发等事项，为森林和野生动物类型自然保护区的管理提供了具体依据。1987 年发布的《中国自然保护纲要》强调了遵循生态保护和自然资源节约利用的原则。1994 年，国务院发布了《自然保护区条例》，这是我国首部自然保护区管理的专门法规性政策，它对自然保护区的建设、管理、法律责任以及行业部门职责进行了全面规定，确立了环保部门综合管理与行业部门主管的管理体制，并要求按照核心区、缓冲区和实验区进行分区管理，标志着我国自然保护区政策体系初步构建完成。

随着改革开放的推进，我国经济快速发展，对自然资源的需求不断增加，自然保护与经济发展的矛盾逐渐显现。政策制定者开始意识到，自然保护区的建设不仅要注重生态保护，还需考虑与周边社区的协调发展。因此，本阶段后期政策开始关注自然保护区周边居民的生产生活问题，探索在保护的前提下合理利用自然资源的方式，但整体上仍以保护为基本点。

17.3 巩固与规范发展期（2000~2012 年）

进入 21 世纪后，我国对生态环境保护的重视程度显著提升。2000 年，国务院印发《全国生态环境保护纲要》，提出“三区”推进生态环境保护的战略，对重要生态功能区实施抢救性保护、对重点资源开发区的生态环境实施强制性保护、对生态良好地区生态环境实施积极性保护，进一步明确了自然保护区在生态保护中的关键地位。2006 年发布了《关于加强自然保护区管理有关问题的通知》，突出强化自然保护区管理。在这一时期，国家积极推动自然保护区管理的规范化和法制化建设。通过修订和完善相关法律法规，规范了自然保护区的管理职责、保护范围和开发利用规则。同时，加大了对自然保护区的资金投入，加强了基础设施建设和科研监测工作，提高了自然保护区的管理水平和保护能力。

此外，随着经济快速发展，自然保护与经济发展的矛盾逐渐凸显。为了平衡两者关系，一些地方开始探索生态补偿机制，通过对因保护生态环境而受到经济损失的地区和群体进行补偿，调动各方参与自然保护的积极性。

17.4 改革与转型加速期（2013~2020 年）

2013 年，党的十八届三中全会首次提出建立国家公园体制，并将其列入全面深化改革的重点任务，为自然保护区的发展指明了新方向。2013 年 12 月，国务院印发《国家级自然保护区调整管理规定》（以下简称《规定》），对国家级自然保护区的调整进行严格规范。《规定》限定调整理由、严格调整年限、体现特别保护，完善了申报、评审和审批程序，建立了信息发布和公告、责任追究等制度，从制度上遏制开发建设活动对自然保护区的侵占。2016 年，国务院发布《关于自然保护区建设和管理工作情况的报告》，全面总结了我国自然保护区的建设成果与管理经验，同时指出存在的问题，如保护与开发矛盾突出、区域布局尚需完善等，并提出"十三五"期间要推进自然保护区建设和管理从数量型向质量型、从粗放式向精细化转变。2017 年，中共中央办公厅、国务院办公厅印发《建立国家公园体制总体方案》，提出到 2030 年，国家公园体制更加健全，分级统一的管理体制更加完善，保护管理效能明显提高。2019 年，中共中央办公厅、国务院办公厅印发《关于建立以国家公园为主体的自然保护地体系的指导意见》，将我国自然保护地按生态价值和保护强度高低依次分为国家公园、自然保护区、自然公园 3 类，推动自然保护区融入以国家公园为主体的自然保护地体系建设。

17.5 高质量发展深化期（2021 年至今）

2021 年 10 月 12 日，我国正式设立三江源、大熊猫、东北虎豹、海南热带雨林、武夷山等第一批 5 个国家公园，保护面积达 23 万平方千米，涵盖近 30%的陆域国家重点保护野生动植物种类。这不仅标志着我国自然保护地体系建设进入新阶段，也对自然保护区的协同发展提出了更高要求。2023 年 3 月 31 日，经自然资源部第一次部务会议审议通过，《自然保护区条例（修订草案）》正式上报国务院，进入行政法规立法程序。修订草案在完善自然保护区管理体制、优化自然保护区分区管控、明确国土空间规划与自然保护区规划的关系、加大自然保护区执法等方面作出多项修改和完善，为自然保护区的高质量发展提供更坚实的法律保障。各地积极响应国家政策，对自然保护区进行整合优化。例如，2023 年 12 月，安徽省政府批复同意将安庆沿江水禽省级自然保护区调整为安庆沿江湿地省级自然保护区和宿松华阳河湖群省级自然保护区，并在自然保护地整合优化中，按规则调出安庆沿江湿地省级自然保护区内永久基本农田，提升了自然保护区空间布局的科学性和合理性。

18　自然保护区相关政策法规及现存问题剖析

自然保护区作为维护生态平衡、保护生物多样性的关键区域，其科学管理和有效保护依赖于健全且适配的政策法规体系。我国在国家和地方层面，均制定并实施了一系列针对性政策法规，旨在确保自然保护区的生态价值得以维护，同时促进其与周边区域的协调发展。

18.1　国家层面政策法规

《中华人民共和国自然保护区条例》（以下简称《条例》）在我国自然保护区管理体系中占据核心地位，系统地规定了自然保护区设立、建设、管理以及法律责任等关键方面的内容。在设立环节，《条例》制定了严格且科学的审批程序，综合考量地理环境、生态系统完整性、物种丰富度等多方面因素，确保入选区域具备重要的生态保护价值。在确定新的自然保护区时，需经过严谨的科学评估和多部门的严格审核，只有符合相应标准的区域才会被批准设立，有效避免了盲目设立保护区带来的资源浪费和保护不力问题。

在建设方面，《条例》始终遵循保护与发展相协调的原则。一方面，全力保护自然保护区内的生态环境和自然资源，维护生态系统的原始性和完整性；另一方面，积极探索可持续发展模式，合理规划区内的建设活动，确保经济发展活动不会对生态环境造成不可逆转的破坏。以神农架国家级自然保护区为例，在建设过程中，严格控制旅游设施的建设规模和范围，采用环保材料和生态友好型建设方式，在发展生态旅游的同时，最大限度减少对生态环境的影响。

在管理方面，《条例》明确界定了各级管理部门的职责，构建了层次分明、分工明确的管理架构，使保护区的日常监管工作规范化、制度化。条例明确禁止在自然保护区内开展砍伐、放牧、狩猎、捕捞、采药、开垦、烧荒、开矿、采石、挖沙等一系列破坏性行为，从源头上消除了对保护区生态环境的潜在威胁。对于违反规定的行为，《条例》制定了详细且严格的法律责任，涵盖行政处罚、刑事处罚等多种形式，通过加大惩处力度，维护了法规的权威性和严肃性，保障了自然保护区的生态安全。

在定界方面，聚焦于森林和野生动物类型自然保护区，进一步细化和补充了相关管理要求。在保护区划定过程中，充分考虑森林生态系统的独特性和野生动物的栖息、繁衍需求，科学确定保护区的边界和范围，确保关键生态区域和物种栖息地得到有效保护。

在保护措施方面，实施严格的森林资源保护策略，包括限制森林砍伐、加强森林防火和病虫害防治等工作，维护森林生态系统的稳定。同时，针对野生动物保护，制定了专项保护措施，建立野生动物监测体系、设立禁猎区等，为野生动物提供安全的生存环境。

在科研活动管理方面，规定开展科研项目需经过严格的审批流程，要求科研活动必须以不破坏保护区生态环境为前提，确保科研活动的科学性和生态友好性。例如，在四川唐家河国家级自然保护区，依据此办法，科研人员在开展大熊猫研究项目时，采用非侵入式的监测方法，避免对大熊猫的正常生活造成干扰，在获取科研数据的同时，保护了大熊猫的生存环境。

18.2 地方层面政策法规

以云南省为例，《云南省地方级自然保护区调整管理规定》（以下简称《规定》）为地方级自然保护区的调整提供了规范、科学的指导框架。《规定》明确了调整的条件、程序和审批权限，确保在满足地方发展合理需求的同时，最大限度保障保护区的生态功能不受损害。在调整条件方面，《规定》只有在因重大基础设施建设、生态保护需求变化等特定情况下，才允许对保护区进行调整。在程序方面，要求进行全面的生态影响评估、广泛征求社会意见，并经过严格的审批流程。

因基础设施建设需要进行范围调整时，当地政府严格按照《规定》，组织专业团队开展生态影响评估，全面分析调整对保护区内生态系统、物种生存繁衍的潜在影响。同时，广泛征求周边社区居民、专家学者和相关利益方的意见，充分考虑各方诉求。经过多轮论证和审批，最终确定的调整方案在保障建设项目顺利进行的同时，通过生态补偿和栖息地修复等措施，确保了保护区整体生态功能的稳定。

《云南省自然保护区管理条例》（以下简称《管理条例》）紧密结合本省自然保护区的实际特点和发展需求，进一步明确了地方政府和管理部门的职责，细化了保护措施和管理要求。《管理条例》要求地方政府加大对自然保护区的资金投入，加强保护区的基础设施建设，包括建设生态监测站、改善巡护道路等，提升保护区的管理和保护能力。同时，强化生态监测工作，建立常态化的监测体系，实时掌握保护区内生态系统的变化情况。

管理部门依据《管理条例》要求，加强对保护区的日常巡查和执法力度，配备专业的执法人员和先进的执法设备，及时发现和处理各类违法行为。西双版纳国家级自然保护区管理部门，通过加强执法队伍建设，利用无人机巡查、智能监控等技术手段，有效打击了非法偷猎、砍伐等违法行为。此外，《管理条例》鼓励社区居民积极参与保护区的保护和管理工作，通过建立社区共管机制，让社区居民从保护区的发展中受益，提高他们参与保护的积极性和主动性，实现保护区与周边社区的和谐共生、共同发展。

18.3 现存问题剖析

尽管我国自然保护区建设取得了显著成效，但仍存在一些问题，自然保护区建设和管理尚面临多重挑战。“十二五”期间，原环保部联合中科院开展了全国生态环境十年变化（2000~2010 年）调查预评估。结果显示：89.7%的国家级自然保护区生态环境状况有所改善或维持不变；11.3%有所退化，生态保护与经济发展矛盾突出，存在一些自然保护区被经济开发破坏的困境。另外，根据现有统计结果，仍有 10%~15%的重要生态系统和保护物种未纳入保护地体系。

从中央生态环保督察和“绿盾”专项行动中也不难看出，有些地方盲目开发，不断蚕食保护区土地，造成生境破碎、物种数量和种类锐减；一些保护区管理机构“责权利”不对等，弱化了保护管理职能；现有保护管理体系不完善，部分国家级自然保护区没有独立的管理机构，或者虽然成立了管理机构，但编制偏少，缺乏专业技术人员和经费保障，野外巡护、资源监测等工作不规范。

当前，我国自然保护区在生态文明建设中发挥着关键作用，但在政策实施与管理过程中，仍暴露出法规体系、管理体制、利益协调、监管执行等方面的问题。大多数自然保护区位于“老少边穷”地区，它们同时也是我国巩固脱贫攻坚成果的重点地区。生态补偿制度的不完善和自然保护区的保护优先，大大增加了地方工作的压力，也给保护区的未来长远发展带来严峻挑战。

19 强化自然保护区保护和管理的政策建议

以自然保护区为基础，将同一区域交叉重叠、多头管理的多个自然保护地整合建立国家公园，将是今后一段时期的发展趋势。纳入国家公园的自然保护区将按国家公园的设计理念思路来进行管理，未能纳入国家公园的自然保护区，可参照国家公园的管理模式。

19.1 完善国家层面管理机制

在国家层面，一是深化体制机制改革。根据 2018 年国务院机构改革方案，各部门“三定方案”已确定。建议尽快推动自然保护区管理体制机制改革，各类自然保护地由国家林业和草原局牵头统一管理，由生态环境部负责监督执法。二是积极推动立法工作。抓紧开展生态环境保护法规、规章、司法解释和规范性文件的全面清理工作，对不符合不衔接不适应中央精神、时代要求、法律规定的，应及时废止或修改。在自然保护地立法的大框架下，对《中华人民共和国自然保护区条例》进行全面修订，对不适应新时代生态文明建设或有保护空缺，涉及自然保护区的相关法律法规进行废改立，并与其他相关法律、法规有效衔接。三是严格自然保护区监督管理和执法。加强涉及自然保护区建设项目的环境管理，严肃查处各类违法行为。继续以“天地一体化”的遥感监测管控体系和完善的政策法规体系为手段，持续深入开展“绿盾”专项行动，提高监管和执法能力，为国土空间生态安全和生态环境质量提升提供坚实保障。四是优化自然保护区空间布局。依法依规、科学合理调整自然保护区，解决历史遗留问题，避免“带病”调整，确保全国自然保护地的总体面积不减少、功能不降低。五是科学合理划分自然保护区功能分区。根据管理目标修订完善自然保护区的科学分区、分类管理制度，切实强化对自然保护区的保护和管理。六是强化自然保护区的建设和管理。完善自然保护区网络空间布局，加快推动建立以国家公园为主体的自然保护地体系，加大典型生态系统、物种、基因和景观多样性保护力度，全面提高自然保护区管理系统化、精细化、信息化水平。七是建立健全自然保护区生态补偿和转移支付机制。建议尽快制定生态环境补偿条例，使当前分散于各领域实施的生态补偿性政策文件统一为国家级别的综合性法律规章制度。推动跨部门、跨行政区域、跨流域的生态补偿机制，让需要大力保护的地方做到严格保护，让因保护生态环境而牺牲经济发展的区域生活水平不降低、巩固脱贫攻坚任务不受阻。八是完善自然保护区划定、晋升方式。从近两年的情况来看，申请晋升国家级自然保护区的数量越来越低，再加上新形势下自然保护区的严格监督执法，各地申请晋升国家级自然保护区的积极性会更低。为了避免保护空缺，建议成立专家委员会向国家和地方提出建议，将的确需要保护的区域划建为新的保护区，或者提高保护级别。

19.2 完善地方层面管理机制

在我国生态保护体系中，未能纳入国家公园的自然保护区依然是维护生态平衡、保护生物多样性的重要阵地。为提升这类自然保护区的管理效能，地方层面需从多个维度采取系统性举措，强化管理工作的全面性与科学性。

一是强化管理理念与职责落实。各地党委政府及相关部门，务必进一步提高对生态保护重要性的认识，将自然保护区的保护工作视为地方生态文明建设的核心任务。在管理过程中，明确各部门的职责边界，通过制定详尽的责任清单，确保管理工作的各个环节都有明确的责任主体，杜绝职责不清导致的管理漏洞。同时，注重自然保护区管理的人才队伍建设，一方面，通过公开招聘、人才引进等方式，吸纳生态保护、资源管理等专业人才，充实管理队伍；另一方面，定期组织在职人员培训，提升其业务能力和生态保护意识，打造一支专业素质过硬的管理团队。严格遵循国家相关法律法规，避免因地方发展需求而违规撤销或随意调整自然保护区。在开发建设活动方面，严格限制可能对保护区生态环境造成破坏的项目，从源头上降低人类活动对保护区的负面影响。二是加大基础设施与监测体系建设投入。地方政府应加大对自然保护区基础设施建设的资金投入，构建完善的保护设施网络。加强野外保护站点建设，为巡护人员提供稳定的工作场所，提升日常巡护工作的效率与安全性；拓展巡护路网，确保巡护工作能够覆盖保护区的各个区域，及时发现和处理各类生态问题；完善监测监控设施，引入先进的智能监控设备，实现对保护区生态状况的实时、动态监测。此外，借助大数据、云计算等技术，提升保护区管理的信息化水平，构建智能化管理平台，实现对保护区资源数据的高效整合与分析。与此同时，全面开展自然保护区的资源调查工作，通过实地调研、卫星遥感等手段，准确掌握保护区内的生态系统、生物资源等信息，在此基础上，建立天地一体化监测体系，对保护区的生态环境进行全方位、全天候的监测，为科学管理提供精准的数据支撑。三是推进生态修复与资源权属管理。自然保护区的生态修复工作刻不容缓，地方政府应制订科学合理的生态修复计划，有针对性地开展生态修复行动。建设生态廊道，打破生态系统之间的阻隔，促进物种的交流与迁移，恢复重要栖息地，为野生动植物提供良好的生存环境。在资源权属管理方面，完善土地用途和权属规定，积极推进自然资源资产确权登记工作，明确保护区的范围界限，解决因土地权属不清引发的管理矛盾，确保自然保护区的管理工作有清晰的产权依据，提高管理的规范性和有效性。四是促进社区协同与功能区优化。地方政府应积极引导周边社区开展绿色发展，探索生态友好型的社区发展模式，如发展生态农业、生态旅游等产业，实现社区经济发展与自然保护区生态保护的良性互动。妥善处理人兽冲突问题，建立健全人兽冲突应对机制，通过加强宣传教育、设置防护设施等方式，降低人兽冲突的发生频率，保障社区居民的生命财产安全。同时，吸纳低收入居民参与保护区的巡护工作，为其提供就业机会，既解决低收入居民的生计问题，又增强社区居民对保护区保护工作的参与感和责任感。在功能区划分方面，依据自然保护区的生态特征和保护需求，科学划分功能区，优化保护区的范围。对核心区、缓冲区和实验区的分布进行合理调整，确保核心区得到最严格的保护，缓冲区发挥缓冲和过渡作用，实验区实现生态资源的合理利用，从而最大限度地发挥自然保护区的生态功能，实现生态保护与经济社会发展的协调统一。

附　录

中华人民共和国自然保护区条例

（1994 年 10 月 9 日中华人民共和国国务院令第 167 号发布　根据 2010 年 12 月 29 日国务院第 138 次常务会议通过的《国务院关于废止和修改部分行政法规的决定》第一次修正　根据 2017 年 10 月 7 日中华人民共和国国务院令第 687 号公布的《国务院关于修改部分行政法规的决定》第二次修正）

第一章　总　　则

第一条　为了加强自然保护区的建设和管理，保护自然环境和自然资源，制定本条例。

第二条　本条例所称自然保护区，是指对有代表性的自然生态系统、珍稀濒危野生动植物物种的天然集中分布区、有特殊意义的自然遗迹等保护对象所在的陆地、陆地水体或者海域，依法划出一定面积予以特殊保护和管理的区域。

第三条　凡在中华人民共和国领域和中华人民共和国管辖的其他海域内建设和管理自然保护区，必须遵守本条例。

第四条　国家采取有利于发展自然保护区的经济、技术政策和措施，将自然保护区的发展规划纳入国民经济和社会发展计划。

第五条　建设和管理自然保护区，应当妥善处理与当地经济建设和居民生产、生活的关系。

第六条　自然保护区管理机构或者其行政主管部门可以接受国内外组织和个

人的捐赠，用于自然保护区的建设和管理。

第七条 县级以上人民政府应当加强对自然保护区工作的领导。

一切单位和个人都有保护自然保护区内自然环境和自然资源的义务，并有权对破坏、侵占自然保护区的单位和个人进行检举、控告。

第八条 国家对自然保护区实行综合管理与分部门管理相结合的管理体制。

国务院环境保护行政主管部门负责全国自然保护区的综合管理。

国务院林业、农业、地质矿产、水利、海洋等有关行政主管部门在各自的职责范围内，主管有关的自然保护区。

县级以上地方人民政府负责自然保护区管理的部门的设置和职责，由省、自治区、直辖市人民政府根据当地具体情况确定。

第九条 对建设、管理自然保护区以及在有关的科学研究中做出显著成绩的单位和个人，由人民政府给予奖励。

第二章 自然保护区的建设

第十条 凡具有下列条件之一的，应当建立自然保护区：

（一）典型的自然地理区域、有代表性的自然生态系统区域以及已经遭受破坏但经保护能够恢复的同类自然生态系统区域；

（二）珍稀、濒危野生动植物物种的天然集中分布区域；

（三）具有特殊保护价值的海域、海岸、岛屿、湿地、内陆水域、森林、草原和荒漠；

（四）具有重大科学文化价值的地质构造、著名溶洞、化石分布区、冰川、火山、温泉等自然遗迹；

（五）经国务院或者省、自治区、直辖市人民政府批准，需要予以特殊保护的其他自然区域。

第十一条 自然保护区分为国家级自然保护区和地方级自然保护区。

在国内外有典型意义、在科学上有重大国际影响或者有特殊科学研究价值的自然保护区，列为国家级自然保护区。

除列为国家级自然保护区的外，其他具有典型意义或者重要科学研究价值的自然保护区列为地方级自然保护区。地方级自然保护区可以分级管理，具体办法由国务院有关自然保护区行政主管部门或者省、自治区、直辖市人民政府根据实际情况规定，报国务院环境保护行政主管部门备案。

第十二条 国家级自然保护区的建立，由自然保护区所在的省、自治区、直辖市人民政府或者国务院有关自然保护区行政主管部门提出申请，经国家级自然保护区评审委员会评审后，由国务院环境保护行政主管部门进行协调并提出审批建议，报国务院批准。

地方级自然保护区的建立，由自然保护区所在的县、自治县、市、自治州人民政府或者省、自治区、直辖市人民政府有关自然保护区行政主管部门提出申请，经地方级自然保护区评审委员会评审后，由省、自治区、直辖市人民政府环境保护行政主管部门进行协调并提出审批建议，报省、自治区、直辖市人民政府批准，并报国务院环境保护行政主管部门和国务院有关自然保护区行政主管部门备案。

跨两个以上行政区域的自然保护区的建立，由有关行政区域的人民政府协商一致后提出申请，并按照前两款规定的程序审批。

建立海上自然保护区，须经国务院批准。

第十三条　申请建立自然保护区，应当按照国家有关规定填报建立自然保护区申报书。

第十四条　自然保护区的范围和界线由批准建立自然保护区的人民政府确定，并标明区界，予以公告。

确定自然保护区的范围和界线，应当兼顾保护对象的完整性和适度性，以及当地经济建设和居民生产、生活的需要。

第十五条　自然保护区的撤销及其性质、范围、界线的调整或者改变，应当经原批准建立自然保护区的人民政府批准。

任何单位和个人，不得擅自移动自然保护区的界标。

第十六条　自然保护区按照下列方法命名：

国家级自然保护区：自然保护区所在地地名加“国家级自然保护区”。

地方级自然保护区：自然保护区所在地地名加“地方级自然保护区”。

有特殊保护对象的自然保护区，可以在自然保护区所在地地名后加特殊保护对象的名称。

第十七条　国务院环境保护行政主管部门应当会同国务院有关自然保护区行政主管部门，在对全国自然环境和自然资源状况进行调查和评价的基础上，拟订国家自然保护区发展规划，经国务院计划部门综合平衡后，报国务院批准实施。

自然保护区管理机构或者该自然保护区行政主管部门应当组织编制自然保护区的建设规划，按照规定的程序纳入国家的、地方的或者部门的投资计划，并组织实施。

第十八条　自然保护区可以分为核心区、缓冲区和实验区。

自然保护区内保存完好的天然状态的生态系统以及珍稀、濒危动植物的集中分布地，应当划为核心区，禁止任何单位和个人进入；除依照本条例第二十七条的规定经批准外，也不允许进入从事科学研究活动。

核心区外围可以划定一定面积的缓冲区，只准进入从事科学研究观测活动。

缓冲区外围划为实验区，可以进入从事科学试验、教学实习、参观考察、旅游以及驯化、繁殖珍稀、濒危野生动植物等活动。

原批准建立自然保护区的人民政府认为必要时，可以在自然保护区的外围划定一定面积的外围保护地带。

第三章　自然保护区的管理

第十九条　全国自然保护区管理的技术规范和标准，由国务院环境保护行政主管部门组织国务院有关自然保护区行政主管部门制定。

国务院有关自然保护区行政主管部门可以按照职责分工，制定有关类型自然保护区管理的技术规范，报国务院环境保护行政主管部门备案。

第二十条　县级以上人民政府环境保护行政主管部门有权对本行政区域内各类自然保护区的管理进行监督检查；县级以上人民政府有关自然保护区行政主管部门有权对其主管的自然保护区的管理进行监督检查。被检查的单位应当如实反映情况，提供必要的资料。检查者应当为被检查的单位保守技术秘密和业务秘密。

第二十一条　国家级自然保护区，由其所在地的省、自治区、直辖市人民政府有关自然保护区行政主管部门或者国务院有关自然保护区行政主管部门管理。地方级自然保护区，由其所在地的县级以上地方人民政府有关自然保护区行政主管部门管理。

有关自然保护区行政主管部门应当在自然保护区内设立专门的管理机构，配备专业技术人员，负责自然保护区的具体管理工作。

第二十二条　自然保护区管理机构的主要职责是：

（一）贯彻执行国家有关自然保护的法律、法规和方针、政策；

（二）制定自然保护区的各项管理制度，统一管理自然保护区；

（三）调查自然资源并建立档案，组织环境监测，保护自然保护区内的自然环境和自然资源；

（四）组织或者协助有关部门开展自然保护区的科学研究工作；

（五）进行自然保护的宣传教育；

（六）在不影响保护自然保护区的自然环境和自然资源的前提下，组织开展参观、旅游等活动。

第二十三条　管理自然保护区所需经费，由自然保护区所在地的县级以上地方人民政府安排。国家对国家级自然保护区的管理，给予适当的资金补助。

第二十四条　自然保护区所在地的公安机关，可以根据需要在自然保护区设置公安派出机构，维护自然保护区内的治安秩序。

第二十五条 在自然保护区内的单位、居民和经批准进入自然保护区的人员，必须遵守自然保护区的各项管理制度，接受自然保护区管理机构的管理。

第二十六条 禁止在自然保护区内进行砍伐、放牧、狩猎、捕捞、采药、开垦、烧荒、开矿、采石、挖沙等活动；但是，法律、行政法规另有规定的除外。

第二十七条 禁止任何人进入自然保护区的核心区。因科学研究的需要，必须进入核心区从事科学研究观测、调查活动的，应当事先向自然保护区管理机构提交申请和活动计划，并经自然保护区管理机构批准；其中，进入国家级自然保护区核心区的，应当经省、自治区、直辖市人民政府有关自然保护区行政主管部门批准。

自然保护区核心区内原有居民确有必要迁出的，由自然保护区所在地的地方人民政府予以妥善安置。

第二十八条 禁止在自然保护区的缓冲区开展旅游和生产经营活动。因教学科研的目的，需要进入自然保护区的缓冲区从事非破坏性的科学研究、教学实习和标本采集活动的，应当事先向自然保护区管理机构提交申请和活动计划，经自然保护区管理机构批准。

从事前款活动的单位和个人，应当将其活动成果的副本提交自然保护区管理机构。

第二十九条 在自然保护区的实验区内开展参观、旅游活动的，由自然保护区管理机构编制方案，方案应当符合自然保护区管理目标。

在自然保护区组织参观、旅游活动的，应当严格按照前款规定的方案进行，并加强管理；进入自然保护区参观、旅游的单位和个人，应当服从自然保护区管理机构的管理。

严禁开设与自然保护区保护方向不一致的参观、旅游项目。

第三十条 自然保护区的内部未分区的，依照本条例有关核心区和缓冲区的规定管理。

第三十一条 外国人进入自然保护区，应当事先向自然保护区管理机构提交活动计划，并经自然保护区管理机构批准；其中，进入国家级自然保护区的，应当经省、自治区、直辖市环境保护、海洋、渔业等有关自然保护区行政主管部门按照各自职责批准。

进入自然保护区的外国人，应当遵守有关自然保护区的法律、法规和规定，未经批准，不得在自然保护区内从事采集标本等活动。

第三十二条 在自然保护区的核心区和缓冲区内，不得建设任何生产设施。在自然保护区的实验区内，不得建设污染环境、破坏资源或者景观的生产设施；

建设其他项目，其污染物排放不得超过国家和地方规定的污染物排放标准。在自然保护区的实验区内已经建成的设施，其污染物排放超过国家和地方规定的排放标准的，应当限期治理；造成损害的，必须采取补救措施。

在自然保护区的外围保护地带建设的项目，不得损害自然保护区内的环境质量；已造成损害的，应当限期治理。

限期治理决定由法律、法规规定的机关作出，被限期治理的企业事业单位必须按期完成治理任务。

第三十三条 因发生事故或者其他突然性事件，造成或者可能造成自然保护区污染或者破坏的单位和个人，必须立即采取措施处理，及时通报可能受到危害的单位和居民，并向自然保护区管理机构、当地环境保护行政主管部门和自然保护区行政主管部门报告，接受调查处理。

第四章 法律责任

第三十四条 违反本条例规定，有下列行为之一的单位和个人，由自然保护区管理机构责令其改正，并可以根据不同情节处以 100 元以上 5000 元以下的罚款：

（一）擅自移动或者破坏自然保护区界标的；

（二）未经批准进入自然保护区或者在自然保护区内不服从管理机构管理的；

（三）经批准在自然保护区的缓冲区内从事科学研究、教学实习和标本采集的单位和个人，不向自然保护区管理机构提交活动成果副本的。

第三十五条 违反本条例规定，在自然保护区进行砍伐、放牧、狩猎、捕捞、采药、开垦、烧荒、开矿、采石、挖沙等活动的单位和个人，除可以依照有关法律、行政法规规定给予处罚的以外，由县级以上人民政府有关自然保护区行政主管部门或者其授权的自然保护区管理机构没收违法所得，责令停止违法行为，限期恢复原状或者采取其他补救措施；对自然保护区造成破坏的，可以处以 300 元以上 1 万元以下的罚款。

第三十六条 自然保护区管理机构违反本条例规定，拒绝环境保护行政主管部门或者有关自然保护区行政主管部门监督检查，或者在被检查时弄虚作假的，由县级以上人民政府环境保护行政主管部门或者有关自然保护区行政主管部门给予 300 元以上 3000 元以下的罚款。

第三十七条 自然保护区管理机构违反本条例规定，有下列行为之一的，由县级以上人民政府有关自然保护区行政主管部门责令限期改正；对直接责任人员，由其所在单位或者上级机关给予行政处分：

（一）开展参观、旅游活动未编制方案或者编制的方案不符合自然保护区管理目标的；

（二）开设与自然保护区保护方向不一致的参观、旅游项目的；

（三）不按照编制的方案开展参观、旅游活动的；

（四）违法批准人员进入自然保护区的核心区，或者违法批准外国人进入自然保护区的；

（五）有其他滥用职权、玩忽职守、徇私舞弊行为的。

第三十八条 违反本条例规定，给自然保护区造成损失的，由县级以上人民政府有关自然保护区行政主管部门责令赔偿损失。

第三十九条 妨碍自然保护区管理人员执行公务的，由公安机关依照《中华人民共和国治安管理处罚法》的规定给予处罚；情节严重，构成犯罪的，依法追究刑事责任。

第四十条 违反本条例规定，造成自然保护区重大污染或者破坏事故，导致公私财产重大损失或者人身伤亡的严重后果，构成犯罪的，对直接负责的主管人员和其他直接责任人员依法追究刑事责任。

第四十一条 自然保护区管理人员滥用职权、玩忽职守、徇私舞弊，构成犯罪的，依法追究刑事责任；情节轻微，尚不构成犯罪的，由其所在单位或者上级机关给予行政处分。

第五章 附 则

第四十二条 国务院有关自然保护区行政主管部门可以根据本条例，制定有关类型自然保护区的管理办法。

第四十三条 各省、自治区、直辖市人民政府可以根据本条例，制定实施办法。

第四十四条 本条例自 1994 年 12 月 1 日起施行。

森林和野生动物类型自然保护区管理办法

（1985 年 6 月 21 日国务院批准，1985 年 7 月 6 日林业部发布）

第一条 自然保护区是保护自然环境和自然资源、拯救濒于灭绝的生物物种、进行科学研究的重要基地；对促进科学技术、生产建设、文化教育、卫生保健等事业的发展，具有重要意义。根据《中华人民共和国森林法》和有关规定，制定本办法。

第二条 森林和野生动物类型自然保护区（以下简称自然保护区），按照本办法进行管理。

第三条 自然保护区管理机构的主要任务：贯彻执行国家有关自然保护区的方针、政策和规定，加强管理，开展宣传教育，保护和发展珍贵稀有野生动植物资源，进行科学研究，探索自然演变规律和合理利用森林和动植物资源的途径，为社会主义建设服务。

第四条 自然保护区分为国家自然保护区和地方自然保护区。国家自然保护区，由林业部或所在省、自治区、直辖市林业主管部门管理；地方自然保护区，由县级以上林业主管部门管理。

第五条 具有下列条件之一者，可以建立自然保护区：

（一）不同自然地带的典型森林生态系统的地区。

（二）珍贵稀有或者有特殊保护价值的动植物种的主要生存繁殖地区，包括：

国家重点保护动物的主要栖息、繁殖地区；

候鸟的主要繁殖地、越冬地和停歇地；

珍贵树种和有特殊价值的植物原生地；

野生生物模式标本的集中产地。

（三）其他有特殊保护价值的林区。

第六条 根据本办法第五条规定建立自然保护区，在科研上有重要价值，或者在国际上有一定影响的，报国务院批准，列为国家自然保护区；其他自然保护区、报省、自治区、直辖市人民政府批准，列为地方自然保护区。

第七条 建立自然保护区要注意保护对象的完整性和最适宜的范围，考虑当地经济建设和群众生产生活的需要，尽可能避开群众的土地、山林；确实不能避开的，应当严格控制范围，并根据国家有关规定，合理解决群众的生产生活问题。

第八条 自然保护区的解除和范围的调整，必须经原审批机关批准；未经批准不得改变自然保护区的性质和范围。

第九条 自然保护区的管理机构属于事业单位。机构的设置和人员的配备，要注意精干。国家或地方自然保护区管理机构的人员编制、基建投资、事业经费等，经主管部门批准后，分别纳入国家和省、自治区、直辖市的计划，由林业部门统一安排。

第十条 自然保护区管理机构，可以根据自然资源情况，将自然保护区分为核心区、实验区。核心区只供进行观测研究。实验区可以进行科学实验、教学实习、参观考察和驯化培育珍稀动植物等活动。

第十一条 自然保护区的自然环境和自然资源，由自然保护区管理机构统一管理。未经林业部或省、自治区、直辖市林业主管部门批准，任何单位和个人不得进入自然保护区建立机构和修筑设施。

第十二条 有条件的自然保护区，经林业部或省、自治区、直辖市林业主管部门批准，可以在指定的范围内开展旅游活动。

在自然保护区开展旅游必须遵守以下规定：

（一）旅游业务由自然保护区管理机构统一管理，所得收入用于自然保护区的建设和保护事业；

（二）有关部门投资或与自然保护区联合兴办的旅游建筑和设施，产权归自然保护区，所得收益在一定时期内按比例分成，但不得改变自然保护区隶属关系；

（三）对旅游区必须进行规划设计，确定合适的旅游点和旅游路线；

（四）旅游点的建筑和设施要体现民族风格，同自然景观和谐一致；

（五）根据旅游需要和接待条件制订年度接待计划，按隶属关系报林业主管部门批准，有组织地开展旅游；

（六）设置防火、卫生等设施，实行严格的巡护检查，防止造成环境污染和自然资源的破坏。

第十三条 进入自然保护区从事科学研究、教学实习、参观考察、拍摄影片、登山等活动的单位和个人，必须经省、自治区、直辖市以上林业主管部门的同意。

任何部门、团体、单位与国外签署涉及国家自然保护区的协议，接待外国人到国家自然保护区从事有关活动，必须征得林业部的同意；涉及地方自然保护区的，必须征得省、自治区、直辖市林业主管部门的同意。

经批准进入自然保护区从事上述活动的，必须遵守本办法和有关规定，并交纳保护管理费。

第十四条 自然保护区内的居民，应当遵守自然保护区的有关规定，固定生产生活活动范围，在不破坏自然资源的前提下，从事种植、养殖业，也可以承包自然保护区组织的劳务或保护管理任务，以增加经济收入。

第十五条 自然保护区管理机构会同所在和毗邻的县、乡人民政府及有关单位，组成自然保护区联合保护委员会，制订保护公约，共同做好保护管理工作。

第十六条 根据国家有关规定和需要，可以在自然保护区设立公安机构或者配备公安特派员，行政上受自然保护区管理机构领导，业务上受上级公安机关领导。

自然保护区公安机构的主要任务：保护自然保护区的自然资源和国家财产，维护当地社会治安，依法查处破坏自然保护区的案件。

第十七条 本办法自发布之日起施行。

云南省地方级自然保护区调整管理规定

（《云南省地方级自然保护区调整管理规定》由云南省人民政府于2018年5月31日印发，自2018年7月1日起施行。）

第一条 为加强全省地方级自然保护区的建设和管理，有效保护地方级自然保护区的环境、资源和生物多样性，大力推进生态文明建设，根据有关法律法规，结合我省实际，制定本规定。

第二条 地方级自然保护区是指在我省行政区域内具有代表性的自然生态系统、珍稀濒危野生生物物种的集中分布区、有特殊意义的自然遗迹等保护对象所在的陆地和水体，依法建立的省级、州市级、县级自然保护区。

第三条 本规定适用于我省行政区域内地方级自然保护区的范围调整、功能区调整及名称更改。

范围调整，是指自然保护区外部界限的扩大、缩小或内外部区域间的调换。

功能区调整，是指自然保护区内部的核心区、缓冲区和实验区范围的调整。

名称更改，是指自然保护区原名称中的地名更改或保护对象的改变。

第四条 省环境保护行政主管部门负责地方级自然保护区调整的综合协调和监督管理工作。省直有关行政主管部门在各自的职责范围内负责地方级自然保护区调整管理工作。

第五条 地方级自然保护区不得随意调整。

调整自然保护区原则上不得缩小自然保护区及其核心区、缓冲区面积，应确保主要保护对象得到有效保护，不破坏生态系统和生态过程的完整性，不损害生物多样性，不得改变自然保护区性质。对面积偏小，不能满足保护需要的自然保护区，应逐步扩大保护范围。

自批准建立或调整自然保护区之日起，原则上5年内不得进行调整。

调整自然保护区应当避免与其他类型保护地、永久基本农田、合法矿业权和国家规划矿区、战略性矿产地产生新的重叠。

第六条 存在下列情况的地方级自然保护区，可申请进行调整：

（一）自然条件变化导致主要保护对象和其生存环境已发生重大改变。

（二）在批准建立之前已存在建制镇或城市主城区等人口密集区，且不具备保护价值。

（三）国家和省级重大工程建设需要。国家重大工程包括国务院审批、核准的建设项目，列入国务院或国务院授权有关部门批准的规划且近期将开工建设的建设项目。省级重大工程包括省人民政府审批、核准的建设项目，列入省人民政府或省人民政府授权有关部门批准的规划且近期将开工建设的建设项目。

（四）在批准建立之前已存在人工林、承包地、自留山等，确需调出自然保护区实验区且不影响自然生态系统完整性。

（五）确因所在地地名、主要保护对象发生重大变化，可申请名称更改。

第七条 主要保护对象属于下列情况的，调整时不得缩小自然保护区核心区面积或对核心区内区域进行调换：

（一）世界上同类型中的典型自然生态系统，且为世界性珍稀濒危类型。

（二）世界上唯一或极特殊的自然遗迹，且遗迹的类型、内容、规模等具有国际对比意义。

（三）国家一级重点保护物种。

（四）我省具有重要保护价值的极小种群物种。

第八条 确因国家和省级重大工程建设需要调整自然保护区的，核心区、缓冲区原则上不得调出。

建设单位应当开展工程建设生态风险评估，并将有关情况向社会公示。

除国防重大建设工程外，自然保护区因重大工程建设调整后，原则上 5 年内不得再次调整。

第九条 调整地方级自然保护区范围、功能区或名称更改，由自然保护区所在州、市人民政府或省直有关行政主管部门向省人民政府提出申请。由省直有关行政主管部门提出申请的，应事先征求自然保护区所在州、市人民政府的意见。

第十条 申请地方级自然保护区范围调整，应提供以下材料：

（一）自然保护区范围调整申报书。

（二）自然保护区调整部分的综合考察报告。调整部分占原自然保护区面积 1/2 以上的，应当提供自然保护区范围调整后的整体综合考察报告。

（三）自然保护区范围调整论证报告。

（四）按自然保护区范围调整后编制的总体规划。

（五）调整后的自然保护区地形图、土地利用图、植被图、动植物资源分布图、水文地质图、功能区划图、规划图、范围调整前后对比图等图件资料。

（六）自然保护区自然景观和主要保护对象的图片及多媒体视频材料（材料应重点反映拟调整部分的情况）。

（七）自然保护区拟调整增加区域自然资源权属证明及有关资料。

第十一条 申请地方级自然保护区功能区调整，应提供以下材料：

（一）自然保护区功能区调整申报书。

（二）自然保护区功能区调整论证报告。

（三）按自然保护区功能区调整后编制的总体规划及有关材料（含功能区调整前后对比图）。

第十二条 因国家和省级重大工程建设需要调整地方级自然保护区范围或功能区的，除按照本规定第十条、第十一条要求提供材料外，还需提供以下材料：

（一）有关工程建设的批准文件。

（二）国家、省直有关行政主管部门的审核意见。

（三）自然保护区管理机构和自然保护区所在地及其周边公众意见。

（四）工程建设对自然保护区影响的专题论证报告。

（五）涉及人员的生产、生活情况及安置去向报告。

（六）生态保护与补偿措施方案及相关协议。

上述材料可作为编制建设项目环境影响评价报告书及项目审批的依据。

第十三条 申请地方级自然保护区名称更改，应提供以下材料：

（一）自然保护区名称更改申报书。

（二）涉及主要保护对象发生重大变化需要名称更改的，还应提供专题论证报告。

第十四条 省级自然保护区评审委员会负责省级自然保护区调整的评审工作。

各州、市人民政府应成立州市级自然保护区评审委员会，由其负责州市级及以下自然保护区调整的评审工作。

第十五条 自然保护区评审委员会在组织材料初审、实地考察、遥感监测过程中，发现存在下列情况的，不予评审，并及时通知申报单位：

（一）申报程序不完备。

（二）申报材料内容不全面、不真实。

（三）自然保护区内存在环境违法行为。

（四）调整不符合本规定有关要求。

第十六条 省级自然保护区范围调整申请，经省级自然保护区评审委员会评审通过后，由省环境保护行政主管部门协调并提出审批建议，报省人民政府批准。

省级自然保护区功能区调整和名称更改申请，经省级自然保护区评审委员会评审通过后，由省直有关自然保护区行政主管部门协调并提出审批建议，报省人民政府批准。

州市级及以下自然保护区范围调整，经州市级自然保护区评审委员会初审并报州、市人民政府同意，报省级自然保护区评审委员会审查通过后，由省环境保护行政主管部门提出审批建议，报省人民政府批准。

州市级及以下自然保护区功能区调整和名称更改申请，经州市级自然保护区评审委员会初审并报州、市人民政府同意，报省级自然保护区评审委员会审查通过后，由省直有关自然保护区行政主管部门提出审批建议，报省人民政府批准。

省级自然保护区调整，应当在批准后的 15 日内，由省环境保护行政主管部门上报国家环境保护行政主管部门备案。

第十七条 地方级自然保护区调整理由、调整方案及评审情况在报省人民政府批准前向社会公示（涉及国家秘密的除外）。

省级自然保护区范围调整申请，经省级自然保护区评审委员会评审通过后，由省环境保护行政主管部门向社会公示。州市级及以下自然保护区范围调整申请，由州、市环境保护行政主管部门向社会公示。

省级自然保护区功能区调整和名称更改申请，经省级自然保护区评审委员会评审通过后，由省直有关自然保护区行政主管部门向社会公示。州市级及以下自然保护区功能区调整和名称更改申请，由州、市有关自然保护区行政主管部门向社会公示。

第十八条 地方级自然保护区范围调整经批准后，由省环境保护行政主管部门公布其面积、四至范围和功能区划图。自然保护区所在州、市和县、市、区人民政府应当在公布之日起 1 年内组织完成勘界立标，予以公告。

地方级自然保护区功能区调整经批准后，由省直有关自然保护区行政主管部门公布其功能区面积、四至范围和功能区划图。自然保护区所在州、市和县、市、区人民政府应当在公布之日起 1 年内组织完成勘界立标，予以公告。

地方级自然保护区名称更改经批准后，由申报单位予以公告。

第十九条 有关单位和个人存在下列行为之一的，由省环境保护行政主管部门或省直有关自然保护区行政主管部门责令限期整改，并依法查处：

（一）未经批准，擅自调整、改变自然保护区的名称、范围或功能区。

（二）未按照批准方案调整自然保护区范围或功能区。

（三）申报材料弄虚作假、隐瞒事实。

因擅自调整导致保护对象受到严重威胁和破坏的，对有关责任人员，省环境保护行政主管部门或省直有关自然保护区行政主管部门可向其所在单位、上级行政主管部门或监察机关提出行政处分建议。

对破坏特别严重、失去保护价值的地方级自然保护区，可按照有关程序报请省人民政府批准，取消其自然保护区资格，并依法依纪追究有关责任人员责任。

第二十条 本规定自 2018 年 7 月 1 日起施行。

云南省自然保护区管理条例

（1997年12月3日云南省第八届人民代表大会常务委员会第三十一次会议通过 根据2018年11月29日云南省第十三届人民代表大会常务委员会第七次会议《云南省人民代表大会常务委员会关于废止和修改部分地方性法规的决定》第一次修正 根据2021年9月29日云南省第十三届人民代表大会常务委员会第二十六次会议《云南省人民代表大会常务委员会关于废止和修改部分地方性法规的决定》第二次修正）

第一条 为保护自然环境和自然资源，加强自然保护区的建设和管理，根据《中华人民共和国环境保护法》、《中华人民共和国自然保护区条例》等有关法律、法规，结合本省实际，制定本条例。

第二条 本条例所称自然保护区，是指本省行政区域内国家或地方县级以上人民政府以自然保护为目的，依法划出一定面积的陆地、水域予以特殊保护和管理的区域。

第三条 凡在本省行政区域内建设和管理自然保护区，必须遵守本条例。

第四条 一切单位和个人都有保护自然保护区内自然环境和自然资源的义务，并有权对破坏、侵占自然保护区的单位和个人进行检举、控告。

对保护、建设和管理自然保护区以及在有关的科学研究中做出显著成绩的单位和个人，由县级以上人民政府给予奖励。

第五条 县级以上人民政府要把自然保护区的保护、建设和管理，纳入国民经济和社会发展计划，并作为任期目标责任制的重要考核内容之一。

第六条 自然保护区的保护、建设和管理应当坚持“全面规划、积极保护、科学管理、永续利用”的方针；妥善处理好与当地经济建设和居民生产、生活的关系。

第七条 县级以上人民政府林业草原行政主管部门对辖区内自然保护区实施监督管理。

其主要职责是：负责自然保护区建设和管理工作的组织、指导、协调、监督、检查；拟订自然保护区发展规划；按照管辖权限组织相应的自然保护区建立、调整及规划的审查（审核）；会同有关部门组织查处破坏、侵占自然保护区的重大事件。

县级以上自然资源、生态环境、住房城乡建设、交通运输、农业农村、水利、应急管理等部门按照职责，做好自然保护区保护的有关工作。

第八条 自然保护区的管理机构负责自然保护区的具体管理工作。

其主要职责是：依法保护自然保护区内自然环境和自然资源，调查自然资源并建立档案，组织环境监测；制定自然保护区的各项管理制度；组织实施自然保护区的规划；宣传有关法律、法规，进行自然保护知识的教育；负责自然保护区界标的设置和管理。

第九条 凡具有下列条件之一的，应当建立自然保护区：

（一）有代表性的自然生态系统区域；

（二）珍稀、濒危野生动植物物种的天然集中分布区域；

（三）具有特殊保护价值的森林、湿地、水域；

（四）具有重大科学文化价值的地质构造、溶洞、化石分布区、冰川、火山、温泉等自然遗迹。

（五）需要予以特殊保护的其他自然区域。

第十条 自然保护区分为国家级、省级、州（市）级和县（市、区）级。

国家级和省级自然保护区由省林业草原行政主管部门或者委托所在地林业草原行政主管部门管理；

州（市）级自然保护区由同级林业草原行政主管部门或者委托所在地林业草原行政主管部门管理；

县（市、区）级自然保护区由同级林业草原行政主管部门管理。

第十一条 国家级自然保护区的建立，由自然保护区所在地的州（市）人民政府向省人民政府提出申请，经省级自然保护区评审委员会评审后，由省林业草原行政主管部门提出申报意见，报省人民政府同意后，由省人民政府向国务院申报。

省级自然保护区的建立，由自然保护区所在地的州（市）人民政府向省人民政府提出申请，经省级自然保护区评审委员会评审后，由省林业草原行政主管部门提出审批意见，报省人民政府批准，并报国家自然保护区行政主管部门备案。

州（市）级和县（市、区）级自然保护区的建立，由自然保护区所在的州（市）、县（市、区）人民政府提出申请，经省级或者州（市）级自然保护区评审委员会评审后，由省林业草原行政主管部门进行协调并提出审批意见，报省人民政府批准，并报国家自然保护区行政主管部门备案。

第十二条 建立跨行政区域的自然保护区，由相关行政区域的人民政府协商一致后提出申请，并依照第十一条规定的程序报批。

第十三条 国家级自然保护区的范围和界线按国家相关程序确定，并予以公告。

省级、州（市）级和县（市、区）级自然保护区的范围和界线由省人民政府确定，并予以公告。

省级、州（市）级和县（市、区）级自然保护区的撤销及其性质、范围、界线、功能区的调整或者改变，由省人民政府批准。

任何单位和个人，不得擅自移动自然保护区的界标。

第十四条 自然保护区可以分为核心区、缓冲区和实验区。

核心区禁止任何单位和个人进入。因科学研究确需进入的，应当依法获得批准；不得建设任何生产设施。核心区内原有居民确有必要迁出的，由自然保护区所在地的县级以上人民政府予以妥善安置。

缓冲区经自然保护区管理机构批准可以进入从事科学研究观测活动；不得建设任何生产设施。

实验区不得建设污染环境、破坏资源或者景观的生产设施。开展参观、旅游活动的，由自然保护区管理机构编制方案，方案应当符合自然保护区管理目标，不得开设与自然保护区保护方向不一致的参观、旅游项目。

自然保护区内部未分区的，依照核心区和缓冲区的规定管理。

第十五条 自然保护区建立后由林业草原行政主管部门负责组织编制总体规划，按自然保护区的级别报同级人民政府批准后实施。

第十六条 自然保护区实验区内的建设项目，建设前应当进行环境影响评价。

第十七条 自然保护区的建设和管理经费来源：

（一）本省县级以上人民政府批准建立的自然保护区，按自然保护区的级别列入同级人民政府的财政预算；

（二）国内外团体、个人捐赠；

（三）自然保护区管理机构组织开展与自然保护区发展方向一致的生产经营活动的收益；

（四）其他收入。

第十八条 禁止在自然保护区内进行砍伐、放牧、狩猎、捕捞、采药、开垦、烧荒、开矿、采石、挖沙等活动；但是，法律、行政法规另有规定的除外。

第十九条 违反本条例第十三条第四款规定的，由自然保护区管理机构责令其改正，并根据情节轻重处以100元以上3000元以下的罚款。

第二十条 违反本条例第十八条规定的，除可以依照有关法律、行政法规规定给予处罚的以外，由县级以上林业草原行政主管部门或者其授权的自然保护区管理机构没收违法所得，责令停止违法行为，限期恢复原状或者采取其他补救措施；对自然保护区造成破坏的，可以处以300元以上10000元以下的罚款。

第二十一条 违反本条例规定，在自然保护区核心区、缓冲区内建设任何生产设施，实验区内建设污染环境、破坏资源或者景观的生产设施的，由县级以上林业草原行政主管部门责令限期拆除，并根据情节轻重处以 5000 元以上 50000 元以下罚款。

第二十二条 违反本条例规定，造成自然保护区重大污染、破坏事故，造成财产重大损失或者人身伤亡的，承担民事责任；构成犯罪的，依法追究刑事责任。

第二十三条 自然保护区管理机构违反本条例规定，有下列行为之一的，由林业草原行政主管部门责令改正，对直接责任人由其所在单位或者上级机关给予行政处分：

（一）拒绝林业草原行政主管部门或者生态环境行政主管部门监督检查，或者在被检查时弄虚作假的；

（二）开展参观、旅游活动未编制方案或者编制的方案不符合自然保护区管理目标的；

（三）开设与自然保护区保护方向不一致的参观、旅游项目的；

（四）不按照编制的方案开展参观、旅游活动的；

（五）违法批准人员进入自然保护区的核心区的；

（六）有其他滥用职权、玩忽职守、徇私舞弊行为的。

第二十四条 林业草原、生态环境行政主管部门和自然保护区管理机构的有关人员滥用职权、玩忽职守、徇私舞弊的，由其所在单位或者上级机关给予行政处分；构成犯罪的，依法追究刑事责任。

第二十五条 当事人对行政处罚决定不服的，可依法申请复议或提起诉讼。当事人逾期不申请复议，不起诉，又不履行处罚决定的，作出处罚决定的机关依法申请人民法院强制执行。

第二十六条 本条例自 1998 年 3 月 1 日起施行。

参考文献

［1］ Deokho Cho. The Estimation of Effects of Subprime Mortgage for Improving the Farmland Pension System Using Intervention Time Series Model ［J］. Journal of the Korean Urban Management Association，2015，28（02）：55-84.

［2］ H. T. Odum. The Energetic Basis for Valuation of Ecosystem Services ［J］. Ecosystems，2000，3（01）：25.

［3］ J. Joshi，M. Ali，RP. Berrens. Valuing Farm Access to Irrigation in Nepal：A Hedonic Pricing Model ［J］. Agricultural Water Management，2017（181）：35-46.

［4］ Kevin Coyle. Environmental Literacy in America ［M］. Washington，D. C.：NEETF，2005.

［5］ Li J，Chen P，Ge Q，et al. Global Change and Human Activities：Priorities of the Global Change Research in Next Phase in China ［J］. Advance in Earth Sciences，2009（20）：121-122.

［6］ Louvr. Last Child in the Woods：Saving Our Children from Na-ture-Deficit Disorder ［M］. New York：Workman Publishing，2008.

［7］ Meillaud F，Gay J B，Brown M T. Evaluation of Abuilding Using the Emergy Method ［J］. Solar Energy，2005，79（02）：204-212.

［8］ Palmer J A. Environmental Education in the 21st Century ［M］. New York：Routledge，2003.

［9］ Study of Critical Environ Mental Problems. Man's Impact on the Gobal Environment；Assessment and Recommendations for Action；Report ［M］. Cambridge：MIT Press.

［10］ Xu G-C，Kang M-Y，Li Y F，et al. Advances in Research on Ecological Vulnerability ［J］. Acta Ecologica Sinica，2001，21（09）：2928-2988.

［11］ Young O R，Berkhout F，Gallopin G C，et al. The Globalization of Socio-ecological Systems：An Agenda for Scien-tific Research ［J］. Global Environmental

Change: Human Policy Dimensions, 2001 (11): 108-111.

[12] 白新华. 农用地流转过程中土地估价问题探讨 [J]. 农业经济, 2017 (05): 85-87.

[13] 包蕊, 李涛, 张欣怡等. 森林生态系统损害评估体系与管理制度研究 [J]. 生态学报, 2021, 81 (01): 128-111.

[14] 陈花丹, 何东进, 游巍斌. 基于能值分析的天宝岩国家级自然保护区森林生态系统服务功能评价 [J]. 西南林业大学学报, 2014, 34 (04): 75-81.

[15] 陈慧敏, 赵宇, 付晓等. 草原生态系统损害量化评估与赔偿体系研究 [J]. 生态经济, 2021, 11 (08): 121-181.

[16] 陈世清, 陈丽丽, 王新等. 香港郊野公园环境解说主要形式及其启示 [J]. 北京林业大学学报 (社会科学版), 2014, 13 (02): 46-51.

[17] 程希平, 陈鑫峰, 叶文等. 日本森林体验的发展及启示 [J]. 世界林业研究, 2015, 28 (02): 75-80.

[18] 第斯多惠, 袁一安. 德国教师培养指南 [J]. 教师, 2017 (29): 2.

[19] 傅伯杰. 国家生态屏障区生态系统评估 [M]. 北京: 科学出版社, 2017.

[20] 国家林业和草原局. GB/T 38582-2020 森林生态系统服务功能评估规范 [S]. 北京: 国家市场监督管理总局; 国家标准化管理委员会, 2020-03-06.

[21] 国家林业和草原局. LYT 1721-2008 森林生态系统服务功能评估规范 [S]. 北京: 国家林业局, 2008.

[22] 国家林业局. 中国森林资源及其生态功能四十年监测与评估 [M]. 北京: 中国林业出版社, 2018.

[23] 韩冠男, 杨建英, 赵廷宁. 日本国有林的经营管理方法 [J]. 林业勘察设计, 2009 (02): 42-45.

[24] 何浩奇, 王庆. 乡村振兴视角下土地流转问题研究 [J]. 农村经济与技, 2021, 32 (23): 12-14.

[25] 黄蓉. 卢梭的自然教育理论对五育的启示——基于对《爱弥儿》的思考 [J]. 教育观察, 2020, 9 (39): 37-39.

[26] 姬云瑞, 张留栓, 黄湘元等. 云南高黎贡山国家级自然保护区保山片区周边社区人熊冲突现状 [J]. 兽类学报, 2022, 42 (04): 387-397.

[27] 姜诚. 自然教育: 需要尽快补上的一课 [J]. 环境教育, 2015 (12): 77-79.

[28] 蓝盛芳, 钦佩, 陆宏芳. 生态经济系统能值分析 [M]. 北京: 环境科学与工程出版中心, 2002.

［29］冷仙，曾源，周键等．基于熵权 TOPSIS 法的西南自然保护区景观保护成效评价［J］．生态学报，2023，43（03）：1040-1053.

［30］冷智花，付畅俭，许先普．家庭收入结构、收入差距与土地流转——基于中国家庭追踪调查（CFPS）数据的微观分析［J］．经济评论，2015（05）：111-128.

［31］李鑫，虞依娜．国内外自然教育实践研究［J］．林业经济，2017，39（11）：12-18+23.

［32］李忠东．欧洲环境教育掠影［J］．基础教育，2004（09）：56-59.

［33］理查德·洛夫．林间最后的小孩：拯救大自然缺失症儿童［M］．自然之友，王西敏，译．北京：中国发展出版社，2014.

［34］刘黎明．西方自然主义教育思想史［M］．武汉：华中科技大学出版社，2014.

［35］刘永杰，王世畅，彭皓，李镇清．神农架自然保护区森林生态系统服务价值评估［J］．应用生态学报，2014，25（05）：1431-1438.

［36］刘玉株．自然教育行业的志愿者团队培育［D］．厦门：厦门大学，2018.

［37］毛祎月．论西方现代风景园林中的环境教育［J］．中南林业科技大学学报（社会科学版），2013，7（05）：135-138.

［38］莫秀超，潘晓莎．林下经济助力脱贫攻坚的措施探讨［J］．林产工业，2021，58（04）：67-69.

［39］牛香，胡天华，王兵等．宁夏贺兰山国家级自然保护区森林生态系统服务功能评估［M］．北京：中国林业出版社，2017.

［40］乔鹏程，上官彩霞，滕永忠等．黄河滩区易地搬迁脱贫攻坚与乡村振兴有效衔接路径研究——以河南省 9 县为例［J］．农业经济，2022（01）：58-60.

［41］单梦颖，杨永刚，吴兆录．云南省中部 3 种森林土壤含水率、容重和细根重及其垂直分布［J］．云南地理环境研究，2013，25（04）：38-44.

［42］施晓清，赵景柱，吴钢，欧阳志云．生态系统的净化服务及其价值研究［J］．应用生态学报，2001（06）：908-912.

［43］苏群，汪霏菲，陈杰．农户分化与农地流转行为［J］．资源科学，2016，38（03）：377-386.

［44］孙永康，武健伟，缪汶利等．森林生态产品价值核算指标体系构建研究［J］．林业与生态科学，2023，38（03）：282-291.

［45］孙咏琦，李建华，刘士鑫等．基于 GIS 和 RUSLE 的玉溪市土壤侵蚀研究［J］．湖北农业科学，2022，61（18）：34-39.

［46］孙云晓，胡霞．在体验中快乐成长——日本的自然体验教育［J］．中国教师，2005（01）：5-8.

［47］唐安齐．哀牢山国家级自然保护区森林生态系统服务价值评估［D］．昆明：云南师范大学，2021.

［48］汪淮．台湾之森林游乐教育［J］．海峡科学，2012（03）：184-185.

［49］王娇月，邴龙飞，尹岩等．福州市生态系统破坏损失评估［J］．应用生态学报，2021，12（11）：1281-1212.

［50］王文妮．结合德国模式浅谈天水市秦州区森林教育［J］．甘肃科技，2016，32（24）：138-140.

［51］王妍，陈幸良．我国林下经济研究进展［J］．南京林业大学学报（人文社会科学版），2022，22（04）：80-87.

［52］王梓，张平，全良．黑龙江省林下经济产业集群发展影响因素研究［J］．林业经济，2018，40（08）：61-67.

［53］王紫晔，石玲．关于国内自然教育研究述评——基于 Bibexcel 计量软件的统计分析［J］．林业经济，2020，42（12）：83-92.

［54］吴国春，郭思源，曹玉昆．中国林下经济产业发展效率评价——以31 个省（区）面板数据为依据［J］．东北林业大学学报，2020，48（05）：129-132.

［55］吴恒，朱丽艳，王海亮，郭小阳，张锋，孙昌平．新时期林下经济的内涵和发展模式思考［J］．林业经济，2019，41（07）：78-81.

［56］熊俊楠，彭超，程维明，李伟，刘志奇，范春捆，孙怀张．基于 MODIS-NDVI 的云南省植被覆盖度变化分析［J］．地球信息科学学报，2018，20（12）：1830-1840.

［57］熊万胜，毕菲荣．论地权的基本内涵与地权模式的时空差异［J］．南京农业大学学报（社会科学版），2018，18（01）：77-85.

［58］徐桂红，黄京丽，杨积涛．深圳自然学校环境教育体系研究［J］．湿地科学与管理，2015，11（04）：52-55.

［59］徐蕊，韦淑英，王岩．黑龙江国有林区应对停伐政策的路径选择［J］．中国林业经济，2018（01）：1-4.

［60］徐艳芳，孙琪，刘丽媛等．自然教育理论与实践研究进展［J］．安徽林业科技，2020，46（06）：37-40.

［61］薛达元，高吉喜，马克平．中国生物多样性国情研究报告［M］．北京：中国环境出版集团，2017.

［62］阳思思．亲自然教育实践的分析研究［D］．宁波：宁波大学，2018.

［63］杨卫忠．农村土地经营权流转中的农户羊群行为——来自浙江省嘉兴市农户的调查数据［J］．中国农村经济，2015（02）：38-51.

［64］于德永，潘耀忠，龙中华等．基于遥感技术的云南省生态系统水土保持价值测量［J］．水土保持学报，2006（02）：174-178.

［65］喻舒琳，王爱华，王盼等．基于自然的解决方案在以国家公园为主体的自然保护地建设中的应用思考［J］．西部林业科学，2022，51（06）：151-157.

［66］袁若兰，李建中，杨幸丽，廖文梅．江西省林下经济发展情况、问题调查及对策建议［J］．林业科技，2020，45（05）：49-53.

［67］张华，张悦．澳大利亚环境教育对中国的启示［J］．吉林省教育学院学报（旬刊），2010，26（08）：130-131.

［68］张佳，李东辉．日本自然教育发展现状及对我国的启示［J］．文化创新比较研究，2019，3（30）：155-158.

［69］张蕾．花园里的儿童教育：近代至当代西方基础教育中的“学校园”［J］．中国园林，2015，31（10）：51-55.

［70］张晓娟，庞守林．农村土地经营权流转价值评估：综述与展望［J］．贵州财经大学学报，2016（04）：103-110.

［71］张秀丽，杜健，狄隽．北京八达岭国家森林公园自然教育实践与发展对策探索［J］．国土绿化，2019（07）：55-57.

［72］张永利．中国森林生态系统服务功能研究［M］．北京：科学出版社，2010.

［73］张振华．基于收益现值法的农村土地流转价格研究［J］．中央财经大学学报，2013（12）：58-62+69.

［74］赵瑾璟，汪海燕，张红霄．发展林下经济能否保护森林资源？——基于江苏省的经验证据［J］．中国林业经济，2020（03）：79-82.

［75］赵同谦，欧阳志云，郑华等．中国森林生态系统服务功能及其价值评价［J］．自然资源学报，2004（04）：480-491.

［76］郑古蕊，李效筠．辽宁省自然保护地生态补偿的实践进展与优化对策［J］．农业经济，2021（10）：90-91.

［77］智信，王建明．韩国森林休养与森林教育培训纪行［J］．绿化与生活，2015（08）：50-53.

［78］中国林学会．林下经济术语：T/CSF001-2018［S］．北京：中国标准出版社，2018.

［79］中央宣传部，中央文献研究室，中国外文局．习近平谈治国理政（第二卷）［M］．北京：外文出版社，2018.

[80] 钟成海. 丹麦森林学校教学法初探 [D]. 福州：福建师范大学，2017.

[81] 周晨，黄逸涵，周湛曦. 基于自然教育的社区花园营造——以湖南农业大学“娃娃农园”为例 [J]. 中国园林，2019，35（12）：12-16.

[82] 祝怀新，李玉静. 可持续学校：澳大利亚环境教育的新发展 [J]. 外国教育研究，2006（02）：65-69.

[83] 邹大林. 森林体验教育亟待重视——韩国自然休养林发展的经验与启示 [J]. 绿化与生活，2011（11）：6-9.